ROBIN DUNBAR

Klatsch und Tratsch

W0083683

Buch

Gespräche im Tierreich sind eher eintönig: »Partner, bist du attraktiv? Wo bist du?« Oder auch: »Rivale, ich bin stärker, größer und ausdauernder als du!« Wenige Tiere drücken sich gewählter aus. Und keines reicht in seinen sprachlichen Fähigkeiten an den Menschen heran, der nicht nur über einen riesigen Wortschatz, sondern auch über eine komplizierte Grammatik verfügt. Anwendung findet beides im permanenten Gerede. Doch wie hat sich aus den simplen Botschaften der Tiere die komplexe menschliche Sprache entwickelt? Der britische Anthropologe Robin Dunbar läßt einer gewagten These die logische Beweisführung folgen: Klatsch und Tratsch, so seine Entdeckung, sind die notwendige Weiterentwicklung des Fellkraulens unter Tieren, denn solches Verhalten sichert die lebenswichtigen sozialen Kontakte in immer größer werdenden Gruppen. Quasi als soziale Notwendigkeit haben die Frauen in der wachsenden menschlichen Urgemeinschaft die Sprache als kommunikatives Medium erfunden.

Autor

Der britische Psychologe und Anthropologe Robin Dunbar lehrt an der Universität Liverpool Psychologie. Darüber hinaus verfaßt er regelmäßig Beiträge für das bekannte Wissenschaftsmagazin »Science«. Bereits durch sein Werk »The Trouble with Science« hat Dunbar sich weltweit einen Namen gemacht.

Robin Dunbar

Klatsch und Tratsch

Warum Frauen die Sprache erfanden

Aus dem Englischen
von Sebastian Vogel

GOLDMANN

Die Originalausgabe erschien unter dem Titel
»Groming, Gossip and the Evolution of Language«
bei Faber & Faber, London.

Umwelthinweis:
Alle bedruckten Materialien dieses Taschenbuches
sind chlorfrei und umweltschonend.

Der Goldmann Verlag
ist ein Unternehmen der Verlagsgruppe Bertelsmann.

Vollständige Taschenbuchausgabe November 2000
Wilhelm Goldmann Verlag, München,
in der Verlagsgruppe Bertelsmann GmbH
© 1998 der deutschsprachigen Ausgabe
C. Bertelsmann Verlag, München,
in der Verlagsgruppe Bertelsmann GmbH
© 1996 der Originalausgabe Robin Dunbar
Umschlaggestaltung: Design Team München
Umschlagfoto: Imanuel Birmelin
Druck: Elsnerdruck, Berlin
Verlagsnummer: 15099
KF · Herstellung: Sebastian Strohmaier
Made in Germany
ISBN 3-442-15099-X
www.goldmann-verlag.de

1 3 5 7 9 10 8 6 4 2

INHALT

Sprechende Köpfe 9

Im Strudel des sozialen Lebens 19

Ernst sein ist alles 51

Von Gehirnen und Gruppen und der Evolution 75

Der Geist in der Maschine 106

Aufwärts durch den Nebel der Zeiten 138

Erste Worte 169

Das Vermächtnis von Babel 194

Die kleinen Rituale des Lebens 218

Die Narben der Evolution 245

Literatur 265

Personenregister 276

Orts- und Sachregister 279

Dieses Buch hat zwangsläufig vielen Menschen eine Menge zu verdanken. Ich danke all jenen, mit denen ich über die darin beschriebenen Gedanken diskutieren konnte, und insbesondere denen, die an den zugrundeliegenden Forschungsarbeiten beteiligt waren. Mein besonderer Dank gilt Leslie Aiello, Rob Barton, Dick Byrne, Richard Bentall, Hiroko Kudo, Peter Kinderman, Chris Knight, Sam Lowen, Dan Nettle, Sanjida O'Connell, Boguslaw Pawlowski und Peter Wheeler. Neil Duncan, Amanda Clark, Nicola Hurst, Catherine Lowe, David Free und Anna Marriott halfen mit verschiedenen Forschungsprojekten, und Nicola Koyama stellte die bibliographischen Angaben für das Literaturverzeichnis zusammen. Und wie immer danke ich meinem Lektor, Julian Loose, für seine Begeisterung und Geduld.

Sprechende Köpfe

Wenn man von einem Affen gekrault wird, so erlebt man ganz elementare Gefühle: den anfänglichen Schauder der Unsicherheit in einer noch nicht erprobten Beziehung, die allmähliche Unterwerfung unter die gierigen Finger eines anderen, die kundig über die nackte Haut irren, das leichte Kneifen, Greifen und Knabbern der Entdeckerhände, die überrascht von jenem Leberfleck zu dieser neu gefundenen Warze wandern. Der kurzfristig irritierende Schmerz des Kneifens macht unmerklich einem sanften Lustgefühl Platz, das vom Zentrum der Aufmerksamkeit warm nach außen dringt. Allmählich entspannt man sich in der reinen Kraft der Tätigkeit, überläßt sich genießerisch der Ebbe und Flut jener Nervensignale, die sich eilig ihren Weg von der Körperoberfläche zum Gehirn bahnen und irgendwo im tiefsten Inneren des Seins ihr Licht in das Bewußtsein des Geistes flackern lassen.

Das Erlebnis ist sowohl körperliche Empfindung als auch sozialer Austausch. Eine leichte Berührung, eine sanfte Zärtlichkeit kann alle Bedeutungen der Welt vermitteln: In dem einen Augenblick ist es eine Geste des Trostes, eine Entschuldigung, die Bitte, gekrault zu werden, eine Einladung zum Spielen; in dem anderen das Behaupten einer Vorrangstellung, eine Aufforderung wegzugehen; in wieder einem anderen ist es Beruhigung, die Erklärung freundlicher Absichten. Zu wissen, welchen Sinn man daraus entnimmt, ist die eigentliche Grundlage des sozialen Seins, und es hängt nun einmal davon ab, daß man die Gedanken eines anderen sehr genau liest. In diesem kurzen Augenblick des gegenseitigen

Verstehens in einer schnellebigen, hektischen Welt kondensiert das gesamte Sozialleben in einer einzigen Geste.

Um zu erkennen, was diese einfache Geste im Gesellschaftsgefüge der kleinen und großen Affen bedeutet, muß man über die Beteiligten intime Einzelheiten wissen: Wer ist mit wem befreundet, wer dominiert, und wer unterwirft sich, wer schuldet einem anderen etwas für einen Gefallen, den dieser ihm vor einer Woche getan hat, wer erinnert sich an eine frühere Kränkung? Gerade die Komplexität des sozialen Strudels schafft jene Ambiguitäten, die uns aus unserem eigenen Leben nur allzu vertraut sind.

Nehmen wir beispielsweise Jojo, die gerade ihr erstes Kind zur Welt gebracht hat. Sie wiegt es auf den Armen, verwundert über dieses seltsame, feuchte Wesen und gleichzeitig unsicher, was sie tun soll. Das Baby ist bereits wach: Es bemüht sich, den Kopf zu drehen, als sei es überrascht von den unbekannten Anblicken und Geräuschen in seiner Umgebung. Die beiden bleiben nicht lange allein. Persephone, Jojos Mutter, kommt dazu. Sie beäugt das Kleine, schnuppert versuchsweise daran und streckt die Hand aus, um sein Hinterteil zu berühren. Dann stößt Persephone ein leises Grunzen aus und fängt an, Jojo zu kraulen: Sie fährt mit den Fingern durch ihr Fell und beschäftigt sich mit den Ritualen des sozialen Austausches. Aber sie kann ihre Aufmerksamkeit nicht von dem Baby losreißen und hält immer wieder inne, um kurz seinen Kopf zu kraulen; gleichzeitig macht sie mit Zunge und Lippen schmatzende Geräusche.

Jojo entspannt sich im Kraulrhythmus ihrer Mutter, und ihre Augen schließen sich halb. Als aber das Baby ein Wimmern hören läßt, ist sie wieder hellwach. Zwei Halbwüchsige stupsen das Kind und sind fasziniert davon, wie es sich windet, wenn sie versuchsweise an einem Bein ziehen. Jojo zerrt das Baby weg und wendet ihnen den Rücken zu, so daß auch Persephone sie nicht weiter kraulen kann. Den Kopf gesenkt und die Brauen drohend hochgezogen, sieht Persephone die Jungen vielsagend an. Daraufhin machen sich die beiden davon, um jemand anderen zu ärgern.

Jojo und Persephone sind Paviane. Ihr Rudel hat seinen Lebensmittelpunkt auf einer felsigen Erhebung in den Savannen Ostafrikas. Sie könnten aber fast überall in Afrika zu Hause sein, und sie könnten auch zu jeder anderen der etwa hundertfünfzig Affenarten gehören, die in den Wäldern und Savannen Asiens, Afrikas und Südamerikas leben. Außerdem haben ihre Aktionen und Reaktionen etwas geradezu beängstigend Vertrautes – als könnten sie auch Menschen sein, Angehörige eines der über fünftausend Kulturen, die von Alaska bis Tasmanien und von Benin bis Brasilien über den Erdball verstreut sind. Hier, im Kleinklein des Alltagslebens, liegt ein Punkt der Übereinstimmung zwischen uns und unseren nächsten Verwandten, den Klein- und Menschenaffen. Hier gibt es ein Verhalten, in das wir uns augenblicklich einfühlen können: die Vieldeutigkeiten und Tücken alltäglicher sozialer Erfahrungen.

Und doch gibt es einen Unterschied: Unsere Welt ist völlig von Sprache durchdrungen, während in ihrer Welt alle Handlungen wortlos vollzogen werden.

Ein Menschenbaby bringt mit etwa achtzehn Monaten die ersten richtigen Wörter hervor. Mit zwei Jahren ist es bereits recht gesprächig und besitzt einen Wortschatz von ungefähr fünfzig Wörtern. Im Laufe des folgenden Jahres lernt es jeden Tag neue Wörter hinzu, und als Dreijähriges beherrscht es bereits etwa tausend. Es fügt sie zu kurzen Sätzen von zwei bis drei Worten zusammen, lenkt unsere Aufmerksamkeit auf Gegenstände und verlangt dieses und jenes. Die Grammatikkenntnisse sind schon fast so vollständig wie bei einem Erwachsenen, allerdings macht es noch amüsante, wenn auch durchaus logische Fehler: Es sagt zum Beispiel »gehte« statt »ging« und »die Hause« statt »die Häuser«. Jetzt gibt es kein Halten mehr. Ein sechsjähriges Kind hat durchschnittlich dreizehntausend Wörter gelernt, und mit achtzehn verfügt es über einen aktiven Wortschatz von etwa sechzigtausend Begriffen. Das heißt, es hat seit seinem ersten Geburtstag *im Durchschnitt* zehn neue Wörter pro Tag gelernt, also alle neunzig Minuten der im wachen Zustand verbrachten Zeit ein neues Wort.

Das ist eine außergewöhnliche Leistung. Kein Wunder, daß die Instandhaltung des Apparats, der sie möglich macht, so aufwendig ist. Unser Gehirn macht nur zwei Prozent des Körpergewichts aus, verbraucht aber zwanzig Prozent der mit der Nahrung aufgenommenen Energie. Mit anderen Worten: Jedes Gramm unseres Gehirns verbrennt zehnmal soviel Energie wie der übrige Körper, um in Gang zu bleiben. Noch extremer sind die Verhältnisse bei kleinen Kindern, deren Gehirn nicht nur arbeitet, sondern dabei auch noch wächst. Im letzten Stadium der Schwangerschaft nimmt das Gehirn des Ungeborenen sehr schnell an Größe zu und verbraucht dabei siebzig Prozent der gesamten Energie, die der mütterliche Organismus über die Nabelschnur in das Baby pumpt – und diese ganze Energie muß die Mutter natürlich liefern. Auch nach der Geburt, während des ersten Lebensjahres, ist das Gehirn für sechzig Prozent des gesamten Energieverbrauchs verantwortlich. Stillen ist eine anstrengende Aufgabe.

Da ist es auch nicht verwunderlich, daß wir Menschen von allen biologischen Arten, die jemals gelebt haben, im Verhältnis zur Körpergröße das umfangreichste Gehirn besitzen. Es ist neunmal größer, als man es bei einem Säugetier von unseren Körpermaßen erwarten würde, und dreißigmal so groß wie das Gehirn eines Dinosauriers von gleicher Körpergröße. Nur Tümmler und Delphine ähneln uns in dieser Hinsicht; aber auch die Delphine, die für ihre Intelligenz und ihr Sozialverhalten bekannt sind, können auf sprachlicher Ebene nicht mit uns Menschen konkurrieren. Ihre natürliche Verständigung mit Pfiffen und Klicklauten mag zwar recht komplex sein, aber sie gehört anscheinend nicht in die gleiche Kategorie wie die Sprache der Menschen.

Sprache ist also offenbar etwas Einzigartiges, und das macht sie um so rätselhafter. Andere Arten bellen und schreien, grunzen und wimmern, aber sie sprechen nicht. Deshalb konnte es vielleicht gar nicht ausbleiben, daß wir die menschliche Spezies für etwas Besonderes halten, und das wiederum verstärkte unsere Gewohnheit, uns selbst zu verherrlichen. Wenn wir aber unsere nächsten Verwandten betrachten, die Klein- und Menschenaffen, finden wir vieles, das uns aus unserem eigenen Leben vertraut ist – das gleiche intensive Sozialleben, das kleinliche Gezänk, die Freuden und Enttäuschungen, das gleiche Quengeln von Kindern, das die genervten Eltern in Rage bringt. Aber weder Kleinaffen noch Menschenaffen haben eine Sprache in dem Sinn, daß wir sie aufgrund unserer alltäglichen menschlichen Gesprächserfahrung wiedererkennen würden.

Wie kommt es, daß wir, die Nachfahren derart beschränkter Affen, diese außergewöhnliche Fähigkeit besitzen, obwohl sie ihnen fehlt? Das Rätsel wird insofern noch größer, als wir uns im Sozialleben der Affen durchaus zu Hause fühlen. Was es uns vertraut erscheinen läßt, ist die Zeit, die sie in engem Körperkontakt miteinander verbringen, eifrig bemüht, sich mit endlosem Kraulen gegenseitig ihre Bedürfnisse zu erfüllen. Sie denken sich nichts dabei, wenn sie einander stundenlang mit den Fingern durchs Fell fahren, sich gegenseitig die Haare kämmen, zupfen und teilen wie eine Menschenmutter, die sich voller Energie dem verfilzten Haarschopf ihres Kindes widmet.

Nach meiner Vermutung liegt die Lösung dieses scheinbaren Rätsels in der Art, wie wir uns unserer Sprachfähigkeit tatsächlich bedienen. Wenn Sprechen das Menschsein ausmacht, ist es das Geschwätz des Lebens, das die Welt in Gang hält, nicht die Perlen der Weisheit, die von den Lippen eines Aristoteles oder Einstein rieseln. Wir sind Gesellschaftswesen, und unsere Welt ist wie die der kleinen und großen Affen in die Interessen und kleinen Einzelheiten des alltäglichen Soziallebens eingesponnen. Sie faszinieren uns über alle Maßen.

Zur Untermauerung meiner Aussage möchte ich ein paar statistische Daten anführen. Wenn Sie das nächste Mal in einem Café oder einer Kneipe sitzen, belauschen Sie einmal für kurze Zeit ihre Nachbarn. Dabei werden Sie das gleiche feststellen wie wir bei unserer Untersuchung: Ungefähr zwei Drittel der Unterhaltung drehen sich um zwischenmenschliche Belange. Wer was mit wem tut, und ob es gut oder schlecht ist. Wer wichtig ist und wer nicht und warum. Wie soll man mit einer schwierigen zwischenmenschlichen Situation umgehen, bei der es sich um den

Liebhaber, das Kind oder einen Kollegen handelt? Vielleicht werden Sie auch zufällig Zeuge eines besonders intensiven Meinungsaustauschs über ein fachliches Problem oder ein gerade gelesenes Buch. Aber wenn Sie weiter zuhören, möchte ich wetten, daß die Unterhaltung nach spätestens fünf Minuten wieder abschweift und zu dem natürlichen Auf und Ab des gesellschaftlichen Zusammenlebens zurückkehrt.

Selbst wenn man den Gesprächen in den Wandelgängen von Universitäten oder in den Kantinen multinationaler Unternehmen zuhört, also in den Zentren unseres Geistes- und Wirtschaftslebens, so ist dort die Situation auch nicht viel anders. Sicher, manchmal erlebt man eine hitzige Diskussion über ein abseitiges fachwissenschaftliches Einzelproblem oder über eine Transaktion. Aber das geschieht nur dann, wenn man jemanden zu Gast hat oder wenn einzelne Personen sich zu dem speziellen Zweck zusammensetzen, eine wichtige Frage zu diskutieren, die für alle Beteiligten von Interesse ist. Die übrigen Alltagsgespräche drehen sich mit großer Wahrscheinlichkeit höchstens zu einem Viertel um Themen von dem intellektuellen Gewicht, wie es aktuelle kulturelle, politische, philosophische oder naturwissenschaftliche Fragen haben.

Zwei weitere statistische Angaben stammen aus der Welt der Printmedien. Von den vielen Büchern, die jedes Jahr erscheinen, steht die Belletristik, was die verkauften Auflagen angeht, ganz obenan. Sehen Sie sich einmal in Ihrer nächsten Buchhandlung um: Wenn es nicht gerade eine Universitätsbuchhandlung ist, sind zwei Drittel der Regale mit Belletristik gefüllt. Und auch dabei ziehen uns nicht die tollen Abenteuer in ihren Bann, sondern die offengelegten Intimitäten der Hauptpersonen. Uns fasziniert, wie sie mit ihren Erlebnissen umgehen, wie sie auf die Wechselfälle des Lebens reagieren – jene »Hinter-uns-steht-nur-der-Herrgott«-Situationen. Und von dieser Literatur stehen nicht die Werke der anerkannten Meister der Prosa an der Spitze der Absatzlisten, sondern Liebesromane.

Alles andere – von der Kunstgeschichte über die Fotografie bis zum Sport, von den Naturwissenschaften über Handarbeiten bis zur Anleitung für den Hobby-Autobastler – läuft unter dem Sammelbegriff »Sachbuch«. Nur Biographien behaupten noch ein eigenständiges Marktsegment. Jedes Jahr erscheint eine wahre Lawine solcher Bücher, in denen die Lebensgeschichten der Reichen, der Prominenten und der Unbedeutenden erzählt werden. Jeder Fernsehmoderator, jeder Politiker, jede Schauspielerin, jeder kleine Sportler vom Tennis bis zum Fußball hat einen Bericht über das eigene Leben veröffentlicht. Und auch längst verstorbene Romanciers, Generäle und Politiker fordern das ihnen zustehende Maß an Aufmerksamkeit.

Und warum kaufen wir solche Bücher? Wir wollen daraus nicht erfahren, wie man die jeweilige Sportart ausübt oder wie man die Fernsehnachrichten vorliest, sondern uns interessiert das Privatleben unserer Helden und derer, die uns ebenso vertraut geworden sind wie unsere eigene Familie. Wir wollen intime Details, den Tratsch, ihre innersten Gedanken und Gefühle, aber keine fachliche Analyse der Schauspielkunst oder des parlamentarischen Verfahrens. Wir wollen wissen, wie bestimmte Ereignisse auf sie gewirkt haben, wie sie mit den Höhen und Tiefen des Lebens umgegangen sind, was sie von ihren Freunden und Angehörigen halten, welche Demütigungen sie erlitten haben und welche Triumphe sie feiern konnten.

Sehen Sie noch einmal in Ihre Tageszeitung. Wie viele Spalten enthalten echte Nachrichten aus Politik und Wirtschaft? Hier sind die Werte für zwei Zeitungen vom Vortag, die anspruchsvolle Londoner *Times* und das britische Massenblatt *The Sun*. Von den etwa 25 Meter betragenden Textspalten der billigen *Sun* waren nicht weniger als 78 Prozent sogenannten »zwischenmenschlichen Geschichten« gewidmet, die offenbar ausschließlich den Zweck haben, den Leser zum Voyeur des Intimlebens anderer zu machen. Damit bleiben nur noch 22 Prozent für Nachrichten und Kommentare zu politischen und wirtschaftlichen Tagesereignissen, für Sportergebnisse, Berichte über bevorstehende Kulturveranstaltungen und alles andere. Selbst die hehre *Times* widmete nur 57 Prozent der circa 50 Meter Spalten in ihrem Hauptnachrichtenteil politischen und wissenschaftlichen Berichten; 43 Prozent enthielten Geschichten (Interviews, aktuelle Berichte, die eher unter die Gürtellinie gingen, und so weiter). Der absolute Umfang der »Klatschgeschichten« war in beiden Blättern praktisch gleich: 21 beziehungsweise 21,5 Meter Textspalten.

Natürlich erfahren die meisten Menschen lieber etwas über die Handlungen der Großen und weniger Großen als über die komplizierten Einzelheiten wirtschaftlicher Prozesse oder den Gang der Wissenschaft. Das Verfahren gegen O. J. Simpson fand in den USA mehr Interesse und erzielte höhere Einschaltquoten als die Beratungen der Kongreßausschüsse, obwohl deren Beschlüsse sich auf das zukünftige Leben der Bürger weitaus stärker auswirken werden, als man es sich bei Schuld oder Unschuld von O. J. Simpson jemals vorstellen könnte.

Wir stehen also vor einer seltsamen Tatsache. Unsere vielgerühmte Sprachfähigkeit dient offenbar hauptsächlich dazu, Informationen über Zwischenmenschliches auszutauschen; anscheinend sind wir versessen darauf, übereinander zu tratschen. Sogar die Struktur unseres Geistes scheint diese Neigung zu verstärken. Natürlich macht die Sprache große Dinge möglich: Shakespeare und T. S. Eliot sind ebensowenig Phantasiegebilde wie die vielen namenlosen Autoren von Gebrauchsanleitungen; wir können die Sprache tatsächlich verwenden, um uns Profit oder Vergnügen zu verschaffen. Und die Sprache bleibt unser größter Schatz, denn ohne sie sind wir auf eine Welt beschränkt, die zwar nicht sozial isoliert, aber doch erheblich ärmer ist. Die Sprache macht uns zu Mitgliedern einer Gemeinschaft und gibt uns die Möglichkeit, Wissen und Erfahrungen auf eine Weise auszutauschen, wie es keine andere Spezies kann. Wie kommt es also, daß wir diese außergewöhnliche Fähigkeit besitzen und doch die meiste Zeit offenbar so wenig damit anfangen?

Nach einem Jahrhundert intensiver Forschung auf den Gebieten der Linguistik, Sprechwissenschaft und Psychologie wissen wir eine Menge über die Sprache – wie sie hervorgebracht wird, welche Funktion die Grammatik hat, wie Kinder sie lernen.

Gleichzeitig wissen wir aber fast nichts darüber, warum unter den zigtausend lebenden Spezies nur wir allein über diese außergewöhnliche Fähigkeit verfügen. Wir wissen nicht mit Sicherheit, wann sie in der Evolution entstanden ist und wie sich die ersten gesprochenen Sprachen anhörten. In den vergangenen zehn Jahren gab es allerdings über die Hintergründe der menschlichen Evolution und das Verhalten unserer nächsten Verwandten, der Klein- und Menschenaffen, mehr neue Erkenntnisse als in den vorangegangenen tausend Jahren zusammen; und diese neue, auf die Evolution gegründete Sichtweise, die fest in der modernen darwinistischen Theorie wurzelt, hat unsere Aufmerksamkeit im Zusammenhang mit der Sprache auf Fragen gelenkt, die man bis dahin übersehen hatte. Gleichzeitig kamen Aspekte unserer eigenen Vergangenheit, die viele Jahrtausende in den trüben Gewässern der Geschichte verborgen waren, endlich ans Licht.

Ich habe deshalb einen ganz anderen Ansatz gewählt, als er bei der herkömmlichen Untersuchung der Sprache üblich ist. Die Erforschung der Sprache hat sich in den letzten hundert Jahren vorwiegend auf drei Bereiche konzentriert: die Linguistik mit ihrem eingehenden Interesse für grammatikalische Strukturen, die Soziolinguistik (die sich damit beschäftigt, wie Geschlecht und gesellschaftliche Stellung die Verwendung und Aussprache der Wörter beeinflussen) und die Neurobiologie der Sprache (das heißt die Beschäftigung mit den Gehirnstrukturen, die uns das Sprechen und Verstehen ermöglichen). Ein gewisses Interesse galt zwar auch der Archäologie und Geschichte der Sprache (und auch den Vorgängen bei der Dialektbildung), aber beide Bereiche wurden im Hinblick auf die Hauptströmungen als Randgebiete und triviale Spekulationen angesehen.

Noch weniger interessierte man sich für die Funktion der Sprache und für die Gründe, warum wir sie besitzen, andere Spezies aber nicht. Häufig wurden solche Fragen sogar absichtlich vermieden. Statt dessen sah man in der Sprache vielfach ein »Epiphänomen«, das als Nebenprodukt anderer biologischer Vorgänge (insbesondere der Entwicklung unseres bemerkenswert großen

Gehirns) aufgetaucht sein soll und für das keine andere Erklärung notwendig sei.

Dieser seltsame Sachverhalt hat seine Ursache vorwiegend in der Behauptung, das menschliche Verhalten im allgemeinen und die Sprache im besonderen seien soziale Phänomene, die außerhalb der biologischen Erklärungsmöglichkeit lägen. Die Neurobiologie liefere uns vielleicht Erkenntnisse über den Apparat der Sprachproduktion und des Sprachverständnisses, aber darüber hinaus werfe die Biologie wenig Licht auf das Wesen der Sprache. Im großen und ganzen haben die Biologen diese Grenzlinie respektiert. Die jüngsten Entwicklungen der Evolutionsbiologie haben jedoch weitreichende Auswirkungen auf unsere Erkenntnisse vom Verhalten von Menschen und Tieren, und unter diesem neuen, leistungsfähigen Mikroskop hat man zwangsläufig auch die Sprache betrachtet.

Das vorliegende Buch beschäftigt sich mit diesen neuen Entdeckungen und mit den Ursprüngen unserer Sprachfähigkeit. Ich werde nicht nur untersuchen, was wir mit der Sprache anfangen, sondern auch eher grundlegende Fragen behandeln: Warum besitzen wir sie, woher ist sie gekommen und vor wie langer Zeit ist sie aufgetaucht? Die Geschichte ist eine rätselhafte Fahrt ins Blaue, die uns von einer überraschenden Ecke unserer Biologie zur anderen bringt, von der Historie zu den Hormonen und vom höchst öffentlichen Verhalten der Affen zu den Augenblicken größter menschlicher Intimität. Sie wird uns durch die Kapitel der Menschheitsgeschichte bis in die Zeit zurückführen, als wir noch keine Menschen waren, sondern nur Menschenaffen, und zwar keine besonders ungewöhnlichen. Wie hörten sich die ersten Sprachen an? Wer sprach sie? Und warum führten diese ersten zögernden Schritte zu Sprachen, die sich so veränderten und auseinanderentwickelten, daß wir heute etwa fünftausend verschiedene Sprachen haben, die sich wechselseitig unverständlich sind, (wobei diejenigen, die in den Jahrtausenden ausstarben, bevor jemand sie aufschreiben konnte, noch gar nicht mitgezählt sind)?

Im Strudel des sozialen Lebens

Ein charakteristisches Kennzeichen des menschlichen Soziallebens ist das starke Interesse, das wir für die Handlungen anderer zeigen. Wir verbringen buchstäblich Stunden in Gesellschaft anderer mit Streicheln, Berühren, Reden und Murren, und dabei achten wir sehr genau und in allen Einzelheiten darauf, wer was mit wem tut. Nun könnte man meinen, wir stünden deshalb eine Stufe über den übrigen Lebewesen, aber das stimmt nicht. Wenn uns dreißig Jahre eingehender Forschung an Klein- und Menschenaffen überhaupt etwas gelehrt haben, dann dieses: Wir Menschen sind alles andere als einzigartig. Affen sind ebensolche Gemeinschaftswesen wie wir, und sie interessieren sich genauso für das, was um sie herum zwischen ihren Artgenossen vorgeht.

Um der Geschichte der Menschheit den richtigen Rahmen zu geben, müssen wir in die Zeit unserer Primatenvorfahren zurückkehren. Was unterscheidet Primaten so stark von anderen Tieren und verleiht uns die Einzigartigkeit? Die Antwort: Primaten leben in einem wesentlich komplizierteren sozialen Umfeld als andere Tiere.

Der Affe in uns

Affen sind höchst gesellige Tiere. Ihr Leben dreht sich um eine kleine Gruppe von Artgenossen, mit denen zusammen sie leben, arbeiten und ihren Unterhalt bestreiten. Ein Affe könnte ohne

Freunde und Angehörige ebensowenig überleben wie ein Mensch. Das Sozialleben der Primaten ist intensiv und nimmt sie völlig in Anspruch. Einen großen Teil des Tages verbringen sie damit, ihre besonderen Freunde zu kraulen. Wie bei Jojo und Persephone, mit deren Geschichte das erste Kapitel begann, handelt es sich oft um Verwandte mütterlicherseits, die sich über die mütterliche Linie in einer ununterbrochenen Reihe von Mutter-Tochter-Beziehungen bis in die graue Vorzeit zu einer Primaten-Ureva zurückverfolgen lassen.

Der Biologe Richard Dawkins hat uns daran erinnert, wie kurz diese Abstammungslinie in Wirklichkeit ist. Stellen wir uns einmal vor, so sagt er, wir stünden an der Stelle, wo Kenia an das Südende Somalias grenzt, an der Küste des Indischen Ozeans. Wir blicken nach Süden und fassen mit der rechten Hand die Linke unserer Mutter. Uns gegenüber steht ein Schimpanse gleichen Alters und Geschlechts, der die Hand seiner Mutter mit der Linken faßt. Unsere Mutter greift mit ihrer Rechten die Linke ihrer Mutter, und die Schimpansenmutter hält die Hand *ihrer* Mutter in ihrer Linken. Diese beiden Generationenketten schlängeln sich parallel quer über die Ebene Afrikas nach Westen bis zum weit entfernten Gipfel des Mount Kenya, der sich als blasser brauner Schimmer über den Wolken am Horizont erhebt. Wenn die Kette nach nur vierhundertachtzig Kilometern den Mount Kenya erreicht, vereinigen sich die beiden Mutter-Tochter-Linien bei einer einzigen Urmutter und Eva. Sie lebte vor etwa fünf bis sieben Millionen Jahren irgendwo in den Savannen Ostafrikas.

Zwischen dieser Urmutter und uns liegen erstaunlich wenige Generationen. Selbst wenn man für die Länge der ausgestreckten Arme bescheidene anderthalb Meter und als durchschnittliche Generationszeit zwanzig Jahre annimmt, trennen die Frau an der Küste Kenias nicht mehr als 350 000 Personen von der an den Abhängen des Mount Kenya. Das ist ein knappes Drittel der Menschen, die im öffentlichen Gesundheitswesen Großbritanniens arbeiten, nicht mehr als die Bevölkerung einer mittelgroßen Stadt oder – um das Ganze in eine wirklich anschauliche Perspektive zu rücken – etwa die Hälfte aller Kinder, die in einem Jahr in England und Wales geboren werden. Selbst wenn man für jede Generation nur zehn Jahre veranschlagt (was vermutlich für das Alter, in dem Schimpansenweibchen und unsere ältesten weiblichen Vorfahren zum erstenmal ein Kind zur Welt bringen, die bessere Schätzung ist), erstreckt sich die Lebensreihe nicht weiter als bis zum Westufer des Victoriasees, das etwa tausend Kilometer von der Küste entfernt ist. Insgesamt wären es dann ungefähr 700 000 Personen.

Daß so wenige Generationen uns von dem letzten Vorfahren trennen, den wir mit den Schimpansen gemeinsam haben, ist ein ernüchternder Gedanke. Sie sind nicht nur unsere Vettern, sondern sogar unsere Schwesterspezies. Es ist kein Wunder, daß manche Biologen uns Menschen heute als den dritten Schimpansen bezeichnen (neben dem gemeinen Schimpansen und seiner Schwesterspezies, dem Zwergschimpansen oder Bonobo). Aber verfolgen wir Dawkins' anschaulichen Vergleich in der Zeit einmal ein wenig weiter zurück. Wie weit müssen wir gehen, um zum gemeinsamen Vorfahren der Altweltaffen und der Menschenaffen zu gelangen?

Nach weiteren hundertdreißig Kilometern, einer leichten Wanderung von einer Woche jenseits des Mount Kenya, treffen wir auf den gemeinsamen Vorfahren der Gorillas und der Menschen-Schimpansen-Linie. Das entspricht etwa hunderttausend Generationen, wenn die Weibchen mit etwa zehn Jahren zum erstenmal ein Kind bekommen, wie es bei den meisten Menschenaffen üblich ist. Nach dem gleichen Maßstab finden wir nach nochmals elfhundert Kilometern den gemeinsamen Vorfahren der Menschen-Schimpansen-Gorilla-Linie und des Orang-Utan, jenes rothaarigen Menschenaffen aus den Wäldern Asiens. Wir befinden uns jetzt an der Grenze zwischen Uganda und Zaire (der heutigen Demokratischen Republik Kongo), nur einen Steinwurf entfernt von der Nordseite der Virunga-Vulkane, wo Dian Fossey lebte und bei der Beobachtung ihrer geliebten Berggorillas starb.

Wenn wir zurückgehen zu den Arten mit kleinerem Körper,

werden die Generationszeiten kürzer: Sie liegen jenseits der gemeinsamen Vorfahren aller heute lebenden Menschenaffenarten vielleicht nur noch bei fünf bis sechs Jahren; gleichzeitig ist ein ausgestreckter Arm aber auch nur noch etwa fünfzig Zentimeter lang, das heißt, zwischen zwei Nasen liegt gerade noch ein Meter. Jetzt sind es nur noch weitere sechshundertfünfzig Kilometer bis zu dem gemeinsamen Vorfahren der Menschenaffen und der Gibbons, jener weniger hoch entwickelten Großaffen, die nur in Südostasien zu Hause sind. Von dort bis zu dem gemeinsamen Vorfahren aller asiatischen und afrikanischen Groß- und Kleinaffen wären es nochmals 1750 Kilometer. Jetzt sind wir irgendwo in der Volksrepublik Kongo, und uns trennen noch achthundert Kilometer vom Atlantik. Wir haben den afrikanischen Kontinent an seiner schmaleren Stelle noch nicht einmal überquert. In der Zeit sind wir dreißig Millionen Jahre zurückgereist, und nur vier Millionen Weibchen bilden die ununterbrochene Kette von uns bis zu der längst verstorbenen Vor-Vor-Eva, die in einem alten afrikanischen Urwald von einem Baum zum anderen turnte. Das ist noch nicht einmal die Hälfte der Bevölkerung von London oder Paris und knapp ein Viertel der Einwohner im heutigen Rio de Janeiro.

Wir befinden uns jetzt ziemlich genau auf halbem Weg zurück zu den Dinosauriern und sind noch weit von den ersten primitiven Vor-Primaten entfernt, die in den letzten Tagen der Herrschaft dieser Riesenechsen entstanden. Die meisten Menschen sind überrascht, daß die Primaten keineswegs ein junges, hochentwickeltes Produkt der Evolution sind, sondern eine der ältesten Abstammungslinien der Säugetiere und enge Verwandte der Insektenfresser, Fledermäuse und Flughunde. Ihre und unsere ersten Vorfahren flüchteten in den langen schattenhaften Jahren der Dinosaurierherrschaft vor denselben schwerfälligen Echsen.

Die ersten Primaten waren kleine Tiere, die Eichhörnchen ähnelten. Mit ihrer langen, spitzen Nase schnüffelten sie zwischen den Büschen und Bäumen der dichten Tropenwälder, die in den letzten Jahrtausenden des Dinosaurierzeitalters gediehen. In der neuen Freiheit, die das Aussterben der großen Echsen mit sich brachte, entwickelten sie sich – vor allem auf der Nordhalbkugel, im heutigen Europa und Nordamerika – in Hunderten von ökologischen Nischen zu unzähligen Arten auseinander. Alle diese Arten waren Halbaffen, zu deren heute lebenden Nachkommen die Lemuren Madagaskars sowie die Galagos und Loris in Afrika und Asien gehören. Die folgenden dreißig Millionen Jahre beherrschten sie die Steppen und Wälder der nördlichen Hemisphäre.

Dann, im Laufe von etwa zwei Millionen Jahren, kühlte sich das Klima weltweit dramatisch ab. Die Oberflächentemperatur des Wassers im tropischen Pazifik ging von lauen 23 auf etwa 17 Grad zurück.[1] Die tropischen Zonen verschoben sich nach Süden bis in ihre heutige Position entlang des Äquators. Während dieser Klimaveränderungen entwickelte sich eine Abstammungslinie der Halbaffen in eine völlig neue Richtung. Die Gehirngröße nahm zu, und das Gesicht wurde runder. Das war der Anfang eines bedeutsamen Bruches mit der Vergangenheit, der letztlich zu den sogenannten anthropoiden Primaten (den heutigen Klein- und Menschenaffen) führte. Zu jener Zeit waren die Primaten fast völlig auf ihr heutiges Verbreitungsgebiet in den äquatornahen Gebieten von Afrika, Asien und Südamerika beschränkt. Bald danach wurde die Verbindung zwischen Afrika und Südamerika unterbrochen. Die südamerikanischen Affenpopulationen gingen ihre eigenen Wege und entwickelten sich zu Arten, die noch heute an die ersten anthropoiden Primaten aus der Zeit vor fünfunddreißig Millionen Jahren erinnern.

In Afrika und Asien schritt die Evolution währenddessen schnell voran. Vor etwa dreißig Millionen Jahren teilte sich dieser Zweig der Primatenlinie in zwei große Familien auf: die kleinen Altweltaffen (zu deren heutigen Vertretern die Stummelaffen, Languren, Paviane und Makaken gehören) und die Menschenaffen. Aber zu den Herrschern in den Wäldern der Alten Welt wurden für die nächsten fünfzehn bis zwanzig Millionen Jahre die Menschenaffen. Die Kleinaffen dagegen blieben relativ unbedeutend.

Ungefähr vor zehn Millionen Jahren begannen die Wälder der

Alten Welt zu schrumpfen, weil das Klima trockener wurde und die Temperaturen wieder einmal zurückgingen. Die Oberflächentemperatur der Weltmeere sank nochmals um zehn Grad. Innerhalb weniger Millionen Jahre waren die Menschenaffen stark dezimiert, und die Kleinaffen, die an das Leben auf trockenen Böden besser angepaßt waren und den Menschenaffen durch ihre geringeren Ansprüche an die Nahrung überlegen waren, behaupteten sich.

Ein Teil des Problems bestand offenbar darin, daß Menschenaffen im Gegensatz zu Kleinaffen die Tannine in unreifen Früchten nicht neutralisieren können. Tannine sind Giftstoffe, mit denen Pflanzen sich vor dem Gefressenwerden schützen. Sie sind in ausgewachsenen Blättern oft in hoher Konzentration enthalten und sorgen offenbar dafür, daß Pflanzenfresser nicht das Laub von einem Baum fressen und ihn damit töten. Manchmal sind Tiere für die Pflanzen aber auch nützlich. Da Pflanzen an einer Stelle festgewurzelt sind, können sie ihre Samen nur schwer über größere Bereiche verbreiten. Es zahlt sich aber nicht aus, wenn alle Nachkommen zu den eigenen Füßen aufwachsen, denn auf diese Weise konkurrieren sie mit der Elternpflanze und untereinander um Sonnenlicht und die Nährstoffe im Boden. Dagegen ist es von Vorteil, wenn die Samen weit verstreut werden, weil die jungen Pflanzen dann mit den Nachkommen anderer Pflanzenarten in Wettbewerb treten und sie vielleicht verdrängen. Deshalb stellt sich für Pflanzen das Problem, wie diese weitere Verbreitung zu bewerkstelligen ist.

Ihre Retter sind, wenn man so will, die Tiere. Kleinaffen und andere Säugetiere können täglich mehrere Kilometer zurücklegen. Wenn die Pflanze sich diese Energie zunutze macht, kann sie ihre Samen über ein wirklich großes Gebiet verbreiten. Die Samen von Feigen, Pflaumen, Äpfeln und anderen Arten sind mit einer dicken Schicht aus energiereichem Fruchtfleisch umgeben, das die Tiere veranlaßt, den Samen zu fressen. Anschließend wandern die Samen langsam durch den Darm des Tieres (was zwei oder drei Tage dauern kann, eine Zeit, in der das Tier unter Umständen etliche Kilometer zurücklegt), und wenn sie dann ausgeschieden werden, können sie weit von der Herkunftspflanze entfernt keimen.

Aber auch für Pflanzen, die sich dieser Strategie bedienen, gibt es eine Schwierigkeit. Damit der Same aus eigener Kraft aufgehen kann, muß er zu seiner endgültigen Form und Größe herangereift sein. Die Mutterpflanze muß ihm alle Nährstoffe liefern, die er für die ersten Stadien des Keimungsvorgangs braucht. Damit früchtefressende Tiere den unreifen Samen nicht zerstören, bevor er für sich selbst sorgen kann, schützen Pflanzen, die solche Samen herstellen, ihre Früchte mit Tanninen und anderen Verbindungen. Während eine Frucht reift, werden diese Giftstoffe nach und nach abgebaut, und wenn der Same in der Mitte der Frucht bereit ist, seine große Reise durchs Leben anzutreten, hat das umgebende Fruchtfleisch die chemischen Abwehrstoffe verloren. Die Tannine geben unreifen Früchten den bitteren, pelzigen Geschmack.

Wir Menschen sind wie die Menschenaffen nicht in der Lage, unreife Früchte zu verdauen. Uns fehlen die Enzyme, die Tannine abbauen, und deshalb bekommen wir Magenschmerzen oder im schlimmsten Fall auch Durchfall, wenn wir zuviel davon essen.

Die Altweltaffen dagegen entwickelten irgendwann während ihrer Evolution die Enzyme und andere Mechanismen, mit denen sie die chemische Abwehr der Pflanzen überwinden konnten. Die Fähigkeit, unreife Früchte zu fressen, könnte Pavianen, Makaken und anderen Kleinaffen gegenüber den Abstammungslinien der Menschenaffen einen deutlichen Vorteil verschafft haben, als das Leben in den Wäldern vor etwa sieben Millionen Jahren härter wurde. Sie fraßen einen beträchtlichen Teil der Früchte schon, bevor sie reif waren, und ließen weniger für die Menschenaffen übrig. Langsam, aber sicher ging die Zahl der Menschenaffen zurück, und die Kleinaffen wurden in den Wäldern zur beherrschenden Primatengruppe. Die wenigen überlebenden Menschenaffenarten wurden in Lebensräume am Rande abgedrängt, beispielsweise an den Waldboden und die Waldränder, wohin die

Kleinaffen sich nur selten wagten. Heute steht das Überleben der einst so erfolgreichen Abstammungslinie der Menschenaffen auf des Messers Schneide: Ihr Lebensraum beschränkt sich auf kleine Gebiete in Afrika und Asien, und die Populationen schrumpfen von Jahrzehnt zu Jahrzehnt.

Parallel dazu tauchen in den Fossilfunden neue Gruppen von Kleinaffen auf, die schon bald den Schauplatz beherrschten. Die Makaken – heute auf Asien beschränkt, aber früher auch in Europa und Nordafrika weit verbreitet – entstanden vor etwa zehn Millionen Jahren. Einige Jahrmillionen später erschienen die Paviane auf der Bildfläche. Noch jünger ist die Gruppe der Meerkatzen: Ihre frühesten charakteristischen Vertreter sind nur knapp zwei Millionen Jahre alt – jünger als die ersten deutlich erkennbaren Mitglieder unserer eigenen Gattung *Homo*, die vor zweieinhalb Millionen Jahren an den Ufern der Seen und Flüsse Ostafrikas zu Hause waren.

Meist nehmen wir als ganz selbstverständlich an, daß die afrikanischen und asiatischen Kleinaffen den Urzustand darstellen, den auch wir selbst während dieser langen Geschichte irgendwann durchgemacht haben. Nach herkömmlichen Vorstellungen von der Evolution der Primaten gab es einen natürlichen Fortschritt, in dessen Verlauf sich die einfachen Kleinaffen der Alten Welt erst in die Menschenaffen und dann in die heutigen Menschen verwandelten. Die meisten Menschen sind überrascht, wenn sie erfahren, daß das nicht stimmt. Die neue Wissenschaft der Molekulargenetik hat in Verbindung mit besseren anatomischen Kenntnissen und einer Fülle neuentdeckten Fossilmaterials gezeigt, daß die allgemein bekannten Kleinaffen Afrikas und Asiens, wie Paviane, Meerkatzen und Makaken, in Wirklichkeit im Vergleich zu den Menschenaffen, zu deren Abstammungslinie auch wir gehören, richtige Nachzügler sind.

Die Katastrophe, die vor etwa zehn Millionen Jahren über die unglücklichen Menschenaffen hereinbrach, vernichtete sie natürlich nicht total und endgültig. Eine Abstammungslinie überlebte den verheerenden Klimawechsel, und diese Linie führte letztlich zu uns. Vor rund sieben Millionen Jahren nutzte offenbar eine Population immer stärker die offene Savanne in der Nachbarschaft der Wälder, an die die Menschenaffen so gut angepaßt waren (und auch heute noch sind). Dazu waren sie vermutlich gezwungen, weil sie nicht mit den anderen Menschenaffenarten konkurrieren konnten, die sich in ihrer ursprünglichen Heimat, den Wäldern, immer verzweifelter durchschlagen mußten. Aber wie so oft in der Evolution sorgte die Herausforderung, in einem am Rande gelegenen Lebensraum zurechtzukommen, für eine Beschleunigung des entwicklungsgeschichtlichen Wandels. Anfangs herrschte sicher eine extrem hohe Sterblichkeit, aber die Überlebenden kamen davon, weil sie sich die neuen Verhältnisse nutzbar machen konnten. In dieser entscheidenden Phase, die nach geologischen Zeitmaßstäben nur einen Augenblick dauerte, stand unsere Geschichte auf der Kippe zwischen Aussterben und Überleben. Es muß dabei hart auf hart gegangen sein.

Trotz ihrer unterschiedlichen und manchmal sehr turbulenten Geschichte standen alle diese Abstammungslinien vor dem gleichen lähmenden Problem: Sie mußten den Nachstellungen einer schier endlosen Zahl von Verfolgern entgehen, von Säbelzahntigern bis zu Löwen und Leoparden, von Hyänen und wilden Hunden bis zu affenfressenden Adlern und gelegentlich sogar anderen Primaten. Nahrung zu finden, ist natürlich das ständige Problem der Tiere, aber wenn sie genügend Zeit haben, können sie sich in der Natur fast immer ihren Lebensunterhalt zusammenkratzen. Das Problem ist, daß sie dabei zwangsläufig Gefahr laufen, von einem Verfolger überrascht zu werden. Um sich den Vorteil des Überraschungseffekts zu sichern, müssen Räuber sich tarnen, bevor sie sich ins Gefecht stürzen. Deshalb droht in jeder Minute, die ein Tier auf dem Weg von einer Nahrungsquelle zur nächsten verbringt, in der es seine Aufmerksamkeit auf eine Frucht oder ein Blatt an dem Zweig vor sich richtet, die Gefahr, von einem Verfolger gefaßt zu werden, der auf der Lauer liegt und auf ein unaufmerksames Beutetier wartet.

Wie stark man verfolgt wird, hängt von der Körpergröße ab.

Für große Tiere wie Schimpansen und Gorillas ist das Risiko wesentlich geringer (aber durchaus noch vorhanden). Für kleinere Tiere jedoch kann es eine allgegenwärtige Bedrohung darstellen. Bei südafrikanischen Meerkatzen geht nach Schätzungen ein Viertel aller Todesfälle auf das Konto von Raubtieren (vorwiegend Leoparden); und im Gombe-Nationalpark in Tansania fallen bis zu zwanzig Prozent aller roten Stummelaffen der Jagd durch Jane Goodalls berühmte Schimpansen zum Opfer. Diese Art der Verfolgung ist ein wesentliches Problem der Evolution, denn Tiere, die gefressen werden, können sich nicht mehr paaren und fortpflanzen. Und da Tiere ohne Fortpflanzung auch nicht zu den Genen zukünftiger Generationen beitragen, besteht ein starker Druck, diesem unglücklichen Schicksal zu entkommen. Die Evolution ist das Ergebnis erfolgreicher Lösungen dieses Problems. Schon die Tatsache, daß Sie und ich heute am Leben sind, ist eine Folge des bemerkenswerten Umstandes, daß alle unsere Vorfahren – bis zurück zu jener Vor-Vor-Eva und weit darüber hinaus – das Überlebensproblem zumindest lange genug bewältigt haben, um sich fortpflanzen zu können.

Zu diesem Zweck nutzten sie zwei wichtige Eigenschaften der Verfolger aus. Erstens kann kaum ein Raubtier gut mit einer Beute umgehen, die deutlich größer ist als es selbst. Dazu ist nur eine Handvoll spezialisierter Räuber in der Lage, die in der Gruppe jagen. Deshalb wird die Bedrohung mit zunehmender Körpergröße immer geringer. Außerdem sind Arten, die auf dem Erdboden leben, den Verfolgern stärker ausgesetzt als solche, die in den Bäumen zu Hause sind, denn auf dem Boden können sie sich weniger gut im dichten Laub verstecken und sich auch nicht auf dünnere äußere Zweige und Äste flüchten, wo die Jagd für den Verfolger zu gefährlich wird. Deshalb sind alle am Boden lebenden Arten größer als ihre Vettern auf den Bäumen. Die andere Methode, die Gefahr des Gefressenwerdens zu vermindern, ist das Leben in großen Gruppen. Eine solche Gruppe verringert das Risiko in mehrfacher Hinsicht. Erstens sind einfach mehr Augen vorhanden, die versteckte Verfolger entdecken können. Die meisten Raubtiere haben nur dann eine Chance, ihre Beute zu fangen, wenn sie bis auf eine gewisse Entfernung unbemerkt an sie herankommen. Das ist der Grund, warum unsere Hauskatze sich ins Gras geduckt an die Vögel heranschleicht, die unsere auf dem Rasen ausgestreuten Brotkrumen aufpicken. Indem die Katze jeden Grashalm und jeden Maulwurfshügel als Deckung benutzt, bewegt sie sich nur, wenn sie sicher ist, daß die Vögel nicht hinsehen; und sobald sie spürt, daß ihre Beute Verdacht schöpft, hält sie mit ihren Schritten inne.

Jedes Raubtier hat seine eigene Angriffsdistanz, je nachdem, wie schnell und auf welche Weise es die Beute attackiert. Beim Gepard, der aus dem Stand in wenigen Sekunden auf über hundert Stundenkilometer beschleunigen kann, liegt sie bei etwa fünfundsechzig Metern; für den langsameren, schwereren Löwen beträgt sie knapp dreißig Meter, für den leichteren Leoparden dagegen nur zehn Meter und oft noch weniger. Entdeckt das Beutetier den Verfolger, bevor er bis auf die Angriffsdistanz herangekommen ist, kann es immer noch vor ihm davonlaufen. Die meisten Räuber sind sich dessen genau bewußt, und sei es nur aufgrund früherer Erfahrungen; deshalb machen sie sich nur selten die Mühe, ein Beutetier zu verfolgen, das sie bereits gesehen hat. Aus diesem Grund kann man manchmal beobachten, wie ein Löwe durch eine Antilopenherde wandert, die sich vor dem Raubtier einfach nur teilt wie das Rote Meer in der Bibel. Die Antilopen wissen ganz genau, daß ihnen relativ wenig Gefahr droht, solange sie außerhalb der Angriffsdistanz des Löwen bleiben, und deshalb brauchen sie nur darauf ein wachsames Auge zu haben.

Auch als Abschreckung sind größere Gruppen von Vorteil. Die meisten Verfolger greifen ein Beutetier viel weniger leicht an, wenn sie wissen, daß mehrere andere dem Opfer zu Hilfe kommen werden. Zwar hat man beispielsweise bei Arten wie Antilopen so gut wie nie beobachtet, daß die Tiere einem Artgenossen beistehen, wenn dieser von Löwen oder wilden Hunden gerissen wurde, aber bei Primaten kommt die gemeinsame Verteidigung häufig vor. Paviane können einen Leoparden bekanntermaßen auf einen Baum treiben, und manchmal töten sie ihn sogar. Rote Stummelaffen werden wesentlich seltener von Schimpansen angegriffen, wenn ein erwachsenes Männchen in der Nähe der Gruppe ist; selbst Schimpansen riskieren also offenbar nur ungern den massenhaften Gegenangriff auf Veranlassung eines Tieres, das kaum ein Viertel ihres eigenen Gewichts hat. Man stelle sich das auf Menschen übertragen vor: Ein durchschnittlicher Taschendieb wird sich von einer handtaschenschwingenden älteren Dame nicht abschrecken lassen, aber vor zwanzig Seniorinnen, die sich zur Wehr setzen, wird auch der entschlossenste Räuber zurückschrecken.

Und last, but not least kann die Gruppe einen Räuber auch verwirren. Raubtiere heften sich an die Fersen ihrer Beute und holen sie ein. Läuft das Beutetier aber zu einer Gruppe, die daraufhin in alle Richtungen auseinanderstiebt, ist der Verfolger einen Augenblick lang verwirrt, und diese kurze Phase des Durcheinanders reicht oftmals aus, daß das Opfer entkommt. Das Leben von Primaten in Gruppen dient also der gemeinsamen Verteidigung gegen Raubtiere. Die Geselligkeit ist sogar ein zentraler Bestandteil ihres Daseins; sie stellt ihre wichtigste Evolutionsstrategie dar und ist das Merkmal, das sie von allen anderen Tierarten unterscheidet. Es ist eine ganz besondere Art von Sozialverhalten, denn seine Grundlage sind enge Bindungen zwischen den Gruppenangehörigen. Oft gehen die Beziehungen von einem Verwandtschaftsverhältnis aus. Primatengruppen besitzen zeitliche Kontinuität, eine Geschichte, die sich auf der Verwandtschaft aufbaut (in der Regel auf Mutter-Tochter-Beziehungen, gelegentlich aber auch auf solche zwischen Vater und Sohn).

Ein Freund in Not

Das Leben in der Gruppe schafft Spannungen ganz eigener Art – das weiß jeder, der zu einer engen Gemeinschaft gehört, nur allzu gut. Da erlebt man immer wieder achtlose Übergriffe auf den persönlichen Freiraum, zum Beispiel, wenn jemand einem in dem Gedränge um eine besonders begehrte Futterquelle auf den Schwanz tritt. Oder noch schlimmer: wenn irgendein Schurke einem unverfroren die Nahrung vor der Nase wegschnappt, während man es sich gerade zum Fressen bequem macht. Das sind die täglichen Plagen des Gemeinschaftslebens, die Unannehmlichkeiten der drängenden Menge, die den Pendlern der Großstädte und den Bewohnern innerstädtischer Wohnsilos besonders vertraut sind, die Frustrationen durch dauerhaft beengte Wohnverhältnisse und große Familien. Sie sind die Zentrifugalkräfte, die uns auseindertreiben auf der Suche nach der friedvollen Ruhe des Alleinseins.

Soziale Tiere müssen ständig die Balance halten zwischen zwei Kräften: Auf der einen Seite steht die von der Angst vor Verfolgern begründete Neigung zum Zusammensein, die das Gemeinschaftsgefühl hervorruft und sie veranlaßt, Gesellschaft zu suchen; auf der anderen Seite wirken die Zentrifugalkräfte, die durch zu große Enge entstehen und dazu führen, daß sie nach den Annehmlichkeiten eines Lebens in Einsamkeit streben. Wenn Verfolger zur Normalität werden (und für Menschen kann es sich dabei durchaus um benachbarte Menschengruppen handeln, die ihr Territorium durch Überfälle verwüsten), suchen wir die Nähe von Freunden und nehmen alle möglichen Formen der Enge in Kauf. Stellen Verfolger dagegen eine Seltenheit dar, empfinden wir die Menge als eine zu große Belastung, und wir zerstreuen uns. Die Gruppengröße ist das Produkt dieses Balanceakts.

Die Primaten haben angesichts dieses Problems ein ganz bestimmtes Verhalten entwickelt: Gegen die Gefahren durch natürliche Feinde bilden sie große, eng verbundene Gruppen; aber damit solche Gruppen größer werden können, mußte zunächst ein Mechanismus entstehen, der die anderen Gruppenmitglieder einerseits auf Distanz hält, so daß sie nicht zu einer Belästigung werden, sie aber andererseits nicht allzu weit wegtreibt. Der Feinabstimmung dienen dabei Koalitionen zwischen wenigen Tieren. Eine Mutter und ihre Töchter oder vielleicht auch zwei Schwestern verbünden sich und unterstützen einander gegenüber allen anderen. Solche Übereinkünfte nach dem Motto »eine Hand wäscht die andere« scheint es ausschließlich bei den höheren Primaten zu geben. Löwenmännchen bilden zwar auch Koalitionen, um die Herrschaft über ein Rudel Weibchen zu übernehmen, aber das sind oft nur vorübergehende Verbindungen, die aus dem Augenblick heraus entstehen und deren Ende abzusehen ist. Die Bündnisse der Klein- und Menschenaffen sind dagegen langfristig angelegt und bilden sich häufig schon Monate, bevor sie gebraucht werden. Sie sind ein Versprechen für zukünftiges Handeln, dessen nähere Umstände noch außerhalb der Vorstellung liegen.

Von den vielen tausend Stunden, die ich in Afrika mit der Beobachtung von Affen zugebracht habe, waren vielleicht die am erfreulichsten, in denen ich eine wenig bekannte, aber ungewöhnlich reizvolle Art von Pavianen studierte, die man nur im Gebirge der äthiopischen Hochebene findet. Es sind die Dscheladas, früher auch unter dem anschaulichen Namen »Pavian mit dem blutenden Herzen« bekannt, weil sie auf der Brust einen unbehaarten, sanduhrförmigen roten Hautabschnitt tragen. Die Männchen sehen wirklich prächtig aus mit ihrer Löwenmähne aus rostbraunen und schwarzen Haaren, die von den Schultern herabhängt und im Wind flattert, wenn sie über die Felsen rennen. Dscheladas leben in Harems, die in der Regel aus vier bis fünf Weibchen, den von ihnen abhängigen Jungen und einem Männchen (dem Harembesitzer) bestehen. Söhne verlassen gewöhnlich nach der Geschlechtsreife die Familie und leben mit den anderen männlichen Junggesellen zusammen; Töchter dagegen wachsen in der Gruppe heran und bilden mit Müttern, älteren Schwestern, Tanten und Cousinen eine sehr enge und loyale Koalition. Solche Bündnisse entstehen eigentlich schon bei der Geburt als Folge der Tatsache, daß jedes Junge zu einer bestimmten Mutter gehört.

Solche tiefverwurzelten Allianzen haben wichtige Auswirkungen auf den männlichen Harembesitzer. Er läuft ständig Gefahr, von jüngeren Männchen verdrängt zu werden, denn diese sind eifrig darauf bedacht, einen Fuß auf die Leiter der Unsterblichkeit zu setzen, indem sie ein Weibchen finden, mit dem sie sich fortpflanzen können. Da es in jedem Harem vier oder fünf Weibchen, aber nur ein zeugendes Männchen gibt, sind viele männliche Angehörige der Population von der Zeugung ausgeschlossen. Diese Tiere bilden den harten Kern der reinen Männchengruppen, die auf eine geeignete Gelegenheit warten. Irgendwann siegt bei ihnen die Verzweiflung, und sie machen den Versuch, die Weibchen eines Harems zu erobern. Es braucht wohl nicht ausdrücklich betont zu werden, daß der »amtierende« Herrscher des Harems von der Aussicht, seine Weibchen zu verlieren, alles andere als begeistert ist – hat er den Harem erst einmal verlassen, gibt es für ihn auch keine Chance zur Paarung und Fortpflanzung mehr.

In dem Bemühen, das Unausweichliche zu verhindern, verbringen die Harembesitzer einen großen Teil ihrer Zeit mit dem Versuch, die Angriffe der Gegner mit eindrucksvollem Imponiergehabe abzuwehren. Gleichzeitig versuchen sie dafür zu sorgen, daß die Weibchen sich nicht zu weit von ihnen entfernen, damit sie keine Gelegenheit zu einem unerlaubten Techtelmechtel mit diesen Männchen finden. Sobald ein Weibchen zu weit weggeht oder unabsichtlich zu sehr in die Nähe eines anderen Männchens gerät (auch wenn es sich um einen anderen Harembesitzer handelt), warnt ihr eigener Mann sie mit hochgezogenen Augenbrauen und bedrohlichem Schnaufen. Manchmal eskaliert das Ganze zu einem richtigen Wutausbruch, bei dem das Männchen über dem kauernden Weibchen heftige Drohgebärden zeigt.

Aber die Versuche des Harembesitzers, seine Weibchen zurückzutreiben, wenn sie sich zu weit von ihm entfernen, wirken oft als Bumerang. Die Kraulpartnerinnen der unglücklichen Opfer kommen ihnen stets zu Hilfe. Schulter an Schulter trotzen sie dem Männchen mit eigenen wütenden Drohungen und heftigem Gebrüll. Das Männchen zieht sich daraufhin gewöhnlich zurück und entfernt sich schmollend, wobei es sich bemüht, eine Miene gekränkter Würde aufzusetzen. Manchmal aber bleibt der Harembesitzer auch hartnäckig, vielleicht weil er in Fragen seiner Ehre oder Sicherheit besonders empfindlich ist. Das führt aber nur dazu, daß noch mehr Weibchen aus der Gruppe herbeieilen und ihre bedrängten Schwestern unterstützen. Am Ende wird das Männchen stets von seinen aufgebrachten Weibchen um den Felsen gejagt: ein eindrucksvolles Schauspiel schwesterlicher Solidarität.

Geknüpft und aufrechterhalten werden solche Bündnisse durch Kraulen, das häufigste Sozialverhalten der großen und kleinen Affen. Die Angehörigen mancher Arten verbringen bis zu einem Fünftel des Tages damit, andere Gruppenmitglieder zu kraulen oder sich von ihnen kraulen zu lassen. Eine Mutter krault ihre Kinder stundenlang hingebungsvoll und sucht dabei in ihren Fellen eingehend nach abgestorbenen Hautresten, verfilzten Haaren, Blattstücken und Kletten, die sich in der Behaarung verfangen haben, während die Tiere auf der Suche nach Nahrung durch Gebüsch und Bäume streiften. Sie krault auch ihre Freundinnen und Verwandten in scheinbar selbstlosem Engagement für deren hygienische Bedürfnisse. Ein sauberes Fell und gesunde Haut sind offenbar wichtige Faktoren für das Leben jedes Tieres.

Das Kraulen dient aber – zumindest bei den Affen – nicht nur der Hygiene, sondern es ist auch ein Ausdruck von Freundschaft und Treue. Robert Seyfarth und Dorothy Cheney von der University of Pennsylvania beschäftigten sich zwischen den späten siebziger und frühen achtziger Jahren fast ein Jahrzehnt lang mit den afrikanischen Meerkatzen, die im Amboseli-Nationalpark in Kenia leben. In einer ihrer Studien nahmen sie auf Tonband die Schreie auf, die einzelne Affen ausstießen, wenn sie von anderen Gruppenmitgliedern angegriffen wurden. Dann, wenn das angegriffene Tier nicht mehr zu sehen war, spielten sie diese Schreie über im Gebüsch versteckte Lautsprecher ab; und dabei nahmen sie die Reaktion der Tiere, die unmittelbar vor dem Lautsprecher saßen, auf Video auf.

Die meisten Tiere aus der Gruppe reagierten auf die Wiedergabe der Hilferufe nur mit einem flüchtigen Blick in Richtung des verborgenen Lautsprechers. Spielten sie die Schreie aber einem Tier vor, das der Rufende während der vorangegangenen zwei Stunden gekrault hatte, blickte dieses sofort auf und starrte ins Gebüsch. Es war, als überlegte es, ob es genauer nachsehen sollte, um seine Verpflichtung gegenüber der Kraulpartnerin zu erfüllen. Erforderte die Situation eine Hilfeleistung, oder war es nur ein kleiner Zwist, der schnell vorübergehen würde?

Die Meerkatzen unterschieden eindeutig zwischen den Artgenossen, die sie regelmäßig kraulten, und den anderen. Ein Kraulpartner ist etwas Besonderes; er verdient erhöhte Aufmerksamkeit, sollte in Notsituationen unterstützt werden und ist es wert, daß man um seinetwillen Gefahren auf sich nimmt.

Genauso verhalten sich die Dscheladas. Selbst im kleinen Bereich der Haremsgruppe sind die Weibchen sehr wählerisch in der Frage, wen sie kraulen und wem sie bei Streitereien zu Hilfe kommen. Wie häufig ein Weibchen Unterstützung erhält (sowohl wenn es im eigenen Harem in Gezänk verwickelt ist als auch bei Angriffen aus anderen Harems, deren Revier es unabsichtlich betreten hat), hängt damit zusammen, wie oft es gekrault wird. Die Tiere wissen genau, wem sie Loyalität schuldig sind, und um sich dessen bewußt zu sein, muß das Kraulen nicht in der letzten halben Stunde stattgefunden haben.

Diese Eigenschaften, das muß ich hinzufügen, haben nicht alle Primatengesellschaften. Halbaffen, beispielsweise die Lemuren Madagaskars und die afrikanischen Galagos, zeigen kaum einmal ein solches Koalitionsverhalten, selbst wenn sie in Gruppen zusammenleben. Und bei den südamerikanischen Affen sowie bei einigen Gruppen der Altweltaffen (beispielsweise den Stummelaffen) ist es zwar nicht unbekannt, aber auch keineswegs üblich. Das am höchsten entwickelte Koalitionsverhalten zeigen in der Regel diejenigen Arten, die auch in großen Gruppen zusammenleben: Paviane, Makaken, Meerkatzen und Schimpansen.

Machiavelli tritt auf

Koalitionsverhalten ist offenbar nur deshalb möglich, weil die Tiere verstehen, wie ihre Artgenossen reagieren und wie gut sie sich als Verbündete gegenüber möglichen Widersachern in der

Gruppe eignen. Solches Wissen kann man sich nicht immer aus erster Hand verschaffen. In Primatengruppen kommen Kämpfe nicht so häufig vor, daß man jeden potentiellen Verbündeten im Streit mit jedem anderen beobachten könnte. Statt dessen wägen die Affen offenbar ab: Wenn Peter stärker ist als Jim, und Jim kann Edward besiegen, dann wird Peter sehr wahrscheinlich ebenfalls Edward überlegen sein, falls es zur Auseinandersetzung kommt.

Solche Schlußfolgerungen über Beziehungen bilden offenbar in Verbindung mit einem genauen Gespür für die Verläßlichkeit anderer als Verbündete die Grundlage für die Allianzen der Primaten. Auf kognitiver Ebene sind dafür recht komplexe soziale Erkenntnisse notwendig. Aber wenn man dazu tatsächlich in der Lage ist, eröffnet sich eine neue Möglichkeit. Man kann dieses Wissen nicht nur zu guten Zwecken, sondern auch mit böser Absicht nutzen, beispielsweise um Propaganda zu treiben. Affen bedienen sich ihrer sozialen Fähigkeiten auch, um einander auszubeuten.

Einen klassischen Fall beobachteten Andrew Whiten und Dick Byrne bei ihren Studien an Bärenpavianan in Südafrika. Mel, ein junges, ausgewachsenes Weibchen, grub die Knolle einer dickfleischigen Pflanze aus. Es war eine anstrengende Arbeit, die über die Kräfte eines noch nicht ausgewachsenen Tiers weit hinausgegangen wäre. Aber der Lohn – eine nahrhafte Pflanzenknolle in dem kärglichen Lebensraum dieser Tiere – war die Mühe durchaus wert. Paul, ein halbwüchsiges Männchen, hatte Mel schweigend bei der Arbeit beobachtet. Im entscheidenden Augenblick, als Mel es gerade geschafft hatte, die Knolle aus dem Boden zu zerren, stieß Paul einen ohrenbetäubenden Schrei aus, wie die Jungen ihn normalerweise hören lassen, wenn sie von einem Tier angegriffen werden, das größer und stärker ist als sie. Sofort kam Pauls Mutter angerannt, die bis dahin außer Sichtweite auf der anderen Seite der Büsche eifrig gefressen hatte. Sie erfaßte die Situation mit einem Blick, zählte zwei und zwei zusammen – und das Ergebnis war fünf: Offenbar hatte Mel ihren kleinen Liebling bedroht. Mit der einzigartigen Energie einer Mutter, deren Kinder belästigt werden, fiel sie über die ahnungslose Mel her, die daraufhin natürlich völlig verblüfft die Knolle Knolle sein ließ und die Flucht ergriff, die erboste Mama dicht auf den Fersen. Jetzt hob Paul lässig die liegengebliebene Knolle auf und ließ sich genüßlich zum Essen nieder.

Solche Beobachtungen sind nichts Ungewöhnliches. Der Schweizer Zoologe Hans Kummer berichtete, wie ein junges Mantelpavianweibchen einmal zwanzig Minuten für eine Strecke von nur zwei Metern brauchte: Zentimeter für Zentimeter schlich es sich zu einem Felsen, hinter dem der junge männliche Verfolger der Gruppe lag. Dort angelangt, fing sie an, ihn zu kraulen, und dabei saß sie in aufrechter Haltung, so daß ihr Harembesitzer, der nur wenige Meter entfernt war, ihren Kopf deutlich sehen konnte. Mantelpaviane haben eine ähnliche Sozialstruktur wie die Dscheladas: Ein Männchen beherrscht jeweils einen kleinen Harem mit zwei oder drei Weibchen. Zwischen den beiden Arten besteht aber auch ein entscheidender Unterschied: Die Mantelpavianmännchen dulden keineswegs, daß ihre Weibchen ein anderes Männchen kraulen oder nur in seine Nähe kommen. Es schien, als habe das Weibchen mit voller Absicht eine Situation herbeigeführt, in der ihr Männchen den Eindruck haben mußte, sie tue etwas völlig Harmloses.

Der niederländische Zoologe Frans de Waal beschreibt in seinem Buch *Chimpanzee Politics* ein klassisches Beispiel für den heiklen Balanceakt, den höher entwickelte Primaten manchmal vollbringen. In der Schimpansengruppe, die im Zoo von Arnheim in Gefangenschaft lebte, hatte das junge Männchen Luit gerade den alten Herrscher Yeroen gestürzt. Yeroen war mehrere Jahre lang das dominante Männchen gewesen und hatte sich mehr oder weniger als einziger des Zugangs zu den Weibchen erfreut, wenn sie paarungsbereit waren. Nachdem Luit ihn auf den zweiten Rang abgedrängt hatte, war ihm dieses Vorrecht verlorengegangen. Noch schlimmer wurde seine Lage einige Monate später, als auch Nikki, ein weiteres junges Männchen, Yeroen Paroli bieten konnte. Yeroen fiel an die dritte Stelle zurück und verlor alle Privilegien. Aber dann kam sein Geniestreich: Anstatt sein Pech zu betrauern und in Depressionen zu versinken , tat sich der listige Alte mit dem jungen Nikki zusammen; dieser war jünger als Luit und reichte allein nicht an den neuen Herrscher heran, aber mit Yeroens Hilfe konnte er ihn besiegen. Die Folge war eine neue Rangordnung mit Nikki an der Spitze und Yeroen an zweiter Stelle; Luit fiel auf den dritten Platz zurück.

Dann kam der raffinierte Dreh. Yeroen nutzte seine Stellung, um sich mit den Weibchen zu paaren. Nikki nahm daran natürlich Anstoß und ging daran, den vorwitzigen Yeroen zu züchtigen. Yeroen aber wartete geduldig auf seine Chance. Als Nikki das nächste Mal mit Luit in Streit geriet, saß er einfach daneben, ohne seinem Verbündeten zu Hilfe zu kommen. Also verlor Nikki die Schlacht, und er wäre auch insgesamt der Unterlegene gewesen, hätte er nicht schnell seine Zwistigkeiten mit Yeroen beigelegt. Solange er es hinnahm, daß der Alte sich zumindest mit einigen Weibchen paarte, funktionierte alles bestens. Aber jedesmal, wenn Nikki eifersüchtig wurde, erinnerte ihn Yeroen an die Abmachung, indem er ihm die Unterstützung gegen Luit entzog.

Solche Manöver sind nur möglich, weil Affen sich ausrechnen können, wie ihre Handlungen voraussichtlich wirken werden. Das bedeutet natürlich nicht, daß Yeroen seine Chancen wie mit einem Taschenrechner ermittelte, ja, in diesem Fall ist noch nicht einmal klar, inwieweit sein Erfolg durch gezielte Planung zustande kam und in welchem Umfang der Zufall eine Rolle spielte. Wir können die Vorgänge als Außenstehende betrachten und im Nachhinein in die Geschichte, wie sie abgelaufen ist, einen schlauen Plan hineininterpretieren. Wenn wir aber selbst in das Geschehen verwickelt sind, denken wir kaum in solchen Kategorien darüber nach. Wie Yeroen handeln wir eher instinktiv, weil wir spüren, daß wir die Gelegenheit nur beim Schopfe packen müssen. Andererseits war Yeroens Verhalten aber so folgerichtig, daß wir auf eine Art Voraussicht schließen können, und sei es auch nur auf der oberflächlichen Ebene des Erkennens von Möglichkeiten, die ihm die Umstände aufdrängten. Bestätigt wurde die Auffassung, daß

Schimpansen die Folgen ihres Handelns erkennen und diese Erkenntnis in ihre weiteren Pläne einbeziehen können, nachdem der japanische Primatforscher Toshisada Nishida bei wilden Schimpansen ähnliche Verhaltensweisen beobachtet hatte. Die Art, wie Yeroen den jungen Nikki manipulierte, bezeichnete Nishida mit einem treffenden Ausdruck als »wankelmütige Allianz«.

Dennoch gibt es Beweise dafür, daß Affen durchaus ein Gespür für das Risiko haben, das sie in solchen Situationen eingehen, und daß sie ihr Verhalten danach richten. Wie Saroj Datta zeigen konnte, gehen junge Rhesusaffenweibchen bedeutend weniger leicht ein Bündnis gegen einen höherrangigen Gegner ein, wenn dessen Mutter in der Nähe und nicht außer Sichtweite ist. Es ist, als wüßten sie, daß die Mutter nicht untätig zusehen wird, wenn sie ihren kostbaren Nachwuchs verprügeln – und, was noch schlimmer ist, daß eine hochrangige Mutter in der Regel noch andere Verwandte hat, die ohne weiteres zur Verteidigung ihrer gemeinsamen Stellung in die Auseinandersetzung eingreifen können. Einer Freundin zu helfen, ist witzlos, wenn man die Lage dadurch nur verschlimmert und am Ende beide ihr Fett abbekommen.

Etwas ganz Ähnliches habe ich bei Dscheladas gesehen. Ein junges Weibchen wurde eines Tages von seinem Haremherrscher angegriffen, weil es sich zu weit von der übrigen Gruppe entfernt hatte. Er stand drohend über ihr und fletschte zornbebend die Zähne. Die Mutter des Weibchens war währenddessen etwa fünf Meter entfernt mit Fressen beschäftigt. In dem Augenblick, als der Hickhack begann, blickte sie auf, machte aber keine Anstalten einzugreifen. Nachdem das Männchen seine Meinung kundgetan hatte, wandte es sich schließlich um und stolzierte ein paar Meter weit weg, um zu fressen. Als das gemaßregelte Opfer kleinlaut zur Gruppe zurückschlich, sprach die Mutter es mit einem leisen Grunzen an. Sofort wandte sich das junge Weibchen um und ging zu seiner Mutter hinüber, um sich von ihr kraulen zu lassen. Ich hatte den deutlichen Eindruck, daß die Mutter nicht in den Streit mit dem Männchen hineingezogen werden wollte (vielleicht weil sie spürte, daß das den Konflikt nur verschärft hätte); gleichzeitig war ihr aber offenbar klar, daß sie damit ihre Beziehung zur Tochter schwächte. Mit dem Grunzen und Kraulen wollte sie anscheinend sagen: »Es tut mit leid!«

Frans de Waal beschrieb ähnliche Verhaltensweisen auch bei Schimpansen und Makaken. Er bezeichnete sie als »Versöhnungsverhalten«. Man kann sie sich als eine Art Bitte um Entschuldigung vorstellen; sie hat das Ziel, den alten Zustand wiederherzustellen, wenn ein Bündnis durch das gedankenlose Verhalten eines Beteiligten beschädigt wurde. Zur Versöhnung gehören in den meisten Fällen Kraulen, Berühren und andere Körperkontakte. Schimpansen küssen sich auf den Mund; Makaken kraulen sich oder fassen sich gegenseitig um den Leib, als ob sie sich besteigen wollten; männliche Paviane greifen nach dem Penis eines anderen Männchens. Joan Silk, Dorothy Cheney und Robert Seyfarth berichteten aber kürzlich in bezug auf Bärenpaviane in den Okawago-Sümpfen in Botswana auch über akustische Formen der Versöhnung, wie sie ganz ähnlich bei den Dscheladas beschrieben wurden. Nach ihren Feststellungen lassen dominante Weibchen ein versöhnliches Grunzen hören, wenn sie sich einem niedriger stehenden Weibchen nähern, mit dem sie in Kontakt treten wollen. Und was noch wichtiger ist: Wenn sie das Weibchen, dem sie sich nähern, zuvor bedroht haben, grunzen sie häufiger, als wenn eine solche Vorgeschichte fehlt. Es ist, als wollten sie sagen: »Keine Angst, ich komme in freundlicher Absicht!«

Zur Versöhnung kommt es manchmal auch zwischen Männchen, wenn Allianzen einen wichtigen Teil ihrer sozialen Strategie darstellen. Wenn ein Dscheladamännchen einen Harembesitzer besiegt und sich damit eine Gruppe paarungsbereiter Weibchen sichert, ist seine Stellung beileibe nicht unumstößlich. Es konnte seinem Vorgänger nur deshalb den Harem abnehmen, weil die Weibchen zu diesem Männchen nur eine schwache Bindung hatten. Zuvor haben die beiden Männchen einen wahren Titanenkampf ausgetragen und dabei vermutlich durch die fünf Zentimeter langen Reißzähne des anderen beträchtliche Verletzungen davongetragen. Aber trotz des heftigen, heldenmütigen Kampfes liegt die Entscheidung über Sieg und Niederlage letztlich bei den Weibchen: Sie bestimmen endgültig darüber, ob sie ihren bisherigen Partner zugunsten des neuen Männchens verlassen, und sie können sich auch dann auf seine Seite schlagen, wenn er den langen Kampf mit dem Rivalen verloren hat. Aber auch wenn er siegt, stellt sich für ihn ein Problem: Da die Weibchen so leicht bereit sind, ihren bisherigen Partner zugunsten eines neuen zu verlassen, werden sie die gleiche Bereitschaft auch ein weiteres Mal zeigen, sollte das zweite Männchen nach ihrem Geschmack nicht stärker sein als das erste. Bei solchen Verdrängungskämpfen gibt es immer eine Menge Zaungäste, die es ebenfalls sofort versuchen, wenn es auch nur die leisesten Anzeichen gibt, daß die Loyalität der Weibchen zweifelhaft ist. Und das geschieht tatsächlich manchmal.

In dieser schrecklichen Zwangslage versucht das siegreiche Männchen sehr schnell, eine Allianz mit dem unterlegenen Vorgänger einzugehen. Die beiden haben sich einen ganzen Tag oder manchmal auch zwei Tage in einen immer wieder aufflammenden und häufig blutigen Kampf verstrickt; aber wenn die Entscheidung gefallen ist und der Unterlegene das Ergebnis akzeptiert hat, geht der Sieger daran, eine neue Beziehung zu ihm aufzubauen. Dazu gehören eine Reihe vorsichtiger Annäherungsversuche. Der neue Herrscher begibt sich ohne Aggression, ja sogar fast unterwürfig zu dem Unterlegenen. Dieser ist natürlich zunächst mißtrauisch, hat er doch durch diesen Rohling gerade erst die größte Niederlage seines Lebens erlitten. Er ist verletzt, erschöpft und fürchtet einen neuen, nicht provozierten Angriff. Gleichzeitig möchte er aber weiterhin dazugehören, denn die jüngste Kinderschar ist sein letzter Beitrag zur Fortpflanzung, und er möchte sie zumindest so lange beaufsichtigen, bis sie für sich selbst sorgen können.

Die beiden Männchen haben also ein gemeinsames Interesse: Der Sieger möchte sich (zumindest in der Anfangszeit, in der seine Stellung noch nicht gefestigt ist) die Unterstützung seines Vorgängers gegen weitere Übernahmeversuche sichern, und diescr möchte in der Nähe bleiben, um seine Nachkommen zu beschützen. Nach einem oder zwei fehlgeschlagenen Versuchen ist die Einigung überraschend schnell getroffen: Ein einfaches Versöhnungsritual findet statt, bei dem der Sieger dem Unterlegenen sein Hinterteil zeigt, während dieser zwischen den Beinen hindurchgreift und den Penis des anderen in die Hand nimmt. Anschließend kraulen die beiden einander mit der Begeisterung, die dem Augenblick nach der Beilegung eines Streits vorbehalten ist. Und wenn es darum geht, die Weibchen gegen Außenstehende zu verteidigen, sind die beiden von nun an so unzertrennlich wie Zwillinge.

Das Raffinierte und Komplexe dieser Interaktionen gibt den Affengesellschaften ihren ganz besonderen Charakter. Wir können beobachten, wie sich die Seifenoper des täglichen Lebens abspielt, und die entstehenden Strategien und Gegenstrategien nachvollziehen. Das alles sieht ganz vertraut aus und erinnert stark an das normale Leben in unserer eigenen Gesellschaft. Es ist unser Erbe als Primaten, unsere gemeinsame Evolutionserfahrung. Daraus ergeben sich wichtige Folgerungen für die Struktur unseres Geistes und damit auch für den Aufbau unseres Gehirns.

Eine darwinistische Abschweifung

Als Darwin 1859 sein epochemachendes Buch *Die Entstehung der Arten* veröffentlichte, setzte er eine Revolution in Gang, die unsere Vorstellungen vom Lebendigen radikal verändert hat. Deshalb mag es seltsam erscheinen, wenn ich fast hundertfünfzig Jahre später daran erinnere, daß die Welt der Natur eine darwinistische Welt ist. Aber die Lehren, die Darwins Revolution den biologischen Wissenschaften erteilt hat, werden auch heute noch vielfach mißverstanden, und zwar nicht nur von Laien, sondern auch von Fachleuten außerhalb der organismischen Biologie.[2] Und wenn sogar Wissenschaftler verwirrt sind, ist es kein Wunder, daß (den neuesten Umfragen zufolge) 48 Prozent der Bürger in den USA noch heute glauben, der biblische Schöpfungsbericht sei Wort für Wort wahr.

Das alles reimt sich nicht gut mit der Tatsache zusammen, daß die darwinistische Evolutionstheorie[3] allgemein als zweitwichtigste Theorie der Wissenschaftsgeschichte anerkannt ist (nach der modernen physikalischen Quantentheorie). Sie vermag nicht nur sehr plausibel zu erklären, warum die Welt des Lebendigen so und nicht anders ist, sondern, wie sich mittlerweile herausgestellt hat, wirft sie auch immer neue Fragen auf, die der empirischen Forschung als Anregung und Orientierung dienen. Dennoch sind auch heute, hundertfünfzig Jahre nachdem Darwin seine Theorie erstmals formulierte hat, die Ansichten der meisten Menschen über die Welt des Lebendigen stark von Meinungen geprägt, die im 18. Jahrhundert im Schwange waren, lange bevor Darwin überhaupt geboren war.

Die darwinistische Evolutionstheorie ist für die Vorgänge, die ich in diesem Buch beschreiben möchte, von so grundlegender Bedeutung, daß ich in meiner Darstellung innehalten und sicherstellen muß, daß wir alle von dem gleichen Verständnis der Darwinschen Idee ausgehen. Die volkstümliche Literatur enthält so viele falsche Vorstellungen und in manchen Fällen auch reine Phantasieprodukte, daß es leicht zu Mißverständnissen kommen kann. (Wer meint, er kennt die moderne darwinistische Weltanschauung in- und auswendig, kann den Rest dieses Kapitels überschlagen und sofort zum nächsten übergehen.)

Ein einfaches Beispiel: Die meisten Menschen sind überrascht, wenn sie erfahren, daß Darwin die Evolutionstheorie nicht erfunden hat. Den Biologen war die Vorstellung von einer Evolution schon vertraut, lange bevor Darwin sein bahnbrechendes Werk verfaßte. Bereits in der zweiten Hälfte des 18. Jahrhunderts hatte man den bis dahin vorherrschenden Einfluß der biblischen Weltanschauung mehrmals ernsthaft angefochten. Unter anderem hatte man erkannt, daß sich die Vielfalt des Lebens auf der Erde viel leichter als eine Folge der Evolution erklären läßt als mit dem hergebrachten Schöpfungsbericht der Bibel. Den ersten umfassenden Versuch, eine allgemeine Theorie der Evolution zu formulieren, machte schon 1809 der angesehene französische Biologe Jean Baptiste de Monet, Chevalier de Lamarck – den späteren Biologengenerationen eher unter dem einfachen Namen Lamarck bekannt. Darwins Beitrag zu der Debatte bestand nicht darin, daß er die Evolutionstheorie bewiesen hätte, sondern darin, daß er einen Mechanismus – die natürliche Selektion – vorschlug, mit dem zu erklären war, warum die Evolution stattfand.

Lamarcks Ansichten basierten auf der aristotelischen *Scala naturae*, der »Leiter der Natur«, manchmal auch »Große Seinskette« genannt. Diese seltsame Hinterlassenschaft der alten Griechen unterstellte, daß alle Lebewesen eine natürliche Hierarchie bilden: Sie begann mit Wesen wie Insekten und Würmern – in der ursprünglichen griechischen Version standen auf der untersten Sprosse sogar Erde und Wasser – und setzte sich über die höher entwickelten Lebensformen der Fische, Reptilien und Vögel bis hin zu den Säugetieren und Menschen fort; ganz am oberen Ende schließlich standen die Götter. Diese Konzeption wurde mehr oder weniger pauschal auch von der frühchristlichen Kirche übernommen – wobei die Engel und auf der obersten Stufe Gott selbst an die Stelle der antiken Gottheiten traten – und prägte im Europa der frühen Neuzeit ganz allgemein das Denken über die Welt des Lebendigen. Lamarck und seine Zeitgenossen bauten solche Vorstellungen in ihre Evolutionstheorien ein: Sie nahmen an, jede biologische Art beginne ihr Dasein auf den untersten Leitersprossen und steige dann über lange Zeiträume hinweg allmählich in der Hierarchie nach oben, womit sie der natürlichen Entfaltung einer inneren Kraft entspreche.

Darwin stellte alles auf den Kopf: Er behauptete, es gebe keinen Evolutionsfortschritt auf einer Leiter, und man könne keine Spezies – auch nicht den Menschen – im Vergleich zu anderen als besser oder schlechter bezeichnen. Nach seiner Theorie gibt es nur einen Maßstab, an dem man eine Spezies messen kann: ihren Fortpflanzungserfolg. Wir alle, ob Bakterien oder Menschen, sind gleichermaßen »gut«, weil wir soweit an unsere jeweiligen Lebensbedingungen angepaßt sind, daß wir gedeihen und uns fortpflanzen können. Das Schicksal aller Arten besteht letztlich darin, entweder auszusterben oder sich in andere Arten zu verwandeln. Angetrieben werden solche Veränderungen aber immer von der natürlichen Selektion, die sich in der Fähigkeit des einzelnen Lebewesens zum Überleben und – noch wichtiger – zur Fortpflanzung widerspiegelt, und nicht, wie Lamarck angenommen hatte, von irgendeinem inneren biologischen Prinzip oder einer »Lebenskraft«.

Im Zusammenhang mit dem Verhalten ergeben sich aus Darwins Theorie zwei wichtige Erkenntnisse. Erstens wird der entwicklungsgeschichtliche Wandel dadurch vorangetrieben, daß die Tiere sich an wechselnde Lebensumstände anpassen müssen. Wie die Geologie gezeigt hat, ist das Weltklima ständigem Wechsel unterworfen – es schwankt mit fast monotoner Regelmäßigkeit zwischen starker Erwärmung und eisiger Abkühlung. In den 65 Millionen Jahren seit dem Aussterben der Dinosaurier zum Beispiel ist die Temperatur weltweit um erstaunliche 18° C gesunken. Einstmals war sogar die Antarktis von dichten Wäldern bedeckt. Und mit solchen Klimaschwankungen gingen große Veränderungen in der Tier- und Pflanzenwelt einher.

Die Ursache der meisten derartigen Klimaverschiebungen waren Veränderungen in der Form und Verteilung der Landmassen, die sich über die Oberfläche des weichen Erdkerns bewegten. Aber auch andere Faktoren spielten eine Rolle, so langfristige Schwankungen des Abstands zwischen Erde und Sonne sowie die Schrägstellung der Erdachse. Die 450 Millionen Jahre lange Geschichte der höheren Lebensformen auf der Erde ist von fünf (vielleicht auch sechs) Episoden des Massenaussterbens durchsetzt, in denen der größte Teil aller vorhandenen Lebensformen ausgelöscht wurde.[4] Die wenigen Überlebenden bildeten den Ausgangspunkt für eine ganze Abfolge neuer evolutionärer Entwicklungen, die das Leben auf der Erde jeweils in eine neue und oft recht zufällige Richtung lenkten.

Wie Klimaveränderungen die Evolution vorantreiben, zeigt

sich sehr augenfällig an der Tatsache, daß Tiefseebewohner wie zum Beispiel die Haie (die schon vor den Dinosauriern entstanden) seit Hunderten von Jahrmillionen praktisch gleich aussehen, während Arten wie Antilopen und Menschen (die beide sehr jungen Ursprungs sind) sich in ihrem Äußeren in sehr kurzer Zeit tiefgreifend verändert haben. Im Vergleich zu den Lebensräumen an Land wird die Umwelt in der Tiefsee viel weniger von globalen Temperaturschwankungen beeinflußt, so daß die dort lebenden Geschöpfe praktisch die gleichen Bedingungen vorfinden wie ihre Vorfahren vor 200 Millionen Jahren. An Land dagegen hat sich die Umwelt der Tiere durch manchmal katastrophale Wandlungen von Klima und Vegetation drastisch verändert.

Mit Darwins Theorie lassen sich solche Veränderungen erklären, denn sie geht im Gegensatz zu Lamarcks auf Arten gegründeter Theorie davon aus, daß das Individuum die Grundeinheit der Evolution ist. Das Individuum pflanzt sich fort oder auch nicht, und das Individuum gibt damit seine besonderen Merkmale weiter.[5] Während die früheren Biologen die Art als Idealtypus (man könnte auch sagen: als Klon) angesehen hatten, verstanden Darwin und seine Kollegen sie schlicht als eine Gruppe manchmal recht unterschiedlicher Individuen, die eine Reihe entscheidender Merkmale gemeinsam hatten. Diese Variationsbreite bot den Arten die Möglichkeit, eine Evolution durchzumachen, denn Evolution fand gemeinhin nur dann statt, wenn eine Abweichung sich in der natürlichen Selektion als vorteilhaft erwies.

Die zweite entscheidende Erkenntnis aus Darwins Gedanken lautet: Im wirklichen Leben ist nichts umsonst. Der Wandel in der Evolution kommt nicht von selbst; er muß immer gegen die Stabilität ankämpfen, die sich aus der biologischen Einheitlichkeit des Lebewesens ergibt. Wenn sich ein Aspekt in der Biologie eines Organismus ändert (zum Beispiel wenn die Köpergröße zunimmt), verursacht das immer auch Nachteile. Das liegt unter anderem daran, daß durch die Veränderung unter Umständen andere biologische Eigenschaften nicht mehr passen: Ein großes Lebewesen ist oft auch weniger wendig, so daß es Verfolgern nicht mehr so gut entkommen kann. Weiterhin stellt sich das Problem, daß jede Veränderung (zum Beispiel die Zunahme der Körpergröße oder die Entwicklung eines umfangreicheren Gehirns) Energie kostet: Größere Lebewesen brauchen mehr Nahrung, um ihren größeren Körper in Gang zu halten. Damit Evolution stattfindet, muß der Nutzen der Veränderung größer sein als der Preis. Bringt sie keinen Vorteil mit sich, wirkt der erforderliche Aufwand als stabilisierende Kraft, der für Beständigkeit sorgt. Um den entwicklungsgeschichtlichen Wandel zu verstehen, müssen wir für jeden Ablauf sowohl die Kosten als auch den Nutzen kennen.

Eine Ausnahme bilden allerdings die Fälle, in denen die fraglichen Eigenschaften vor dem unmittelbaren Einfluß der Selektionskräfte geschützt sind. Das trifft zu, wenn verschiedene Formen eines Gens die gleiche Wirkung hervorrufen. Wenn kein Selektionsdruck für oder gegen Veränderungen besteht, kommt es zur sogenannten Gendrift: Die genetisch festgelegten Merkmale ändern sich durch Zufallsereignisse, die darüber entscheiden, welche Individuen sich fortpflanzen. Wenn sich eine Population teilt und die beiden Hälften lange genug reproduktiv isoliert sind, sammeln sich kleine genetische Unterschiede an. Die Theorie der neutralen Selektion, die erstmals in den siebziger Jahren von dem japanischen Genetiker Motoo Kimura formuliert wurde, hat sich in der Evolutionsbiologie als wertvolles Hilfsmittel erwiesen, denn mit ihrer Hilfe kann man feststellen, vor wie langer Zeit zwei beliebige Arten einen gemeinsamen Vorfahren hatten. Man muß dazu einfach nur ermitteln, durch wie viele Mutationen sich ihre DNS unterscheidet, und diesen Wert dann mit der durchschnittlichen Geschwindigkeit spontaner Mutationen multiplizieren. Mit dieser Methode hat man herausgefunden, daß Menschen und Schimpansen einen gemeinsamen Vorfahren haben, der vor fünf bis sieben Millionen Jahren lebte.

Ich muß noch auf einen letzten Punkt hinweisen. Viele Menschen finden den Darwinismus beunruhigend, weil sie ihn entweder mit dem Sozialdarwinismus und seinen Verbindungen zur Eugenik Anfang des 20. Jahrhunderts oder aber mit genetischem

Determinismus verwechseln. Die erste dieser beiden Verwechslungen ist völlig absurd, denn der Sozialdarwinismus hatte trotz seines Namens sehr wenig mit dem Darwinismus zu tun; er war im wesentlichen das geistige Kind des Gesellschaftsphilosophen Herbert Spencer, und unterstützt wurde er von dem Begründer der Genetik und ausgesprochenen Gegner Darwins, Francis Galton (ironischerweise ein Vetter Darwins). Unabhängig davon, ob Darwin selbst Sozialdarwinist war, berühte die Grundphilosophie dieser Bewegung – es ging um die Reinerhaltung der Art – eindeutig auf lamarckistischen Vorstellungen. In den zwanziger Jahren zeigte sich sogar, daß der Darwinismus ihm den geistigen Boden entzogen hatte. Die Sozialdarwinisten (und ihre absonderlichen Nachfolger, die Nazis in den dreißiger Jahren) wurden von Ängsten umgetrieben, die übermäßige Fruchtbarkeit der sozial Schwachen könne die Lebensfähigkeit der Menschheit beeinträchtigen. Tatsächlich verhielt sich die Unterschicht bemerkenswert darwinistisch: Ihre Angehörigen pflanzten sich so schnell wie möglich fort und sorgten so dafür, daß ihre Gene in die nächste Generation gelangten, obwohl bei ihnen wegen der quälenden Armut eine hohe Kindersterblichkeit herrschte. Wenn überhaupt etwas, dann vertraten sie pflichtbewußt die Vielfalt, auf die die natürliche Selektion einwirkte, und damit verminderten sie langfristig die Gefahr, daß unsere Spezies ausstirbt. Nicht auszudenken, wenn wir alle als Klone der Oberschicht geendet wären!

Der Buhmann des genetischen Determinismus ist für viele eine moderne Version des Sozialdarwinismus. Aber auch hier besteht das Problem im wesentlichen in der Unkenntnis, die manchmal noch verstärkt wird durch die Weigerung zuzuhören. In der Evolutionsbiologie gibt es keine vorgefaßten Meinungen hinsichtlich einer genetischen Determination des Verhaltens, auch wenn die Gene in irgendeiner Form beteiligt sein müssen. Viele Verhaltensmerkmale eines Tieres lassen sich im Sinne von Strategien erklären, welche die genetische Eignung steigern, auch wenn die angewandten Verhaltensregeln gelernt oder kulturell übermittelt sind. Das Lernen ist nur ein weiteres Beispiel für einen darwinistischen Prozeß: Verhaltensmerkmale (in diesem Fall Verhaltens-regeln) überleben aufgrund der Selektion unterschiedlich gut. Wenn Tiere über ihr eigenes Verhalten entscheiden, tun sie das auf der Grundlage früherer Erfahrungen und unter dem Ge-sichtspunkt von Nutzen und Kosten einer bestimmten Hand-lungsweise. Bei solchen Entscheidungen lassen sie sich wahr-scheinlich durchaus von genetisch angelegten Intuitionen über die größtmögliche Eignung leiten, aber sie handeln nicht blind aufgrund innerer Triebkräfte, die sie nicht kontrollieren können; höher entwickelte Lebewesen können je nach den Umständen handeln oder sich zurückhalten. Tiere treffen an jedem Tag ihres Lebens Entscheidungen darüber, ob die Risiken, die ein bestimm-tes Verhalten mit sich bringt, den voraussichtlichen Nutzen wert sind.

Soweit unsere darwinistische Abschweifung. Und jetzt zurück zu den Affen!

ANMERKUNGEN

1 Die Temperaturen in der entfernten Vergangenheit können wir dank einer seltsa-men Laune der Physik ermitteln. Zufällig gibt es zwei Isotope (Atomformen) des Sauerstoffs, von denen das eine geringfügig schwerer ist. Wassermoleküle, die die-ses schwere Isotop Sauerstoff-18 enthalten, verdunsten aus den Ozeanen nicht so leicht wie solche mit dem leichteren Sauerstoff-16; wenn sie aber verdunstet sind, kondensieren sie leichter zu Schnee. Wenn man also das Mengenverhältnis der bei-den Isotope in Eis oder Schnee mißt, kann man daraus ableiten, ob es zu einer be-stimmten Zeit kälter oder wärmer war: In kälteren Phasen ist der Anteil des leich-ten Isotops größer. Man untersucht Bohrkerne aus dem Eis Grönlands oder der Antarktis Zentimeter für Zentimeter auf Veränderungen in den Mengenverhält-nissen der beiden Isotope. Mit dem Verhältnis in heutigen Schneeproben als Ver-gleichsmaßstab kann man die Meßwerte mit den heutigen weltweiten Temperatu-ren in Verbindung bringen und dann die Temperatur der Vergangenheit ablesen. Bei einer anderen Methode untersucht man die Zusammensetzung des Kalziumkarbo-nats in den Schalen ausgestorbener Organismen aus dem Meeresplankton. In kühleren Zeiten ist der Anteil des schwereren Sauerstoffisotops im Meerwasser höher, weil das leichtere zu einem größeren Teil verdunstet ist.

2 Man kann in der Wissenschaft der Biologie drei große Ebenen unterscheiden. Die organismische (oder auf ganze Organismen bezogene) Biologie beschäftigt sich mit

den Verhaltensmerkmalen von Tieren; sie umfaßt Themenbereiche wie Ökologie, Tierverhalten, Populationsbiologie und Evolutionsprozesse. Die infra-organismische Biologie hat als Gegenstand die Vorgänge, durch die ein Lebewesen funktioniert: Hierher gehören Physiologie, Zellbiologie, Anatomie und Embryologie. In der Molekularbiologie schließlich untersucht man die chemischen Abläufe, die Lebewesen entstehen lassen; dieses neueste und in mancherlei Hinsicht erfolgreichste Teilgebiet der Biologie konzentriert sich auf die Frage, wie die DNS und andere Bestandteile des genetischen Apparats im großen Wunder des Lebens für den Aufbau der Zellen sorgen. Zwar faßt Darwins Theorie der Evolution durch natürliche Selektion alle drei Teilbereiche zu einem großen Ganzen zusammen, aber man muß sich nicht in allen dreien im gleichen Umfang mit den Einzelheiten dieser Theorie befassen. Die organismische Biologie wäre ohne Darwins Theorie schwierig oder sogar unmöglich, aber auf der infra-organismischen Ebene und erst recht in der Molekularbiologie ist man viel weniger darauf angewiesen (und einige Vertreter dieser Gebiete schaffen es sogar, offen eine antidarwinistische Haltung einzunehmen, ohne ihre Wissenschaft damit zu kompromittieren). Um zu untersuchen, wie eine Zelle funktioniert, braucht man nicht unbedingt die Evolutionstheorie, aber zu verstehen, wie sich das Lebewesen verhält, zu dem die Zelle gehört, ist ohne sie so gut wie unmöglich. Das führt bei Laien manchmal zu Verwirrung: Sie nehmen an, der Darwinismus müsse falsch sein, weil Zellbiologen ohne ihn auskommen. Auch Zellbiologen können ohne Zweifel bessere Forschung betreiben, wenn sie die darwinistische Theorie als Rahmen ihrer Arbeit nutzen, aber sie können – zumindest vorerst – auch darauf verzichten. Ob das bei den weiter wachsenden biologischen Kenntnissen so bleiben wird, muß man abwarten.

3 Die moderne Theorie ist darwinistisch, stammt aber strenggenommen nicht von Darwin. Sie umfaßt viele Elemente, die Darwin noch nicht kannte und auch nicht kennen konnte. In den letzten 150 Jahren haben die Biologen auf Darwins ursprünglichen Erkenntnissen aufgebaut und ein Gedankengebäude hervorgebracht, das nach allen Maßstäben eine der bedeutendsten und umfassendsten wissenschaftlichen Theorien darstellt.

4 Zunehmenden (aber noch umstrittenen) Indizien zufolge hatte das Massenaussterben mit dem Einschlag von Kometen oder großen Asteroiden zu tun. Demnach hätten Staub und Wasserdampf, die bei einer solchen Katastrophe in die Atmosphäre geschleudert werden, das Sonnenlicht abgeschirmt und eine Art »Nuklearwinter« hervorgerufen. Das letzte derartige Massenaussterben fand vor 65 Millionen Jahren statt und führte unter anderem zum Verschwinden der Dinosaurier.

5 Wie Richard Dawkins in seinem Buch *Das egoistische Gen* deutlich gemacht hat, ist eigentlich das Gen die Grundeinheit der Evolution: Sie findet statt, weil bestimmte Gene erfolgreicher an die nächste Generation weitergegeben werden als andere. Statt dessen von Individuen zu sprechen, ist jedoch eine angemessene Kurzform.

Ernst sein ist alles

Primatengruppen unterscheiden sich von Gruppen anderer Tiere durch ihre Geschäftigkeit. In jedem wachen Augenblick spielt sich etwas Bedeutsames ab. Hier wird gekrault, da wird ein Streit von einem Verbündeten geschlichtet, woanders findet eine raffinierte Täuschung statt – und verbunden wird das alles durch eine ständige Wachsamkeit, durch die Beobachtung, wer was mit wem tut. Die Grundlage des Ganzen bilden jedoch die langen Kraulsitzungen, die für Primatengesellschaften besonders charakteristisch sind. In ihnen liegt – ohne daß völlig geklärt wäre, inwiefern das so ist – der Schlüssel für die Vorgänge, die den Primatengesellschaften Zusammenhalt und ein Zusammengehörigkeitsgefühl geben.

Ein Gespür für Berührung

Das Kraulen nimmt im Leben der Affen eine Menge Zeit in Anspruch. Die meisten stärker sozial ausgerichteten Spezies verbringen etwa zehn Prozent ihres Tages damit. Bei manchen Arten kann dieser Anteil aber auch auf bis zu zwanzig Prozent ansteigen. Das ist ein gewaltiges Engagement angesichts der Tatsache, daß die Futtersuche auch unter günstigen Bedingungen sehr viel Zeit kostet.

Das Kraulen ist bekanntermaßen eng verküpft mit der Bereitschaft des Tieres, sich als Verbündeter eines anderen zu verhalten.

zumindest bei Altwelt- und Menschenaffen stehen die Zeit, die dem Kraulen gewidmet wird, und die Gruppengröße in einem Verhältnis zueinander. Das ergibt auch einen gewissen Sinn. Wenn das Kraulen der Kitt ist, der Bündnisse zusammenhält, dann ist ein solches Bündnis um so haltbarer, je mehr Zeit man sich für das Kraulen nimmt. Und da Bündnisse mit zunehmender Gruppengröße immer wichtiger werden, ist es sinnvoll, wenn man mehr Zeit in das Kraulen der Verbündeten investiert. Warum es aber in dieser Hinsicht so wirksam ist, wurde bisher nicht geklärt.

Auch Halbaffen (Lemuren und Galagos) verbringen viel Zeit mit Kraulen; wie Bob Darton von der Universität Durham recht überzeugend nachweisen konnte, kraulen sich Lemuren vorwiegend aus hygienischen Gründen. Sie konzentrieren sich dabei auf Kopfhaut und Rücken des Partners, also diejenigen Körperteile, die der andere selbst nicht erreichen kann. Hier handelt es sich beim Kraulen also um eine Tätigkeit zum gegenseitigen Nutzen – eine Hand wäscht die andere.

In einer Weise ist das Kraulen einfach ein angenehmes Erlebnis. Wie sich in Untersuchungen an Affen in der Gefangenschaft gezeigt hat, entspannen sie sich dabei: Der Puls wird langsamer, und auch andere äußere Anzeichen für Streß vermindern sich. Manchmal ist die Entspannung so stark, daß sie einschlafen. Wie wir heute wissen, regt das Kraulen sogar die Produktion der körpereigenen Opiate (Endorphine) an; deshalb hat es eine leicht betäubende Wirkung.

Die Enkephaline und Endorphine – Verbindungen, die man zusammenfassend auch als körpereigene Opiate bezeichnet – werden im Hypothalamus gebildet, einem Areal im Inneren des Gehirns. Sie spielen in unserem Leben eine wichtige Rolle, denn sie sind die eigenen Schmerzstiller des Gehirns. In ihrem chemischen Aufbau sind sie praktisch den bekannteren Opiaten wie Opium und dem des aus ihm gewonnenen Morphin gleich, und auch ihre Wirkung ist ganz ähnlich: Sie dämpfen die Übertragungswege des Nervensytems, die Schmerzsignale weiterleiten. Die große Ähnlichkeit des Morphins und anderer Opiate mit den Endorphinen ist auch der Grund, warum wir von diesen Drogen so leicht abhängig werden. Die überall im Gehirn verstreuten Bindungsstellen, die als Rezeptoren für die Endorphine wirken, nehmen auch die künstlichen Opiate bereitwillig auf. Nach den körpereigenen Opiaten werden wir aber nicht in der gleichen Weise süchtig wie nach Opium und Morphin, denn das Gehirn produziert seine eigenen Substanzen nur in relativ geringen Mengen. In Jahrmillionen hat die Evolution dafür gesorgt, daß das System nur das herstellt, was es braucht. Leider können wir unseren Organismus mit künstlichen Opiaten ohne weiteres überschwemmen, und dann stellt sich die für diese Drogen charakteristische stark narkotisierende Wirkung ein.

Das körpereigene Opiatsystem ist vermutlich entstanden, damit nach einer Verletzung die Schmerzen gelindert werden, und deshalb ist es ein wichtiger Bestandteil der sorgfältig ausbalancierten Mechanismen zur Schmerzbewältigung. Schmerzen sind wichtig, denn sie signalisieren uns, daß etwas Bedrohliches geschieht (oder kurz bevorsteht). Im evolutionären Sinne haben sie die lebenswichtige Funktion, uns eindringlich zu warnen, damit wir den gefährlichen Gegenstand (oder uns selbst) entfernen können, bevor ernsthafter Schaden angerichtet wird. Die schnellen Schmerzübertragungswege des Nervensystems leiten die Nachricht, daß die Haut verletzt wurde, an das Gehirn weiter, das daraufhin die Fluchtreaktion einleiten kann.

Aber auch wenn etwas geschehen ist und die Gefahr abgewendet wurde, bleiben Verletzungen und Schmerzen der Haut bestehen. Jetzt kommen die Endorphine ins Spiel. Sie haben offenbar unter anderem die Funktion, das Schmerzsystem so weit unempfindlich zu machen, daß man wichtigere Tätigkeiten fortsetzen kann, nachdem man sich der gefährlichen Situation entzogen hat. Hätte das Gehirn nicht sein Opiatsystem, würde man sich weiterhin sinnlos mit schrecklichen Schmerzen herumplagen. Da die Opiate ins Blut ausgeschüttet werden, wirken sie nur langsam. Bis sie sich gebildet und verteilt haben, vergeht einige Zeit, im Gegensatz zur schnellen Reizleitung in den Nervenwegen. Anscheinend vollbringt unser Organismus auch hier einen genau austarierten Balanceakt zwischen gegensätzlich wirkenden Systemen.

Das Endorphinsystem spricht offenbar am besten auf eine stetig wiederholte schwache Stimulation an. Die gleichförmigen Bewegungen beim Joggen zum Beispiel scheinen genau ein solcher Stimulus zu sein, der sehr wirksam die Endorphinproduktion in Gang setzt. Tatsächlich werden Menschen, die regelmäßig joggen, süchtig nach ihrem Sport, weil er eine mäßig ausgeprägte Euphorie erzeugt. Hindert man sie daran, sich ihre tägliche Dosis zu verschaffen, zeigen sie alle Symptome des Opiatentzugs: Angespanntheit, Reizbarkeit, ja manchmal sogar ein leichtes Zittern. Eine solche Opiateuphorie kann man sehr einfach hervorrufen: Sie entsteht durch alle gleichförmigen körperlichen Anstrengungen. Von Tieren in der Gefangenschaft weiß man schon seit langem, daß sie endlos auf und ab laufen, und kürzlich konnte man auch zeigen, daß dies die Opiatproduktion anregt – nach meiner Vermutung durchaus eine gute Methode, die Langeweile des Käfigdaseins erträglicher zu machen. Auch Arbeitssüchtige erzeugen vermutlich den gleichen Effekt, denn psychische Anspannung scheint in dieser Hinsicht ebenso wirksam zu sein wie körperliche. Dabei wirken die starke Konzentration und die hohe Aktivität der Gehirnzellen wahrscheinlich ganz ähnlich wie die Füße des Joggers, die auf das Straßenpflaster hämmern. Deshalb erleben auch Workaholics wie Jogger die klassischen Entzugssymptome, wenn man sie vom Arbeiten abhält.

Es scheint sogar, als ob der Organismus den Opiatbedarf vorhersehen könnte. Bei Marathonläufern nimmt die Produktion dieser Substanzen schon einen Tag vor einem großen Rennen deutlich zu. Frauen bilden während der letzten drei Monate der Schwangerschaft besonders viele Opiate – eine sehr nützliche Vorbereitung auf den Augenblick, wenn die Wehen einsetzen.

Die Opiate spielen also für die Körperchemie eine sehr wichtige Rolle. Überraschend ist aber, daß sie auch im Zusammenhang mit dem Kraulen auftauchen. Wie sich in wissenschaftlichen Untersuchungen herausstellte, ist der Opiatspiegel bei Affen, die gerade gekrault wurden, höher als bei anderen. Außerdem reichen schon winzige Opiatdosen aus, um das Kraulverhalten zu unterdrücken; werden die entsprechenden Rezeptoren im Gehirn mit den Substanzen überschwemmt, haben die Tiere keine Lust mehr zum Kraulen. Und wenn man die Produktion der körpereigenen Opiate hemmt, indem man den Affen geringe Dosen von Naloxon verabreicht (einer Verbindung, die Morphin neutralisiert), sind sie reizbarer als normalerweise und wollen von ihren Käfiggenossen ständig gekrault werden.

Daß das Kraulen für die Affen so attraktiv ist, hängt wahrscheinlich unmittelbar damit zusammen, daß es einen Zustand der Entspannung und der leichten Euphorie hervorruft. Dies ist, wenn man so will, der Verstärker, der die Affen veranlaßt, soviel Zeit mit einer ansonsten recht witzlosen Tätigkeit zu verbringen. Durch das Kraulen wird zwar auch das Fell gereinigt und die Haut von Schuppen und anderen Abfallprodukten befreit, aber Arten wie Paviane, Makaken und Schimpansen widmen ihm weitaus mehr Zeit, als für diesen einfachen Zweck eigentlich erforderlich wäre.

Allerdings war die von den Opiaten hervorgerufene Euphorie wahrscheinlich nicht der evolutionäre Grund für das lange Kraulen der Affen. Auf gegenseitige Feindseligkeiten zu verzichten, mag zwar angenehm sein, aber in einer Welt voller natürlicher Feinde ist es unter Umständen auch gefährlich. Die Euphorie durch Opiate ist sicher der *Mechanismus*, der die Tiere veranlaßt, soviel Zeit dem Kraulen zu widmen, aber als evolutionärer Selektionsdruck ist etwas Nützlicheres erforderlich. Dieser Selektionsdruck hat offenbar mit der Festigung freundschaftlicher Bindung zu tun.

Die natürliche Selektion vereinnahmt sehr häufig in dieser Weise ganze Verhaltens- und Motivationssysteme zu anderen Zwecken. Ein Beispiel ist das Freß- und Tauchritual der Enten und Seetaucher (einer anderen Vogelfamilie), das in das Balzverhalten aufgenommen wurde. Den bemerkenswertesten Beleg bieten aber die drei hintersten Kieferknochen der Reptilien: Sie wurden zu den drei Gehörknöchelchen im Mittelohr, als sich aus den Reptilien die ersten Säugetiere entwickelten. Der Unterkiefer der Reptilien besteht auf jeder Seite aus fünf Knochen. Die ersten beiden verschmolzen in der Evolution der Säugetiere zum Kiefer, wie wir selbst und alle heutigen Säugetiere ihn besitzen. Die drei anderen schrumpften allmählich und wurden zu Bestandteilen des Gehörmechanismus. Sie sind heute winzig und liegen so hintereinander, daß sie die Schallwellen vom Trommelfell an der Grenze von Außen- und Mittelohr zur Schnecke im Innenohr übertragen können, wo die Schwingungen dann aufgenommen und als Nervenimpulse an das Gehirn weitergeleitet werden. Diese Zweckentfremdung ist nicht so überraschend, wie es vielleicht scheinen mag, denn der Kiefer gehört bei den Reptilien ebenfalls zum Gehörapparat: Er trägt dazu bei, Schwingungen des Untergrunds auf die eigentlichen Hörorgane zu übertragen. Bei näherem Hinsehen erscheint es deshalb nur natürlich, daß die Kieferknochen als Gehörknöchelchen weiterverwendet wurden.

Die Vereinnahmung des Motivationssystems für das Kraulen scheint jedenfalls an die Entwicklung relativ großer Gruppen und die Besiedlung eines offeneren Lebensraumes am Erdboden gekoppelt zu sein. Die Zunahme der Gruppengröße folgte offenbar unmittelbar auf die Besiedlung von Habitaten, in denen die Tiere eine leichtere Beute für natürliche Feinde waren. Kleinaffen, die in den Baumkronen der Wälder zu Hause sind wie zum Beispiel die Stummelaffen der Alten Welt und alle Neuweltaffen, bilden in der Regel nur kleine Gruppen. Paviane, Makaken und Schimpansen dagegen leben eher auf dem Boden und bevorzugen das offenere Gelände an den Waldrändern. Dort sind Verfolger eine wesentlich größere Gefahr, einerseits, weil sie sich leichter unbemerkt anschleichen können und andererseits, weil es weniger Bäume gibt, die dem Beutetier eine Flucht ermöglichen. Diese Arten lösen das Problem, indem sie größer werden als durchschnittliche Primaten und – was vielleicht noch wichtiger ist – indem sie in ungewöhnlich großen Gruppen leben.

Die Notwendigkeit, große Gemeinschaften zu bilden, wirft aber auch eine ganze Reihe von Problemen auf. Es ist mehr unmittelbarer Aufwand erforderlich, nicht zuletzt weil die Tiere jeden Tag ein im Verhältnis größeres Gebiet durchstreifen müssen, um die gleiche Futtermenge pro Gruppenmitglied zu beschaffen. Das bedeutet natürlich, daß sie größere Strecken zurücklegen müssen, was wiederum das Risiko erhöht, in dem offenen Gelände überfallen zu werden. Die stärkere Anstrengung führt zu höherem Energieverbrauch, was wiederum bedeutet, daß die Tiere mehr fressen müssen und infolgedessen größere Entfernungen zu überwinden haben... Das Ganze wird sehr schnell zu einem Teufelskreis. Er kommt natürlich irgendwann zum Stehen, aber bis dahin ist der Aufwand für jedes einzelne Gruppenmitglied erheblich gewachsen.

Der größte Tribut ist jedoch indirekter Natur. Er ergibt sich aus dem verstärkten Konkurrenzkampf um Nahrung und Schlafstellen sowie durch das erhöhte Störungs- und Streßniveau. Wenn sich so viele Tiere um ein und denselben Feigenbaum drängen, wird die Konkurrenz um die besten Feigen zwangsläufig härter. Die größten Rowdys setzen sich durch, und die weniger Kräftigen werden in die eher unattraktiven Bereiche an der Außenseite des Baumes gedrängt. Dort gibt es weniger Feigen, und die sind auch noch von schlechterer Qualität (weil sie von Wespen angestochen und von Eichhörnchen angeknabbert sind). Außerdem fällt man auf der Außenseite des Baumes leichter Raubvögeln zum Opfer, beispielsweise den affenfressenden Adlern. Der Rand der Gruppe ist niemals ein angenehmer Aufenthaltsort.

Wenn sich so viele um die besten und sichersten Futter- und Schlafplätze reißen, werden manche zertrampelt, und zwar im übertragenen wie im wörtlichen Sinn. Das ständige Durcheinander – weil man weiterwandern muß oder weil andere einen belästigen und unbedingt eine ungleichgewichtige Beziehung stärken wollen – trägt bei den Tieren, die einen niedrigeren Rang einnehmen, den ganzen Tag über zu einer erheblichen Belastung des Nervensystems bei. Und natürlich wird man um so mehr von anderen schikaniert, je niedriger der eigene Rang ist und je mehr Tiere zu der Gruppe gehören. Der am niedrigsten stehende Affe in einer Gruppe von dreißig bis vierzig erwachsenen Pavianen erlebt unter Umständen selbst dann eine Menge Streß, wenn er von jedem Gruppenmitglied nur einmal am Tag schikaniert wird.

Solche Belastungen fordern vom Organismus des Tieres ihren Tribut. Offenbar setzt psychischer Streß die körpereigene Opiatproduktion in jeder Hinsicht ebenso wirksam in Gang wie körperliche Anstrengungen. Ständige Belastungen können das Immunsystem schädigen und sowohl zu krankhaften Depressionen als auch zu einer erhöhten Krankheitsanfälligkeit führen.

Wie sich herausgestellt hat, sind die beschriebenen Opiate auch an der Regulation von Pubertät und Menstruationszyklus beteiligt. Aber warum sie sich auf die Fortpflanzung auswirken, ist bisher nicht geklärt. Barry Keverne und seine Kollegen an der Universität Cambridge konnten zeigen, daß der Streß einer niedrigen Stellung bei Weibchen die Produktion großer körpereigener Opiatmengen auslöst, die dann die Fortpflanzungsorgane schädigen und zur Unfruchtbarkeit führen. Offenbar wirkt sich der von anderen Gruppenmitgliedern ausgeübte Druck als sehr belastend aus.

Die entsprechenden hormonellen Abläufe sind mittlerweile recht gut geklärt. Die vom Gehirn ausgeschütteten Opiate verhindern im Hypothalamus die Produktion des Hormons GNRH (Gonadotropin-Releasinghormon). Fehlt dieser chemische Auslöser, bildet die an der Gehirnunterseite gelegene Hypophyse (Hirnanhangdrüse) kein luteinisierendes Hormon (LH) mehr. LH setzt normalerweise den Eisprung in Gang, indem es die Eierstöcke veranlaßt, von der Progesteron- zur Östrogenproduktion überzugehen. Wenn also Endorphine die GNRH-Ausschüttung hemmen, bleibt die ganze Kaskade hormoneller Ereignisse aus, die normalerweise für den Eisprung sorgt. Die Folge ist ein anovulatorischer Menstruationszyklus, der äußerlich ganz normal aussieht (er kann allerdings ein wenig länger sein als sonst), bei dem aber aus den Eierstöcken keine Eizelle freigesetzt wird.

Was das für tiefgreifende Auswirkungen haben kann, zeigt sich beispielsweise bei den pavianähnlichen Dscheladas. Wie sich in unseren Freilandstudien an Wildpopulationen dieser Spezies gezeigt hat, erleben die Weibchen, auch wenn sie einen niedrigen Rang einnehmen, nur relativ geringfügige Störungen: Jedes von ihnen wird durchschnittlich zweimal täglich mäßig stark bedroht, und nur einmal in der Woche artet ein solcher Vorfall in einen ernsthaften Angriff aus. Und auch diese Ereignisse sind höchstens mit einer kleinen Zänkerei an der Straßenecke zu vergleichen, das heißt, sie erzeugen mit Sicherheit nicht das gleiche Trauma wie ein ernsthafter Überfall. Aber schon solche geringfügigen Störungen reichen aus, damit das Weibchen mit jeder Rangstufe, die es niedriger steht, im Laufe seines Lebens durchschnittlich einen halben Nachkommen weniger zur Welt bringt. Das mag sich nach wenig anhören, aber wenn man sich vor Augen hält, daß der maximale Ausgangswert bei fünf Nachkommen liegt, entspricht das einem Verlust von zehn Prozent der Fortpflanzungsleistung je Rangstufe. In einer Gruppe von zehn Weibchen kann man also damit rechnen, daß das am niedrigsten stehende Tier keine Jungen zur Welt bringt.

In unserer Dscheladagruppe hatten die niedriger stehenden Weibchen einen geringfügig längeren Menstruationszyklus, und deshalb vermuteten wir, die Ursache könne in der Hemmung durch die Opiate liegen. Für diese Hypothese hatten wir aber damals nicht mehr als einen Indizienbeweis. Ein deutlicher Hinweis war die Beobachtung, daß die niedriger stehenden Weibchen häufiger belästigt wurden. Später konnte Colleen McCann unseren Verdacht an einer Gruppe gefangener Dscheladas im New Yorker Bronx Zoo bestätigen. Wie sie zeigte, haben die niedriger stehenden Weibchen tatsächlich mehr körpereigene Opiate im Blut, und auch die Zahl der anovulatorischen Zyklen ist im Vergleich zu den höherrangigen Weibchen größer.

Einen noch krasseren Fall untersuchte David Abbott im Wisconsin Primate Center in den USA. Marmosetten und Tamarins sind winzige südamerikanische Krallenaffen, die meist noch nicht einmal 250 Gramm wiegen. Sie leben in Großfamilien zusammen, in denen nur ein einziges Paar alle Nachkommen zeugt. Von der Mutter gehen ständig in geringem Umfang Störungen aus, und das schafft für die Töchter so viel Streß, daß sie nicht in die Pubertät kommen. Für den ungeübten Beobachter sind diese Störungen wie bei den Dscheladas kaum zu erkennen. Über Tage und Wochen hinweg sind sie aber stark genug, um die natürliche Entwicklung der Jungen völlig zu unterbinden. Die Töchter verbleiben in einem Zustand des unterdrückten Fortpflanzungstriebes und dienen als »Kindermädchen« für ihre nach ihnen geborenen Geschwister. Wenn später ein benachbartes Revier frei wird, verlassen sie die Gruppe und lassen sich dort nieder. Sobald die Jungen dem Einfluß der Eltern entzogen sind, werden sie geschlechtsreif, und schon nach wenigen Wochen können sie sich mit einem Männchen paaren und schwanger werden.

Vielleicht sollte uns das alles gar nicht so sehr überraschen. Immerhin wissen die meisten von uns sehr genau, wie quälend ständige geringfügige Störungen sein können. Körperkontakt ist dazu gar nicht erforderlich. Das ist ja das Seltsame daran: Körperliche Berührungen verbessern offenbar die Lage, weil sie die seelische Spannung durchbrechen. Eine gelegentliche geringschätzige Bemerkung oder ein entsprechender Blick quer durch den Raum sind oftmals viel wirkungsvoller. Den Schaden richtet dabei die selbstverursachte Angst an, die durch solche leichten Belastungen ausgelöst wird.

Auch beim Menschen wird die Fortpflanzungsfähigkeit anscheinend durch Streß gehemmt. Zwei allgemein bekannte Beispiele sind Karrierefrauen und kinderlose Paare. Frauen in streßbelasteten Berufen (zum Beispiel bei Medien und im Finanzwesen) haben oft Schwierigkeiten bei der Empfängnis, und das Problem läßt sich vielfach durch Streßverminderung lösen. Ganz ähnlich verhält es sich mit der typischen Geschichte des kinderlosen Paares: Nachdem sie die Hoffnung aufgegeben und sich zu einer Adoption entschlossen haben, wird die Frau innerhalb weniger Monate schwanger. Es ist, als ob die Entscheidung, aufzugeben und ein Kind zu adoptieren, den Streß nimmt, den der verzweifelte Wunsch nach einem eigenen Kind erzeugt hat. Sobald die Bremsen gelöst sind, kommt das System ganz von selbst in Gang. Genau das gleiche geschieht bei den jungen Marmosetten.

Ich möchte noch hinzufügen, daß in dieser Hinsicht keineswegs nur ein Geschlecht betroffen ist. Über die vergleichsweise langweiligen hormonellen Abläufe bei Männern gibt es zwar sehr viel weniger Forschungsarbeiten, aber die Befunde reichen immerhin für die Annahme, daß auch das sogenannte starke Geschlecht gegen solche Wirkungen keineswegs immun ist. Samenbanken (in denen der Samen für künstliche Befruchtungen gelagert wird) erhalten einen Großteil ihrer »Spenden« von Medizinstudenten. Sie bemerken nach eigenen Angaben immer genau, wann die Examina bevorstehen: Sobald die Studenten stärker gestreßt sind, geht die Zahl lebensfähiger Samenzellen in den Proben deutlich zurück. Einer neueren Studie aus den USA zufolge liegt diese Zahl auch bei Männern, die regelmäßig mehr als hundert Kilometer in der Woche joggen, deutlich niedriger als bei ihren sportlich weniger aktiven Geschlechtsgenossen.

Belästigung und Konkurrenz können also die Fortpflanzungsfähigkeit eines Weibchens völlig zerstören. Damit die Primatengruppen nicht schnell zusammenbrechen und sich auflösen, ist also ein Mechanismus notwendig, der dieses Problem entschärft. Das Leben in der Gruppe hätte für die Weibchen keinen Vorteil, wenn sie nicht mehr in der Lage wären, sich zu paaren und Nachwuchs zu bekommen.

Die beste Lösung, so scheint es, ist die Bildung von Bündnissen. Mit ihrer Hilfe kann man Auseinandersetzungen abmildern, ohne den Gegner zu vertreiben. Das Gruppenleben dient ja in erster Linie dazu, angesichts der Gefährdung durch natürliche Feinde die Überlebenschancen zu verbessern. Durch das Vertreiben anderer Gruppenmitglieder würde genau das Problem wiederkehren, zu dessen Vermeidung sich die Gruppe ursprünglich überhaupt gebildet hat. In einem Bündnis können die Beteiligten sich gegenseitig verteidigen, so daß Häufigkeit und Heftigkeit der Störungen abnehmen, ohne daß die Störer vertrieben werden. Insgesamt erreicht die Gruppe also dynamisches Gleichgewicht, in dem auseinandertreibende und zusammenführende Kräfte in einer empfindlichen Balance stehen. Dieser Ausgleich zwischen entgegengesetzten Kräften ist die große entwicklungsgeschichtliche Errungenschaft der höheren Primaten.

Die Pflege dieser Beziehungen ist für die Primaten zwangsläufig eine lebensnotwendige Tätigkeit, und dabei spielt das Kraulen, wie wir gesehen haben, eine Schlüsselrolle. Warum es in dieser Hinsicht so gut wirkt, ist zwar nicht im einzelnen geklärt, aber mehrere Merkmale des Kraulens könnten zu einem größeren Vertrauen zwischen Partnern beitragen. Zunächst einmal ist es einfach ein Ausdruck der Zuneigung: Ich sitze lieber hier und kraule dich, statt da drüben Alphonse zu kraulen. Wer immerhin zehn Prozent seines Tages damit verbringt, einen anderen zu kraulen, investiert eine Menge Zeit. Unabhängig davon, welche raffinierten Genüsse auf physiologischer Ebene damit verbunden sein mögen, ist ein derart großes Engagement der deutliche Ausdruck von Interesse und letztlich von Loyalität. Wenn es nur darum ginge, die Opiateuphorie zu erzeugen oder das Fell sauberzuhalten, wäre jeder beliebige Kraulpartner recht. Wer dennoch jeden Tag zu demselben zurückkehrt, zeigt damit ein Maß an Anhänglichkeit, das sich auf andere Weise kaum ausdrücken läßt.

Darüber hinaus erfordert die Tätigkeit des Kraulens als solche, daß man zum Partner genug Vertrauen entwickelt, um sich entspannen zu können und ihn tun zu lassen, was ihm beliebt. Im entspannten Zustand läuft man immer Gefahr, daß der andere die Gelegenheit zu einem bösen Angriff nutzt. Wer einnickt, ist völlig auf den anderen angewiesen, wenn es um die Warnung vor natürlichen Feinden oder vor den schlechten Absichten der eigenen Gruppengefährten geht.

Die schwedischen Biologen Magnus Enquist und Otto Leimar haben darauf hingewiesen, daß jede sehr soziale Spezies Gefahr läuft, von Nassauern ausgenutzt zu werden: Solche Individuen verschaffen sich auf Kosten anderer einen Vorteil und versprechen eine spätere Gegenleistung, die sie dann aber nicht erbringen. Wie die beiden mit mathematischer Genauigkeit zeigen konnten, wird das Nassauertum zu einer immer erfolgreicheren Strategie, wenn die Gruppen wachsen und sich stärker ausbreiten.

Die eigentliche Ursache dieses Problems liegt darin, daß die anderen nur schwer die Täuschungsmethoden des Nassauers aufdecken können. Er kann in einer großen und verstreuten Gruppe immer einen Schritt weiter sein als diejenigen, die ihn enttarnen. Wenn seine früheren Koalitionspartner merken, daß er ihnen gegenüber seine Verpflichtungen nicht erfüllt, hat er sich schon mit einem anderen Gruppenmitglied zusammengetan. Bis die Kunde von seiner Unzuverlässigkeit durch die ganze Gruppe gesickert ist, vergeht eine gewisse Zeit, und dann begibt er sich zu einer Nachbargruppe, wo sich der ganze Vorgang wiederholt.

Nach Ansicht von Enquist und Leimar ist dieses Problem in den Griff zu bekommen, wenn die Bildung eines Bündnisses einen größeren Aufwand erfordert, wenn die Beteiligten sich also erst binden, nachdem sie ein Zeichen des Engagements gesehen haben. Will ein Nassauer sich neue Partner suchen, muß er jedesmal eine Menge investieren, bevor er sich einen Vorteil verschaffen kann. Und wenn er das getan hat, kann er genausogut in seiner bisherigen Verbindung bleiben, denn eine andere ist mit weniger Aufwand nicht zu bekommen. Nach dieser Vorstellung erfüllt das Kraulen sehr gut die Anforderungen an eine solche Investition, denn es kostet eine Menge Zeit. Außerdem kann man die Zeit, die man kraulend mit Jane verbringt, nicht Penelope widmen, und das macht es für einen potentiellen Nassauer schwierig, mehrere Koalitionen nebeneinander aufrechtzuerhalten.

Solche Beweise der Zuneigung sind bei Tieren weit verbreitet. Vielleicht am besten untersucht ist das Balzfüttern, ein Verhalten, das man bei den verschiedensten Vögeln beobachtet, so zum Beispiel bei Lappentauchern, Eisvögeln und Bienenfressern, aber auch bei Skorpionsfliegen und anderen Insekten. Bei Vögeln müssen beispielsweise Männchen und Weibchen gleichermaßen die Eier bebrüten und später die geschlüpften Jungen füttern. Die

Männchen haben aber immer wieder die Möglichkeit zu Täuschungsmanövern und können das Weibchen mit den Eiern allein zurücklassen, um sich mit einem anderen Weibchen zu paaren. Und wenn das Weibchen, das vielleicht fünf oder sechs Eier gelegt hat, allein nur ein Junges großziehen kann, zahlt es sich für das Männchen aus, wenn es die Partnerin verläßt und ein zweites Weibchen begattet, das dann mit seiner Hilfe die meisten Jungen aufzieht. Das verlassene Weibchen hat in dieser grausamen Zwangslage nur zwei Möglichkeiten: Entweder macht es allein weiter und hofft auf das Beste, oder es schreibt die gesamte Investition ab, verläßt die Eier und fängt mit einem anderen Männchen wieder von vorn an.

Deshalb paaren sich die Weibchen vieler Arten nur mit einem Männchen, das ihnen zuvor während des Balzrituals ein Geschenk – häufig Futter – gebracht hat. Indem es das Männchen zu einem aufwendigen Vertrauensbeweis nötigt, bevor es in die Paarung einwilligt, zwingt das Weibchen den potentiellen Partner dazu, soviel zu investieren, daß es sich nicht mehr lohnt, das Weibchen zu verlassen. Der Aufwand, um wiederum einen Leckerbissen aufzutreiben – bei der einen Art vielleicht einen Fisch, bei der anderen eine Feldmaus – und dann ein zweites, noch nicht befruchtetes Weibchen zu finden, ist so groß, daß das Männchen lieber bleibt, wo es ist.

Affengeschwätz

Das Kraulen ist zwar für die Affen das wichtigste Mittel zur Erhaltung und Verstärkung ihrer Bündnisse, aber es ist nicht das einzige. Affen sind auch sehr stimmbegabt. Die kleinen südamerikanischen Marmosetten und Tamarins zum Beispiel zwitschern ununterbrochen, während sie im Unterholz der Wälder durch das Gewirr der Äste und Lianen turnen. Im wesentlichen handelt es sich dabei um Erkennungsrufe, mit deren Hilfe die kleinen Gruppen auf ihren Wanderungen durch den Amazonasurwald zusammenbleiben. Die Rudel der Tamarins sind in der Regel klein: Oft lebt ein Paar, das sich fortpflanzt, mit einem oder zwei erwachsenen Helfern und bis zu vier Jungen zusammen. Dennoch können diese kleinen, eichhörnchenähnlichen Tiere (zwei ausgewachsene Exemplare wiegen zusammen gerade soviel wie eine Großpackung Zucker) können sich in der dichten Vegetation leicht aus den Augen verlieren, wenn sie bei der täglichen Nahrungssuche durch den Wald streifen. Durch die Erkennungsrufe, die fast wie Vogelzwitschern klingen, können die Gruppen ihre Bewegungen koordinieren.

Ähnliche Lautäußerungen findet man bei vielen Primatenarten, so auch bei den meisten Altweltaffen. Paviane, die durch offene Savannen streifen, geben immer wieder ein leises Grunzen von sich. Viele Jahre lang glaubte man, es handele sich dabei nur um allgemeine Erkennungsrufe, die wie das Aufblitzen eines Leuchtturms allen anderen Gruppenmitgliedern anzeigen, wo man sich befindet.

Anfang der achtziger Jahre jedoch vermuteten die amerikanischen Primatenforscher Dorothy Cheney und Robert Seyfarth, daß das Grunzen ihrer Meerkatzen mehr zu bedeuten habe, als unser Gehör anfangs nahelegte. Also nahmen sie die Laute der ausgewachsenen Affen auf Tonband auf und notierten dabei sehr sorgfältig, unter welchen Umständen die Rufe jeweils ausgestoßen wurden. Durch Analysen mit dem Stimmspektrographen – einem Instrument, das die Energieverteilung der Schallwellen unterschiedlicher Frequenzen mißt – konnten sie nachweisen, daß es in der Lautstruktur der Rufe, die unter verschiedenen Bedingungen hervorgebracht werden, geringfügige, aber immer wiederkehrende Unterschiede gibt. Wenn ein ranghöheres Tier sich näherte, gaben die Affen andere Rufe von sich als bei einem niedriger stehenden, und wieder anders hörten sich die Laute an, wenn die Tiere in einiger Entfernung eine andere Gruppe gesichtet hatten oder wenn das rufende Tier sich aus der Sicherheit des Waldes in eine offene Graslandschaft begab.

Als nächstes nahmen die Wissenschaftler ihre Aufnahmen mit

und spielten sie den anderen Affen mit versteckten Lautsprechern vor, wobei der Rufer nicht zu sehen war. Daraufhin geschah etwas Verblüffendes. Die Affen reagierten auf die verschiedenartigen Laute jeweils in der richtigen Weise. Hörten sie ein Grunzen, das von einem ranghöheren Tier stammte, blickten sie auf, aber die Rufe der niedriger stehenden Gruppenmitglieder ignorierten sie. Und wenn sie Laute hörten, die aufgenommen worden waren, als das rufende Tier ein anderes Affenrudel ausgemacht hatte, starrten sie in die Richtung, in die der Lautsprecher zu weisen schien. In Richtung des Lautsprechers selbst blickten sie dagegen bei den Rufen eines Artgenossen, der in offenes Gelände vordrang. Alle diese Geräusche waren für menschliche Ohren nicht zu unterscheiden, und entsprechend hatten die Wissenschaftler sie früher auch interpretiert.

Nun sah es so aus, als wäre ein Grunzen nicht einfach ein Grunzen; in der Struktur des Rufes war eine ganze Menge Information enthalten. Die Situation ließ sich mit der eines englischen Muttersprachlers vergleichen, der zum ersten Mal nach China kommt – oder der eines Chinesen, der sich nach England wagt. Plötzlich ist man von Geplapper umgeben, von einem Lautmischmasch, in dem kaum Strukturen zu erkennen sind. Man versteht nichts, ja, man kann nicht einmal einzelne Wörter unterscheiden. Es könnte genausogut alles Unsinn sein. Dennoch ist das, was die Menschen um einen herum tun, eindeutig vernünftig und kommunikativ. Später, mit unendlicher Geduld und einer Menge Übung, kann man einzelne Wörter aufschnappen, dann Redewendungen und schließlich ganze Sätze. Und siehe da: Das Ganze ist in Wirklichkeit ein Meisterwerk der Kommunikation! Vom Sprechenden zum Hörenden werden ungeheuer komplexe Begriffe übermittelt. Schwierige metaphysische Streitgespräche werden geführt. Dichtung von großer Schönheit wird rezitiert und diskutiert.

Damit stellt sich die Frage: Spiegelt unsere Ansicht über die Lautäußerungen der Meerkatzen einfach unsere Unkenntnis des Meerkatzischen wider? Gleichen wir, wenn wir in der afrikanischen Savanne auf ein Meerkatzenrudel stoßen, dem Chinesen, der sich plötzlich in England wiederfindet? Immerhin dauert es etwa zehn Jahre, bis ein Kind des Chinesischen oder Englischen vollkommen mächtig ist. Und selbst wenn der chinesische Muttersprachler sich viel Mühe gibt, ist sein Englisch nach mehreren Jahren des Übens immer noch stockend und rudimentär, und seine kindlichen Fehler geben oft Anlaß zur Heiterkeit. War es ein schwerer Fehler, daß wir angenommen haben, wir könnten in einem oder zwei Monaten der Freilandarbeit alles über die Lautäußerungen der Meerkatzen in Erfahrung bringen? Schließlich hat ein Meerkatzenjunges ebenfalls eine fünfjährige Kinderzeit damit verbracht, den Rufen der Erwachsenen in seiner Gruppe zuzuhören, wobei es hier eine Nuance und dort eine kleine Veränderung der Betonung aufschnappte. Aber was nimmt eine Meerkatze eigentlich wahr, wenn sie das Grunzen hört?

Eines ist durch die Forschungsarbeiten der letzten zehn Jahre überaus deutlich geworden: Die Kommunikation der Primaten ist komplizierter, als man sich das jemals vorher hätte vorstellen können. Meerkatzen unterscheiden beispielsweise eindeutig zwischen verschiedenen Arten natürlicher Feinde und identifizieren sie mit jeweils anderen Rufen. Sie machen einen Unterschied zwischen Verfolgern am Boden (etwa Leoparden) und Raubvögeln, wie den Adlern, und kündigen beide anders an als Schlangen und sonstige Kriechtiere. Jeder Feindtyp veranlaßt sie zu einem anderen Ruf. In einer entscheidenden Versuchsreihe konnten Cheney und Seyfarth zeigen, daß die Meerkatzen auf die Rufe, die aus einem versteckten Lautsprecher kamen, jeweils in der richtigen Weise reagierten. Als die Affen den Leoparden-Warnruf hörten, eilten sie auf die Bäume, bei der Ankündigung eines Adlers verschwanden sie aus den Baumkronen, und bei dem Ruf, der auf eine Schlange hinweist, stellten sie sich auf die Hinterbeine und starrten ins Gras. Den Verfolger selbst brauchten sie dabei nicht zu Gesicht zu bekommen, und ebensowenig mußten sie sehen, über was der Rufende sich aufregte oder welches Ausmaß seine Erregung hatte. Die Information, die sie zum Erkennen des jeweiligen natürlichen Feindes brauchten, bezogen sie ausschließlich aus dem Laut selbst – genauso ist auch für uns die Information zur Identifizierung eines Leoparden in den Lauten »Leopard« enthalten, nicht aber in den Lauten »Achtung!« oder »Hilfe!«

Einen ähnlich komplizierten akustischen Informationsaustausch findet man auch bei anderen Klein- und Menschenaffenarten. In den kleinen Familiengruppen der Dscheladas bestehen sehr enge Bindungen, und ihre Angehörigen plappern ständig miteinander. Ihre Äußerungen enthalten kompliziert strukturierte Winsel-, Stöhn- und Wieherlaute, die sie mit einem sprachähnlichen Tonfall ausstoßen. Wenn man ihnen mit geschlossenen Augen zuhört, fühlt man sich wie am äußersten Ende eines Restaurants oder einer Bar, wo man das An- und Abschwellen der Gespräche sowie die abwechselnden Stimmen der Sprechenden wahrnehmen kann, ohne jedoch die Worte als solche zu verstehen.

Wenn Dscheladas fressen, tauschen sie komplizierte Lautäußerungen aus, die offenbar dazu dienen, den Kontakt zu den Lieblings-Kraulpartnern auch bei räumlicher Trennung aufrechtzuerhalten. Neben diesem unterhaltungsähnlichen Austausch zwischen Freunden benutzen sie Stöhn- und Grunzlaute beim Kraulen als Anregung. Nur allzuoft entspannt sich das Tier, das gerade gekrault wird, dabei so stark, daß es einschläft. Wenn der Kraulende dann genug hat und selbst gekrault werden möchte, stellt er seine Tätigkeit ein und zeigt dem anderen seinen Wunsch durch das Heben eines Arms oder einer Schulter an. Im Normalfall dreht das bis dahin passive Tier sich daraufhin sofort um und krault seinerseits den dargebotenen Körperteil. Wenn es aber in der warmen Sonne eingedöst ist, bemerkt es manchmal gar nicht, daß das Kraulen aufgehört hat, und dann läßt der Partner ein leises Grunzen hören, als wollte er sagen: »He, jetzt bist du dran!«

Wenn ein Weibchen ein Junges zur Welt gebracht hat, wird das Neugeborene schon bald für die anderen jungen Weibchen in der Gruppe zum Gegenstand des Interesses, insbesondere für diejenigen, die gerade die Pubertät hinter sich haben und selbst noch nicht Mutter geworden sind. Wenn eines dieser jungen weiblichen Tiere sich seiner älteren Schwester oder seiner Mutter nähert, die gerade das Kind bekommen hat, ist die Aufregung in seiner Stimme fast greifbar. Seine Kontaktrufe eilen die Stimmskala hinauf und hinunter, wie es bei einem aufgeregten Kind vorkommt, dessen Worte sich in einem verworrenen Redeschwall überschlagen. Die emotionalen Untertöne sind in beiden Fällen nicht zu überhören, aber es handelt sich dabei nicht um geistloses Geschwätz, sondern um die reale Mitteilung der augenblicklichen Erregung.

Angesichts dieser neuen Befunde erheben sich Zweifel an der alten Erkenntnis, nur der Mensch habe eine Sprache. Linguisten und Psychologen behaupten immer, ausschließlich unsere Spezies verfüge über echte Sprachfähigkeit. Natürlich kommunizieren auch Tiere untereinander und sogar mit uns – wie unser Hund oder unsere Katze, wenn sie zu einem Spaziergang nach draußen wollen. Aber die Linguisten beharren darauf, daß es sich bei diesen Tieren um reine Kommunikation handle. Als Sprache könne man das nicht bezeichnen, weil sie mit ihrem Bellen und Miauen keine abstrakten Begriffe mitteilen könnten. Viele von ihnen erklärten sogar (und tun das immer noch), alle Kommunikation der nichtmenschlichen Arten beschränke sich im wesentlichen auf den Ausdruck von Gefühlszuständen. Hunde bellen, wenn sie aufgeregt sind, weil ihre Atmungsorgane bei Aufregung diese Geräusche erzeugen.

In den sechziger Jahren schlug der Linguist Charles Hockett achtzehn Merkmale vor, die nach seiner Ansicht echte Sprache definieren. Die vier wichtigsten besagen: Es handelt sich um genuine verbale Sprache, wenn sie erstens Verweischarakter hat (das heißt, die Laute beziehen sich auf Gegenstände in der Außenwelt), zweitens eine Syntax (grammatikalische Struktur) hat, drittens nicht abbildend ist (das heißt, die Wörter ähneln nicht den bezeichneten Objekten – anders als beispielsweise das Wort *muh*, das ganz eindeutig die Lautäußerungen der Kühe nachahmen soll) und viertens erlernt wird (im Gegensatz zu instinktivem Verhalten).

Diese Kriterien wurden formuliert, um den Unterschied zwischen echter Sprache und zum Beispiel der »Sprache« der Bienen deutlich zu machen. Der Verhaltensforscher Karl von Frisch hatte in den fünfziger Jahren nachgewiesen, daß Honigbienen, die von einem Erkundungsflug in den Stock zurückkehren, ihren Artgenossen die Lage guter Futterstellen mitteilen. Wie von Frisch entdeckte, führt ein solcher heimkehrender Kundschafter auf der senkrechten Oberfläche der Honigwaben häufig einen stereotypen Tanz in Form einer Achterfigur auf. Mit genialen Experimenten und sorgfältiger Beobachtung konnte er zeigen, daß die Geschwindigkeit des Tanzes die Entfernung der Futterstellen vom Bienenstock angibt, während der Winkel zwischen dem Querbalken der Acht und der Senkrechten die Himmelsrichtung relativ zum Sonnenstand bezeichnet.

Diese bemerkenswerte Leistung der Bienen machte allgemein großen Eindruck, und das völlig zu Recht. Sie ist sicher ein Wunder der Natur. Und die umwälzenden Erkenntnisse gaben natürlich auch Sprachforschern und Philosophen Anlaß zum Nachdenken. Handelte es sich dabei um echte Sprache? Wenn es so wäre, stünden die Menschen nicht mehr so einzigartig da. Bei manchen wuchs ganz ernsthaft die Erwartung, wir würden eines Tages wie Dr. Doolittle lernen, mit den Tieren zu sprechen.

Aber als die Aufregung sich gelegt hatte, wurde schon bald deutlich, daß man das Verhalten der Bienen nicht als Sprache im menschlichen Sinn bezeichnen kann. Es ist stark formalisiert und kann nur eine begrenzte Zahl von Tatsachen über ein äußerst eingeschränktes Themenspektrum mitteilen. Außerdem handelt es sich offenbar um instinktives Verhalten; ob die Bienen »wissen«, was sie sagen, schien äußerst zweifelhaft.

Mittlerweile hatte aber die Vermutung, Tiere besäßen womöglich eine primitive Form von Sprache, auch zu ernsthaften Versuchen geführt, ihnen Sprache beizubringen. Aus vielleicht naheliegenden Gründen konzentrierten sich die ersten derartigen Arbeiten auf unsere nächsten Verwandten im Tierreich: die Schimpansen.

In den fünfziger Jahren gab es zwei berühmte Versuche, Schimpansen die englische Sprache beizubringen. Die Familien Kellogg und Hayes zogen jeweils einen neugeborenen Schimpansen zusammen mit ihrem eigenen Baby auf, und dabei erhielten beide Säuglinge die gleiche Aufmerksamkeit und die gleichen Gelegenheiten, sprechen zu lernen. Die Ergebnisse waren enttäuschend. Vicky, der junge Schimpanse, der bei der Familie Hays aufwuchs, konnte nicht mehr als ein halbes Dutzend Wörter hervorbringen, und auch die waren kaum zu erkennen. Der Schimpanse war nicht nur weit davon entfernt, menschliche Gewohnheiten anzunehmen, wie sie gehofft hatten, zu allem Übel nahm auch noch das eigene Kind des Ehepaars Hayes unzählige schlechte Gewohnheiten von dem Schimpansen an. Da Schimpansen viel schneller heranreifen als Menschenkinder und dann rasch alles mögliche anstellen, erwies Vicky sich als herrlich attraktives Vorbild für Hayes junior. Das Ehepaar gab das Experiment schließlich auf.

Zur gleichen Zeit dämmerte allmählich allen, daß Schimpansen niemals sprechen lernen würden, weil ihnen der Stimmapparat fehlt, der zum Hervorbringen einer menschlichen Sprache erforderlich ist. Dazu braucht man nämlich einen tiefliegenden Kehlkopf, der am hinteren Ende von Nase und Mund einen großen Resonanzraum schafft, sowie genau gesteuerte Stimmbänder zur Erzeugung der Schallwellen. Diese entscheidenden anatomischen Voraussetzungen besitzen die Schimpansen offenbar nicht.

Nachdem man das erkannt hatte, versuchte man in den sechziger Jahren etwas anderes. Ein weiteres Forscherehepaar, die mittlerweile verstorbene Trixie Gardner und ihr Mann Alan, begannen mit einem jungen Schimpansenweibchen namens Washoe eine neue Untersuchung. Washoe lernte keine Lautsprache, sondern eine Zeichensprache. Vor dem Hintergrund der Erkenntnis, daß Schimpansen nie werden sprechen können, argumentierten die Gardners, sie könnten eine Zeichensprache lernen, weil Gesten zur natürlichen Kommunikation wilder Schimpansen gehören. Sie wählten die amerikanische Taubstummensprache ASL, bei der Begriffe oder Wörter mit Gesten ausgedrückt werden. Washoe wuchs also in einem Umfeld auf, in dem alle, die mit ihr in Kontakt kamen, sich der Zeichensprache ASL bedienten.

Washoe erwies sich als kleines Wunder. Sie lernte schließlich etwa hundert Zeichen. Aber das überzeugte nicht jeden. Mehrere Psychologen und Linguisten argumentierten, sie habe nur ihre Fähigkeit unter Beweis gestellt, ihre menschlichen Pfleger nachzuahmen. Sie wiesen darauf hin, daß viele ihrer Zeichen sich oft wiederholten und offenbar häufig einen Auslöser von seiten der Menschen erforderten. Und kaum einmal brachte sie »Sätze« von mehr als zwei Zeichen hervor (wenn man alle Wiederholungen abzog). Die von ihr produzierten, angeblich neuen Zeichenkombinationen – sie soll von selbst »Wasser« und »Vogel« signalisiert haben, als sie zum ersten Mal einen Schwan sah – waren bloße Zufallstreffer. Washoes Mitteilungsfähigkeit, so die Behauptung der Kritiker, existierte nur in den phantasievollen Interpretationen der Gardners.

Das Forscherehepaar verwendete die folgenden zwanzig Jahre zum größten Teil auf den Versuch, Washoe unter immer strengeren Bedingungen zu prüfen; sie wollten beweisen, daß die Schimpansin ASL als Sprache benutzen konnte. Gleichzeitig entwickelten die Kritiker immer raffiniertere Methoden, um nachzuweisen, daß sich alle Leistungen von Washoe als »Kluger-Hans-Phänomene[1]« erklären ließen.

Mittlerweile begann man in den siebziger Jahren mit mehreren neuen Forschungsprojekten. In zwei Fällen (bei dem Gorilla Koko und dem Orang-Utan Chantek) verwendete man ebenfalls die ASL, aber in zwei anderen versuchte man, die Kritik an den Arbeiten der Gardners zu umgehen, indem man Schimpansen eine Bildersprache beibrachte. Der Psychologe David Premack lehrte eine Schimpansendame namens Sarah und mehrere ihrer Käfiggenossen eine Sprache, in der farbige, unterschiedlich geformte Kunststoffgegenstände die Wörter (oder Begriffe) darstellten. Die Kunststoffgebilde waren magnetisch, so daß man sie auf einer

Metalltafel zu Sätzen zusammenstellen konnte. An der zweiten Studie, die von Duane Rumbaugh in Gang gesetzt wurde, waren die beiden Schimpansen Austin und Sherman beteiligt; sie lernten an einer Computertastatur eine Sprache, die man zu Ehren von Robert Yerkes, einem der Väter der modernen vergleichenden Psychologie, »Yerkisch« genannt hatte. Die Tastatur trug keine Buchstaben, sondern eine große Zahl farbiger Symbole, und jede Taste stand für ein Wort. Die gleiche Sprache brachte Sue Savage-Rumbaugh später einem Bonobo namens Kanzi bei. Kanzi sollte gleichzeitig zum Einstein und Shakespeare der Schimpansenwelt werden.

Aber die Meinungsverschiedenheiten um die Sprache schwelten weiter. Bei aller Klugheit, mit der Sarah oder Kanzi Fragen beantworteten oder Anweisungen befolgten, blieb die Frage: *Gebrauchten* sie Sprache wirklich in dem gleichen Sinn wie ein Menschenkind? Verstanden sie *Grammatik*? Begriffen sie abstrakte Bezeichnungen wie »größer als«?

Diese Forschungsarbeiten, so muß man nach meiner Überzeugung fairerweise einräumen, haben überzeugend gezeigt, daß Schimpansen mehrere wichtige Begriffe verstehen, zum Beispiel Zahlen, das Addieren und Subtrahieren sowie grundlegende Beziehungen (»größer als«, »dasselbe wie« oder »an der Spitze von«). Außerdem können sie um bestimmte Gegenstände (meist Futter) oder Unternehmungen (einen Spaziergang im Wald, ein Verfolgungsspiel) bitten und komplizierte Anweisungen ausführen (»nimm die Dose aus dem Kühlschrank und bring sie ins Nebenzimmer«). Kanzi kann leicht von einer Kommunikationsform zur anderen übertragen, beispielsweise indem er auf die richtigen Tastensymbole für englische Wörter weist, die er im Kopfhörer gehört hat. Das gilt als besonders wichtige Voraussetzung für Sprache, denn es ist die Grundlage unserer Fähigkeit, vom Hören zum Sprechen (und natürlich zum Schreiben) zu gelangen.

Aber trotz aller Bemühungen der letzten drei Jahrzehnte ist kein Affe überzeugend über die Sätze mit zwei oder drei Wörtern hinausgelangt, die für zweijährige Menschenkinder typisch sind. Trotz Kanzis außerordentlicher Fähigkeit, Sprache zu verstehen, beschränkt er sich weitgehend darauf, um Dinge zu bitten, die er haben will, Anweisungen auszuführen und richtige, aus einem Wort bestehende Antworten auf logisch komplexe Fragen zu geben. Er zeigt nicht das spontane, scheinbar mühelose Geplapper eines zweijährigen Kindes, das gerade sprechen lernt. Menschenkinder verbringen in diesem Alter viel Zeit damit, Gegenstände zu benennen, und das offenbar einfach zum Spaß. »Guck mal, Mami, Auto!« »Ja, mein Schatz, *noch* ein Auto…«

Auch im Gegensatz zu den leicht dahinfließenden Kontaktrufen der Dscheladas wirken die Sprechkünste sprachtrainierter Menschenaffen steif und schwerfällig. Schimpansen stehen bestenfalls mit einem Fuß auf der Sprachleiter, aber von einem Menschenaffen, der auf der Schwelle des Menschseins steht, sollte man eigentlich mehr erwarten. Wie kommt es, daß eine Affenart den Übergang geschafft hat? Um diese Frage zu beantworten, müssen wir verstehen, wozu die menschlichen Sprachen benutzt werden und wie sie in der Evolution entstanden sind.

ANMERKUNG

1 Der »Kluge Hans« war ein Zirkuspferd, das in den ersten Jahren des 20. Jahrhunderts viel Aufsehen erregte: Es war angeblich in der Lage, zwei Zahlen zu addieren und das Ergebnis durch entsprechend häufiges Aufstampfen mit einem Huf mitzuteilen. Wie sich aber bei genauerer Untersuchung herausstellte, gab der Besitzer dem Pferd unabsichtlich Zeichen, wann es mit dem Aufstampfen aufhören sollte: In Wirklichkeit reagierte »Hans« darauf, daß der Mensch bei der richtigen Zahl leise einatmete.

Von Gehirnen und Gruppen und der Evolution

Affen sind nach allgemeiner Ansicht die geistigen Genies der Tierwelt. Ihre Possen und ihr Nachahmungsverhalten, ihre leuchtenden Augen und ihre Ausgelassenheit sprechen dafür. Seit undenklichen Zeiten kennen die Menschen ihre besonderen, menschenähnlichen Eigenschaften. Damit stellt sich zwangsläufig die Frage: Warum sind Klein- und Menschenaffen so intelligent?

Warum haben Affen so ein großes Gehirn?

Die Definition von Intelligenz war stets ein heikles Problem, und die Psychologen gerieten im Laufe der Jahre immer wieder in Schwierigkeiten, wenn sie vernünftige Methoden zu ihrer Messung entwickeln wollten. Dabei stellten sich zwei Probleme: Zunächst einmal muß man sagen, was Intelligenz überhaupt ist, und dann muß man einen zuverlässigen Maßstab für sie finden.

Die Frage nach der Definition erscheint zumindest intuitiv nicht allzu schwierig. Intelligenz – darin würden wohl die meisten von uns übereinstimmen – ist die Fähigkeit zur Lösung von Problemen, die andere nicht lösen können. Einstein war intelligent, weil er sich die Relativitätstheorie ausdachte, und nur die wenigsten von uns verstehen, was sie bedeutet, oder können die mathematischen Argumente nachvollziehen, mit denen er sie entwickelte. Die Psychologen haben natürlich erkannt, daß es viele Arten von Intelligenz gibt: Soziale Intelligenz ist nicht dasselbe wie wissenschaftliche Begabung, und die wiederum unterscheidet sich von den Qualitäten, die einen guten Schriftsteller oder Musiker ausmachen. Dennoch besteht die feste Überzeugung, daß es einen zugrundeliegenden gemeinsamen Faktor gibt, der sich in verschiedenen Bereichen anwenden läßt. Ihn bezeichneten die Psychologen in der ersten Hälfte des 20. Jahrhunderts als »G-Faktor« (für »generelle Intelligenz«). Gleichzeitig sicherten sie sich aber auch ab, indem sie eine ganze Reihe von Einzelbestandteilen des Intelligenzquotienten (IQ) definierten, die zum Beispiel die Fähigkeit zur Lösung visueller Aufgaben, sprachliche und mathematische Fähigkeiten sowie logisches Denken belegten.

Noch schwerwiegender war immer die Gefahr, daß man bei allen Messungen nicht die eigentliche Intelligenz eines Individuums erfaßte, sondern nur seine Motivation zur Beantwortung von Fragen oder sein Allgemeinwissen. So dauerte es zum Beispiel überraschend lange, bis die Psychologen begriffen, warum junge farbige Amerikaner in herkömmlichen Intelligenztests so schlecht abschnitten: Es lag nicht daran, daß sie weniger intelligent gewesen wären als weiße Kinder, sondern nur an ihrer geringen Bildung. Wenn man bei einem Test voraussetzen konnte, daß jeder Teilnehmer die gleiche Chance gehabt hatte, die Klassiker zu lesen oder Geometrie zu lernen, maß man damit nur den Stand der Schulbildung, aber nicht die Klugheit als solche.

Dennoch ist auch heute noch die Auffassung weit verbreitet, daß es etwas gibt, das man als Intelligenz bezeichnen kann und das zwischen Menschen sowie zwischen den Arten unterschiedlich ist. Die Schwierigkeit besteht eher in der Entwicklung von Tests, mit denen man diese schwer faßbare Eigenschaft bei verschiedenen Spezies messen kann und dabei allen Beteiligten gerecht wird. Unter anderem fand man dabei die Lösung, die Gehirngröße anstelle der Leistung in praktischen Tests zu messen.

Eine der herkömmlichen Volksweisheiten lautet: je größer, desto besser. Demnach müßten Tiere mit größerem Gehirn auch intelligenter sein. Immerhin haben Menschen beispielsweise ein größeres Gehirn als Hunde. Aber es gibt auch unangenehme Abweichungen: Elefanten und Wale haben größere Gehirne als wir. Bedeutet das nun, daß diese Arten auch intelligenter sind? Der Psychologe Harry Jerison erkannte Anfang der siebziger Jahre, daß Größe nicht allein entscheidet. Bei großen Tieren rechnet man mit einem großen Gehirn, weil es eine viel größere Muskelmasse steuern muß, von der Größe der anderen Organe ganz zu schweigen. Mehr Beinmuskeln brauchen auch mehr Anweisungen vom Gehirn, um sich richtig koordiniert zu bewegen.

Deshalb, so Jerisons Argumentation, sollte man sich nicht für die absolute, sondern für die *relative* Gehirngröße interessieren. Demnach ergibt sich die Intelligenz aus der freien Rechenleistung, die übrigbleibt, wenn man alles abzieht, was für die ordnungsgemäßen Körperfunktionen erforderlich ist. Zu diesem Zweck schlug Jerison vor, zunächst ein Diagramm der Gehirngröße im Verhältnis zum Körpergewicht aufzustellen. Es zeigt die allgemeine Beziehung zwischen Gehirngröße und Körpergewicht und damit ein ungefähres Maß für die Menge an Gehirngewebe, die für die Grundfunktionen des Organismus notwendig ist. Was dann noch übrigbleibt, ist die Kapazität, die für kluge Tätigkeiten wie das Lösen von Problemen zur Verfügung steht.

Aufgrund dieser Überlegungen verzeichnete Jerison für alle Tierarten, für die er Angaben auftreiben konnte, die Gehirngröße gegen das Körpergewicht, von den Dinosauriern bis zu den Primaten. Die Ergebnisse waren sehr aufschlußreich (siehe Abbildung 1). Wie sich herausstellte, liegen ganze Tiergruppen auf einem höheren Niveau als andere. Für Dinosaurier und Fische sind die Werte niedriger als für Vögel, und die für Säugetiere liegen noch darüber. Was noch interessanter ist: Primaten stehen in dem Diagramm höher als andere Säugetiere, und ähnliche Unterschiede findet man auch innerhalb der Gruppe der Säugetiere. Ganz unten stehen in diesem Bereich die Beuteltiere (Känguruhs und ihre Verwandten); es folgen die Insektenfresser (Spitzmäuse, Igel), die Huftiere (Schafe, Rinder, Hirsche und Antilopen) sowie die Raubtiere (Katzen, Hunde, Waschbären usw.), und ganz oben schließlich stehen die Primaten. Innerhalb der Primatengruppe rangie-

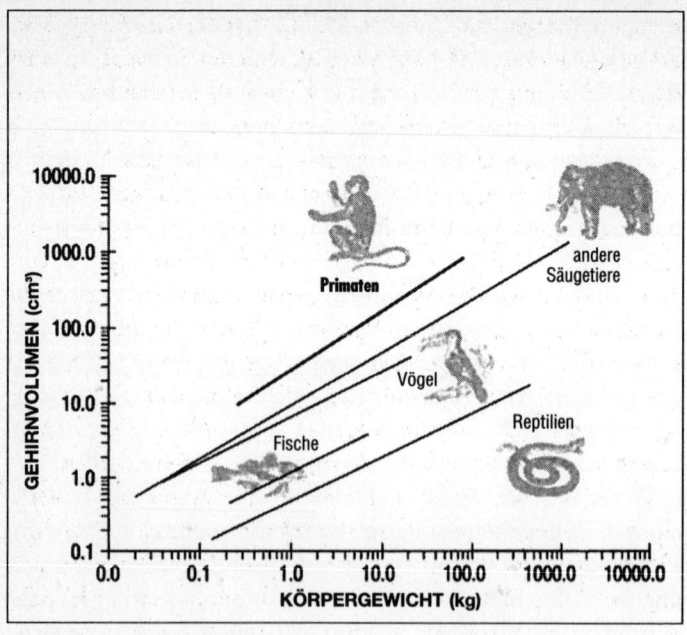

Abbildung 1 Trägt man das Gehirnvolumen verschiedener Tiergruppen gegen das Körpergewicht ein, liegen die meisten Punkte für die Angehörigen der einzelnen Gruppen jeweils auf einer eigenen Linie. Das größte Gehirn im Verhältnis zum Körpergewicht haben die Primaten, das kleinste die Reptilien. Man beachte, daß beide Achsen des Diagramms eine logarithmische Skala haben: Tatsächlich ist die Bezeichnung zwischen Gehirngröße und Körpergewicht eine Kurve, das heißt, das Gehirn wächst nicht mit der gleichen Geschwindigkeit wie der Körper. Trägt man eine solche Kurve logarithmisch ein, wird sie zur Geraden, so daß man das dargestellte Prinzip besser erkennen kann.

ren die Halbaffen (die Lemuren Madagaskars und die Galagos des afrikanischen Festlands) auf einer niedrigeren Ebene: Ihr Gehirn ist im Verhältnis zur Körpergröße kleiner als bei den höher entwickelten Primaten (Klein- und Menschenaffen).

Nach dieser Meßmethode ist das Gehirn bei uns Menschen etwa neunmal größer als bei den Säugetieren im allgemeinen. Es hat ein Volumen von ungefähr 1600 cm^3; ein typisches Säugetier unserer Größe (55 kg) hat dagegen nur ein Gehirn von 180 cm^3. Noch eindrucksvoller ist die Tatsache, daß unser Gehirn etwa zölfmal größer ist, als man es aufgrund der Zahlen für die Insektenfresser erwarten würde. Die kleinen Säugetiere dieser Gruppe wie Spitzmäuse, Igel und Maulwürfe gelten allgemein als typische Vertreter jener primitiven Säugetiere, die vor etwa sechzig Millionen Jahren lebten und von denen alle Säuger abstammen.

Damit stellt sich eine grundlegende Frage: Warum haben manche Arten ein größeres Gehirn als andere? Warum ist das Gehirn insbesondere bei Primaten größer als bei Hunden, Katzen und anderen Säugetieren? Und außerdem: Warum besitzen manche Primaten (beispielsweise Schimpansen und Menschen) im Verhältnis zur Körpergröße ein größeres Gehirn als andere (wie die Lemuren in Madagaskar oder die asiatischen Schlankaffen)?

In der ersten Hälfte des 20. Jahrhunderts neigten die Psychologen dazu, Intelligenz als abstrakte Denkfähigkeit zu betrachten. Die Tatsache, daß manche Tiere intelligenter waren als andere, erregte keine besondere Aufmerksamkeit. So war die Welt nun einmal. Aber aus biologischer Sicht hat es einfach keinen Sinn. Gehirngewebe wachsen zu lassen und instand zu halten, ist äußerst aufwendig. Beim Menschen macht das Gehirn nur zwei Prozent des Körpergewichts aus, aber es verbraucht zwanzig Prozent der mit der Nahrung aufgenommenen Energie. Das Gehirngewebe ist so anspruchsvoll, daß es nicht nur zufällig vorhanden sein kann. Wenn ein Lebewesen ein großes Gehirn hat, bedeutet das, daß es wirklich darauf angewiesen ist; sonst würden die Kräfte der natürlichen Selektion zwangsläufig Individuen mit kleinerem Gehirn begünstigen, einfach weil ihre Erzeugung weniger aufwendig ist.

Tiere, die mehr Zeit mit Fressen verbringen müssen, um sich die Energie für ihr Gehirn zu verschaffen (oder Mütter, die für die Versorgung des Gehirns ihres Säuglings sogar noch mehr Aufwand treiben müssen als für ihr eigenes) setzen sich im Verhältnis viel stärker den Angriffen natürlicher Feinde aus, von Hungersnöten und den damit verbundenen Erschwernissen gar nicht zu reden. Während ihre Zeitgenossen, die ein kleineres Gehirn besitzen, sich in Ecken und Winkel zurückziehen können, müssen die besser ausgestatteten Arten sich auf Nahrungssuche draußen herumtreiben. Es ist eine klassische Zwangslage. Solange man mit Fressen beschäftigt ist, sieht man nicht, wie sich ein Verfolger anschleicht; hält man aber inne, um nach Feinden Ausschau zu halten, muß man insgesamt länger fressen, und damit steigt die Wahrscheinlichkeit, daß ein Verfolger auftaucht. Damit ein so kostspieliges Organ erhalten bleibt, muß sich etwas sehr Bedeutsames abspielen.

Eine Antworte wurde in den siebziger Jahren vorgeschlagen: Danach ist das Gehirn notwendig, um die Probleme des Überlebens zu lösen. Manche Tiere, so die Vermutung, brauchen ein größeres Gehirn als andere, weil sie in ihrem täglichen Leben auf kompliziertere Schwierigkeiten stoßen. Früchtefressende Tiere wie die Affen benötigen demnach im Verhältnis zur Körpergröße ein umfangreicheres Gehirn als Blattfresser wie Schafe und Rinder. Früchte, so die Argumentation, sind sehr ungleichmäßig verteilt – heute sind sie da, morgen sind sie weg. Blätter dagegen sind fast immer reichlich vorhanden. Selbst wenn sie an den Rändern manchmal ein wenig braun werden, reicht ihre Menge für den Bedarf der Tiere aus. Deshalb braucht ein Früchtefresser ein größeres Gehirn, um die weit auseinanderliegenden Nahrungsquellen ausfindig zu machen, während Blattfresser, deren Futter eher gleichmäßig verteilt und allgemein verbreitet ist, mit einer geringeren Gehirngröße auskommen.

Inzwischen weisen immer mehr Indizien darauf hin, daß die Entwicklung des im Vergleich zu anderen Säugetieren übergroßen Gehirns der Primaten tatsächlich mit dem Farbensehen zu tun hatte: Vögel und Primaten finden Früchte vor dem Hintergrund der grünen Blätter mit Hilfe der Farbwahrnehmung sehr viel leichter. Das Farbensehsystem der Primaten ist dem anderer Säugetiere überlegen und erfordert zwangsläufig sehr viel mehr Kapazität zur Informationsverarbeitung. Der Wechsel zu einer Ernährung mit mehr Früchten erklärt zwar sehr schön, warum Primaten ein größeres Gehirn haben als andere Säugetiere, aber er ist keine Begründung dafür, daß das Gehirn bei manchen früchtefressenden Primaten größer ist als bei anderen.

Nach einer anderen, in den achtziger Jahren formulierten Begründung hat das ungewöhnlich große Gehirn der Primaten etwas mit ihrem besonders komplizierten Sozialverhalten zu tun. Auf die Idee, das komplexe Sozialleben könne ein Kernstück der Intelligenz von Primaten sein, waren mehrere Verhaltensforscher schon während der vorangegangenen drei Jahrzehnte gekommen, aber zunächst nahm niemand ihre Vorstellungen ernst. Das änderte sich erst 1988, als die britischen Psychologen Dick Byrne und Andrew Whiten etwas vorschlugen, das später als machiavellistische Intelligenzhypothese bekannt wurde.

Nach der Argumentation von Byrne und Whiten unterscheiden sich die sozialen Gruppen der Primaten vor allem dadurch so stark von denen anderer Arten, daß sie sich eines sehr hochentwickelten sozialen Wissens übereinander bedienen können. Mit ihrem Wissen über das Verhalten der anderen sehen sie voraus, wie diese sich in Zukunft verhalten werden, und dann nutzen sie solche Voraussicht, um ihren Beziehungen zu den Artgenossen eine Struktur zu geben. Andere Tiere, so die These, besitzen derartige Fähigkeiten nicht und müssen deshalb mit einfacheren Regeln zur Organisation ihres Soziallebens auskommen. Ein Affe kann beispielsweise herausfinden, wie sich die Beziehung zwischen Jim und John auf die eigene Beziehung zu John auswirkt; wenn er erkennt, daß Jim mit John befreundet ist, weiß er auch, daß es sich nicht lohnt, Jim gegen John um Hilfe zu bitten. Andere Tiere dagegen verstehen nur die eigene Beziehung zu Jim oder John und machen dann unter Umständen den Fehler, bei dem einen Unterstützung gegen den anderen zu suchen.

Diese beiden Hypothesen standen Ende der achtziger und Anfang der neunziger Jahre irgendwie auf Kriegsfuß miteinander. Vielfach wurde beklagt, die machiavellistische Intelligenzhypothese sei so ungenau, daß man sie nicht überprüfen könne, und es gebe keine konkreten Befunde, die für sie sprächen. Die ökologische Hypothese dagegen wurde durch eine Menge Indizien gestützt: So wußte man zum Beispiel, daß früchtefressende Primaten ein größeres Gehirn besitzen als solche, die sich von Blättern ernähren, und daß Primaten mit großem Gehirn auch viel ausgedehntere Reviere haben.

Als ich aus der Sicht der neunziger Jahre über diese Frage nachdachte, hatte ich den Eindruck, daß man in den früheren Analysen eine Reihe von Faktoren durcheinandergebracht hatte. Primaten, die sich von Früchten ernähren, haben immer ein größeres Revier als Blattfresser, und zwar einfach aus dem sehr stichhaltigen Grund, daß Früchte im Vergleich zu Blättern nur vereinzelt und in größeren Abständen vorkommen. Dennoch sind zumindest Früchtefresser (zum Beispiel Paviane und Schimpansen) körperlich größer als die Blattfresser, und in der Regel leben sie auch in größeren Gruppen. Größere Arten ernähren sich also generell eher von Früchten und haben ein größeres Revier, ebenso ist ihr Gehirn größer, und sie bilden größere Gruppen. Deshalb lassen sich die Kausalbeziehungen nur schwer entwirren. Es wäre zum Beispiel denkbar, daß diese Arten größere Reviere haben, weil sie Früchte fressen, und daß sie sich von Früchten ernähren, weil sie ein großes Gehirn haben, das sie brauchen, damit die großen Gruppen zusammenhalten.

Da man diese vier Variablen – Gehirngröße, Körpergröße, Reviergröße und Früchtefressen – ständig vermengt hatte, konnte man unmöglich sicher sein, daß die Wechselbeziehung zwischen zweien von ihnen sich nicht einfach daraus ergab, daß diese beiden Variablen aus ganz bestimmten Gründen mit der dritten korrelierten.

Es wurde also eine Untersuchungsmethode zwischen den verschiedenen Hypothesen gebraucht; nur so ließ sich feststellen, welche Variable unabhängig von den anderen am besten zu den Veränderungen der Gehirngröße bei Primaten paßt.

Eines schien jedoch besonders wichtig zu sein: Alle früheren Untersuchungen hatten sich mit der Gesamtgröße des Gehirns beschäftigt. Betrachtet man aber die Entwicklungsgeschichte der Primaten, dann wird das Gehirn auf dem Weg von den kleinsten, einfachsten Arten (zum Beispiel den Lemuren) zum Menschen und anderen höher entwickelten Formen nicht als Ganzes größer. Außerdem sind die Psychologen zu der Erkenntnis gelangt, daß der Geist nicht wie ein Allzweckcomputer funktioniert, der alle seine Bauteile für eine bestimmte Aufgabe nutzen kann. Ihre experimentellen Untersuchungen legten vielmehr immer stärker die Vermutung nahe, daß der Geist aus einer ganzen Reihe von Einzelbausteinen besteht, die jeweils einer bestimmten Aufgabe dienen. Es wäre durchaus möglich, daß jedes dieser Module in einem anderen Teil des Gehirns angesiedelt ist, genau wie ein Bereich für das Sehen, ein anderer für die Sprache und ein dritter für die motorische Steuerung sorgt.

Das Gehirn der Säugetiere umfaßt offenbar drei Hauptteile: den Hirnstamm, den wir mehr oder weniger unverändert von unseren entfernten, reptilienähnlichen Vorfahren geerbt haben, das Zwischenhirn und andere Bereiche unter der Großhirnrinde, die im wesentlichen mit der Zusammenfassung von Sinneswahrnehmungen und den grundlegenden Lebensfunktionen beschäftigt sind, und schließlich die Großhirnrinde, jene äußere Schicht, die man in dieser Form eigentlich nur bei den Säugetieren findet. Trotz dieses gemeinsamen Grundbauplans fällt aber am Gehirn der Primaten etwas Ungewöhnliches auf: Ein bestimmter Bereich, der Neocortex (Neuhirn), ist bei ihnen gegenüber allen anderen Säugetieren überproportional vergrößert. Den Neocortex könnte man als »denkenden« Teil des Gehirns bezeichnen, als den Ort, wo das bewußte Denken stattfindet. Es ist eine recht dünne Schicht, die nur aus fünf oder sechs Lagen von Nervenzellen besteht und etwa drei Millimeter dick ist.

Dieser dünne Lappen aus Nervengewebe hüllt den inneren Teil des Säugetiergehirns ein, und seine Nervenzellen stehen mit vielen anderen Gehirnbereichen in Verbindung. Bei den meisten

Säugetieren macht der Neocortex dreißig bis vierzig Prozent des Gehirnvolumens aus, aber bei den Primaten liegt dieser Anteil zwischen fünfzig Prozent bei manchen Halbaffen und achtzig Prozent beim Menschen. Ich war der Ansicht, man sollte sich nicht das gesamte Gehirn ansehen, sondern den Neocortex. Es ist nicht nur der Gehirnteil, dessen Größe bei den Primaten (und insbesondere bei uns Menschen) dramatisch zugenommen hat, sondern in ihm laufen offenbar auch die Tätigkeiten ab, die wir mit der Intelligenz – Denken und Überlegen – in Verbindung bringen.

Als ich mir die Primaten daraufhin ansah, stellte sich heraus, daß es zwischen der Größe des Neocortex verschiedener Arten und den offensichtlichen ökologischen Kriterien keinen Zusammenhang gibt. Zu diesen Kriterien gehörten der Anteil der Früchte an der Ernährung, die Größe des Reviers, die bei der täglichen Nahrungssuche zurückgelegte Strecke und die Schwierigkeit der Nahrungsbeschaffung, gemessen an der Arbeitsleistung der Tiere bei der Gewinnung der eßbaren Pflanzenteile aus ihrem Umfeld. Die Gruppengröße dagegen, das einzige seinerzeit verfügbare Maß für die soziale Komplexität, zeigte tatsächlich einen Zusammenhang mit der Größe des Neocortex, und diese Beziehung war sogar bemerkenswert eng (siehe Abbildung 2). Der Zusammenhang blieb auch bestehen, als wir die Wirkungen der Körpergröße statistisch beseitigten, um das zuvor erwähnte Problem der Vermengung von Variablen zu umgehen.

Die Gruppengröße benutzte ich aus zwei Gründen als Maß für die soziale Komplexität. Erstens ist sie einer der wenigen Faktoren, den die Freilandforscher immer festhalten und mit einem verläßlichen Zahlenwert angeben. Deshalb waren Daten über die Gruppengröße für zahlreiche Primatenarten leicht zu beschaffen. Qualitative Beobachtungen dagegen (beispielsweise die Feststellung, eine Art habe ein komplizierteres Sozialverhalten als eine andere) sind nicht besonders hilfreich, wenn man eine Hypothese hieb- und stichfest überprüfen will, denn wir können uns leicht täuschen und sehen dann nur das, was wir sehen wollen. *Ich bin*

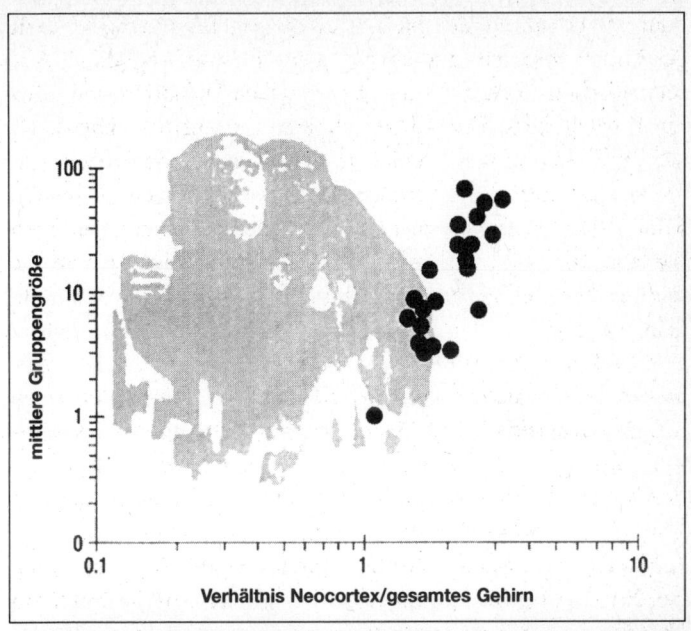

Abbildung 2 Die mittlere Gruppengröße verschiedener Klein- und Menschenaffen im Verhältnis zur relativen Größe ihres Neocortex. Als Maß für die Größe des Neocortex dient hier das Verhältnis zwischen seinem Volumen und dem des übrigen Gehirns, so daß Abweichungen, die nur auf die unterschiedliche Körpergröße zurückzuführen sind, nicht ins Gewicht fallen. Die beiden Achsen tragen logarithmische Skalen, damit die Beziehung zwischen den beiden Variablen eine Gerade ergibt.

vielleicht der Ansicht, daß Schimpansengesellschaften komplexer sind als Paviangruppen, aber ein *anderer* könnte mir in diesem Punkt widersprechen. Ich brauchte für die soziale Komplexität ein Maß, auf das sich jeder verlassen konnte und das konsensfähig war.

Der zweite Grund war, daß die soziale Komplexität in einer wichtigen Hinsicht mit der Gruppengröße zunimmt. Wenn die Fähigkeit der Tiere, Beziehungen zwischen Dritten zu erkennen – also nicht nur Jims Beziehung zu mir, sondern auch Jims Beziehung zu John –, ein charakteristisches Merkmal des Soziallebens von Primaten ist, muß die soziale Komplexität einer Gruppe mit der Zahl der Tiere in einem sehr realen Sinn exponentiell zunehmen. In einer Gruppe von fünf Individuen muß ich vier Beziehungen zwischen mir selbst und den anderen verfolgen, und darüber hinaus muß ich über sechs weitere Beziehungen zwischen den übrigen Gruppenmitgliedern auf dem laufenden bleiben. Umfaßt die Gruppe aber zwanzig Individuen, bestehen neunzehn Beziehungen zwischen mir und den anderen, sowie 171 Beziehungen zwischen Dritten. Die Zahl meiner eigenen Beziehungen hat sich also mit der fünffachen Zunahme der Gruppengröße ebenfalls ungefähr verfünffacht, aber die Zahl der Beziehungen zwischen den anderen, die ich verfolgen muß, ist fast um das Dreißigfache gewachsen. Die Gruppengröße mag nur ein grober Maßstab sein, aber sie liefert einen Hinweis darauf, wie viele Informationen ein soziales Tier verarbeiten muß.

Diese Analysen lieferten überzeugende Indizien zugunsten der machiavellistischen Intelligenzhypothese. Der Evolutionsdruck, der bei den Primaten für die Selektion großer Gehirne und hoher Intelligenz sorgte, hatte offenbar mit der Notwendigkeit zu tun, große Gruppen zusammenzuhalten.

Das Bild wird komplizierter

Als ich zum ersten Mal auf den Zusammenhang zwischen Gruppengröße und Größe des Neocortex gestoßen war, vermutete ich, daß er nur für die Primaten gilt. Einige meiner Kollegen neigten jedoch zu der Ansicht, der Zusammenhang könne nur dann real sein, wenn er auch bei mindestens einer weiteren Tiergruppe nachzuweisen sei. War er nur bei den Primaten zu beobachten, konnte es sich nach ihrer Auffassung um einen Zufall handeln; wenn ich dagegen zeigen könnte, daß er auch für eine andere Gruppe gilt, wäre der »Zufall« als Erklärung weitaus weniger plausibel.

Meine Antwort auf diese Kritik lautete: Für andere Säugetiergruppen kann der gleiche Zusammenhang nur dann gelten, wenn ihre Sozialsysteme ähnlich aufgebaut sind wie die der Primaten. Mit anderen Worten: Nur wenn es im Sozialgefüge der anderen Arten ebenfalls zu komplizierten Koalitionen kommt, die sich auf ein hochentwickeltes soziales Wissen gründen, würde man mit dem gleichen Zusammenhang zwischen Gruppen- und Neocortexgröße rechnen. Das Gehirn anderer Arten mag sich durchaus zur Lösung alltäglicher ökologischer Überlebensprobleme entwickelt haben, aber das Entscheidende bei der machiavellistischen Intelligenzhypothese war die Vermutung, daß während der Primatenevolution noch etwas hinzukam. Da jeder weiß, daß nur Primaten solche sozial komplexen Gruppen bilden, war ich überzeugt, daß man auch den Zusammenhang zwischen Gruppen- und Neocortexgröße nur bei Primaten finden würde.

Aber die Wissenschaft ist voller Überraschungen. Der erste Hinweis, daß ich unrecht haben könnte, stand in einem Brief meines Kollegen Rob Barton von der Universität Durham. Er hatte entdeckt, daß Fledermäuse, die in stabilen Gruppen zusammenleben, einen größeren Neocortex haben als solche in instabilen Gruppen. Der verblüffendste Fall dieser Stichprobe waren die so oft geschmähten Vampire. Freilanduntersuchungen zu Verhalten und Ökologie dieser Fledermäuse stellten der amerikanische Biologe Gerry Wilkinson und andere Fledermausspezialisten an. Wie sich dabei herausstellte, sind Vampire sehr soziale Tiere: Sie gehen zwar meist allein auf Nahrungssuche, aber wenn sie in ihren Bau zurückgekehrt sind, verhalten sie sich eher wie kleine Primaten. Sie verwenden viel Zeit darauf, einander zu kraulen, und zwar tun sie das meist mit ausgewählten Freunden. Wenn eine Fledermaus eine Nacht lang Pech hatte und kein Tier gefunden hat, von dem sie Blut saugen konnte – das heißt, eigentlich lecken Vampire nur –, würgen ihre Freunde einen Teil ihres eigenen Abendessens für sie hoch. Tage später, wenn ein anderer einen schlechten Tag hatte, wird die Schuld zurückgezahlt. Es handelt sich also um eine sehr soziale Spezies, deren Angehörige enge kleine Koalitionen zur gegenseitigen Hilfe bilden; zusammengehalten werden diese

Verbindungen durch das Kraulen. Das hört sich ganz ähnlich an wie bei den Affen. Deshalb war es doppelt faszinierend, als man entdeckte, daß Vampire von allen Fledermäusen den größten Neocortex haben.

Jetzt wurden wir nachdenklich und erhoben auch bei anderen Säugetiergruppen Befunde über die Gehirngröße. Das war nicht einfach. Für die Primaten hatten wir nur deshalb so gute Daten, weil ein deutsches Labor (unter der Leitung des Anatomen Heinz Stephan) sich die Mühe gemacht hatte, Primatengehirne zu zerlegen und die Gehirnteile in jedem einzelnen Stückchen zu vermessen. Mich schaudert bei dem Gedanken an diese langwierige Arbeit, aber sie zahlte sich letztlich aus, denn wir verfügten damit über eine einzigartige Datensammlung. Aber auch hier waren die Stichproben klein: Meist hatte man nur ein oder zwei Exemplare einer Spezies untersucht, und die Untersuchung umfaßte nur etwa siebzig der über zweihundert lebenden Primatenarten. (Stephan war auf Material angewiesen, das Zoos ihm schickten, nachdem die Tiere dort eines natürlichen Todes gestorben waren.)

Dennoch gelang es uns, auch für die Raubtiere ausreichende Daten zu finden. Diese Gruppe war vielversprechend, weil eine ganze Reihe der größeren Raubtierarten, so die Löwen, Wölfe und Wildhunde, eindeutig ein Sozialleben haben; und da sie tagsüber aktiv sind, können Biologen sie leichter studieren. Zu unserer Überraschung und Verblüffung stellten wir fest, daß die Raubtiere in dem Diagramm von Gruppen- und Neocortexgröße zusammen mit den Primaten ganz oben stehen. Was das Soziale angeht, so kann man sagen: Raubtiere sind einfach Primaten mit etwas kleinerem Gehirn.

Das war ein befriedigendes Ergebnis, denn es deutete darauf hin, daß dem Sozialleben aller Säugetiere möglicherweise ein einheitliches Prinzip zugrunde liegt. Wir müssen also den Primaten nicht unbedingt eine Sonderstellung zuweisen, sondern können in ihnen eine normale Ausprägungsform des allgemeinen Säuger-Grundprinzips sehen. Biologen sind immer froh, wenn sie Anzeichen für solche Kontinuitäten erkennen.

Sonderfälle, die große, einzigartige Mutationen voraussetzen, verursachen ihnen jedes Mal ein ungutes Gefühl, einfach weil solche Mutationen angesichts unserer genetischen Abläufe statistisch sehr unwahrscheinlich sind.

Diese Befunde werfen eine neue interessante Frage auf: *Wie* hängt die Größe des Neocortex eigentlich mit der Gruppengröße zusammen? Bisher waren wir bei allen Analysen von der Annahme ausgegangen, daß jedes Tier vor der gleichen Schwierigkeit steht: Es muß das sich ständig wandelnde Sozialgefüge verfolgen, zu dem es selbst gehört. Es muß wissen, wer beliebt oder unbeliebt ist, wer sich mit wem angefreundet hat und wer heute der beste Verbündete ist. Im sozialen Durcheinander sind solche Dinge in ständigem Wandel begriffen, das heißt, sie ändern sich fast von Tag zu Tag. Das Tier muß das alles mitbekommen und seine soziale Landkarte täglich mit neuen Beobachtungen aktualisieren.

Aber es gibt auch andere Möglichkeiten. So könnte der Zusammenhang zwischen Neocortex- und Gruppengröße auch mehr mit der *Qualität* der Beziehungen als mit ihrer Anzahl zu tun haben. Diese Vermutung wird schon durch die machiavellistische Intelligenzhypothese selbst nahegelegt, denn danach liegt der Schlüssel zur Erklärung der Gehirngröße bei den Primaten in der Frage, wie sie ihr Wissen über ihre Artgenossen nutzen.

Offenbar gibt es zwei Interpretationsmöglichkeiten. Die eine ergibt sich aus der Tatsache, daß Koalitionen ein derart wichtiges Element im Sozialleben der Primaten darstellen. Demnach kann man vermuten, daß der Zusammenhang zwischen Gehirn- und Gruppengröße in Wirklichkeit ein Zusammenhang zwischen der Größe des Gehirns und der Größe der Koalitionen ist, welche die Tiere ständig aufrechterhalten. Die Beziehung zur Größe der gesamten Gruppe wäre demnach nur ein Nebenprodukt der Tatsache, daß die Tiere immer umfangreichere Koalitionen brauchen, um die Stabilität größerer Gruppen zu bewahren. Die zweite Interpretation ergibt sich unmittelbarer aus der machiavellistischen Hypothese; danach entstehen die größeren Gruppen nicht einfach dadurch, daß die Tiere so viele Beziehungen zwischen Zweiten und Dritten beobachten können, sondern durch ihre weitaus bessere Fähigkeit, das Gleichgewicht zwischen vielen widersprüchlichen Interessen zu wahren. Oder mit anderen Worten: Das Problem besteht nicht nur darin, die Beziehungen zwischen Jim, John und sich selbst zu verfolgen, sondern auch in der Aufrechterhaltung des Gleichgewichts zwischen diesen Beziehungen. Jim und John gleichzeitig zufriedenzustellen, ist viel schwieriger, als wenn man sich nur fragen muß, ob die beiden befreundet sind.

Zunächst sprach ich über diese Vorstellungen mit dem japanischen Primatenforscher Hiroko Kudo, der Gast in meiner Arbeitsgruppe in London war. Zusammen mit Sam Bloom, einem meiner Doktoranden, sammelten wir Daten über die Koalitionsgrößen bei verschiedenen Primatenarten. Dabei standen wir zunächst einmal vor dem Problem, eine Koalition unabhängig von der Zahl der beteiligten Tiere zu definieren. In der Realität werden solche Bündnisse nämlich meist nur in den wenigen Augenblicken erkennbar, in denen sie sich auswirken. Ein typischer Fall sieht ungefähr so aus: Ein Affe wird von einem anderen herausgefordert – sein Verbündeter kommt ihm sofort zu Hilfe –, der Angreifer erkennt, daß die Sache schlecht für ihn steht, und zieht sich zurück – und schon ist alles wieder ruhig. Hätte es nicht das Geknurr und Geschrei gegeben, wäre das Ganze dem menschlichen Beobachter vielleicht gar nicht aufgefallen. In der Literatur nach solchen Vorfällen zu suchen, hätte natürlich nicht weit geführt. Wir hätten zwar viele derartige Berichte gefunden, aber wie hätten wir aus den qualitativen Beschreibungen, die Wissenschaftler in Büchern und Fachartikeln veröffentlichen, etwas über die relative Häufigkeit bei verschiedenen Arten entnehmen sollen?

Es gab aber noch eine andere Möglichkeit. Wie wir in Kapitel 3 erfahren haben, kämmen Primaten einander stundenlang das Fell durch, wobei sie Schuppen und in den Haaren verfangene Kletten entfernen. Diese Tätigkeit ist für beide angenehm und erholsam. Ebenso wurde gleichermaßen deutlich, daß diese Episoden der gegenseitigen Fellpflege nicht zufällig stattfinden – in Kapitel 2 war bereits davon die Rede. Nur Tiere, die zueinander langfristige Beziehungen unterhalten, kraulen sich regelmäßig. Es ist eine Veranstaltung für Freunde, nicht für oberflächliche Bekannte. Tiere, die sich nur flüchtig kennen, kraulen sich nur kurz, oberflächlich und ohne große Hingabe.

Auch andere Indizien sprachen dafür, daß das Kraulen zur Bildung von Koalitionen führt. Wie Robert Seyfarth und Dorothy Cheney in ihren Experimenten mit wilden Meerkatzen gezeigt hatten, achten die Affen viel stärker auf die Hilferufe von Artgenossen, mit denen sie sich kurz zuvor gekrault haben. Ich selbst konnte außerdem in meinen Untersuchungen an wilden Dscheladas nachweisen, daß Tiere, die einander gekrault haben, sich auch viel häufiger in Auseinandersetzungen mit Dritten unterstützen als solche, die sich selten kraulen.

Es lag also nahe, das Kraulen zu beobachten; es war ganz offensichtlich das Bindemittel, das aus Beziehungen Koalitionen machte. Außerdem – und das war für unsere Untersuchungen noch wichtiger – ist diese Tätigkeit bei Primaten häufig und einfach zu beobachten; die meisten Freilandforscher halten sie fest und analysieren mit ihrer Hilfe die Verteilung der Freundschaften in der untersuchten Tiergruppe. Also durchforsteten wir die Literatur nach Arbeiten, aus denen die Häufigkeit des Kraulens zwischen erwachsenen Gruppenmitgliedern hervorging.

Es gelang uns, Daten für insgesamt etwa zwei Dutzend Arten zusammenzutragen. Nachdem wir die mittlere Größe der Kraulcliquen berechnet hatten – das heißt die Zahl der Tiere, die eine durch häufiges Kraulen zusammengehaltene Untergruppe bilden –, trugen wir sie in einem Diagramm gegen die Größe des Neocortex und die Größe der gesamten Gruppe ein. Wie erwartet, korrelierte die mittlere Größe der Kraulclique gut mit den beiden anderen Maßen.

Diese Ergebnisse wiesen darauf hin, daß die Tiere mit wachsender Gruppengröße immer umfangreichere Kraulcliquen bilden müssen, um sich vor den Belästigungen zu schützen, die das Leben in einer größeren Gruppe zwangsläufig mit sich bringt. Ihre Kapazität zur Informationsverarbeitung brauchten die Primaten offenbar hauptsächlich zu dem Hauptzweck, langfristige, enge Koalitionen aufzubauen.

Wie das im einzelnen funktioniert, war damit bei weitem nicht geklärt, aber die Grundmuster wurden nun in groben Zügen deutlich. Offenbar stimmte die machiavellistische Theorie. An dieser Stelle drängte sich mir eine naheliegende Frage auf.

Wie paßt das alles zu den Menschen?

Was sagt der Zusammenhang zwischen Neocortexgröße und Gruppengröße bei Primaten über uns Menschen aus? Wir sind Primaten wie all die anderen. Nach neueren molekularbiologischen Befunden über die Ähnlichkeit des genetischen Materials sind Schimpansen und Menschen miteinander sogar enger verwandt als jeder von ihnen mit dem Gorilla, ihrem nächsten Vetter unter den Primaten. Und da der Zusammenhang zwischen Gehirn- und Gruppengröße bei den Schimpansen anscheinend genau zutrifft, sollte man das gleiche auch für den Menschen erwarten.

Mit welcher Gruppengröße können wir beim Menschen rechnen? Das Volumenverhältnis des Neocortex zum übrigen Gehirn beträgt bei uns 4:1, und wenn man diesen Wert in das Diagramm der Abbildung 2 einträgt, ergibt sich für die vorhergesagte Gruppengröße eine Zahl von ungefähr 150.

Das stößt natürlich zunächst einmal auf Ungläubigkeit. Die Menschen leben in Städten wie Tokio, London, New York oder Kalkutta, wo mehr als zehn Millionen von ihnen zusammengedrängt sind. Kann eine so kleine Zahl wie 150 stimmen?

Überlegen wir einmal, auf was für Gruppen sich der in Abbildung 2 gezeigte Zusammenhang bezieht. Primaten leben in kleinen Gruppen, in denen jeder jeden kennt, wenn auch nicht unbedingt durch näheren Umgang, so doch zumindest vom Sehen. Die Menschen haben zwar mit ihrem Erfindungsreichtum riesige Ballungsgebiete geschaffen, aber das bedeutet nicht, daß alle, die dort leben, einander sozial nahestehen. Die allermeisten Bewohner von Tokio oder New York leben und sterben, ohne einander auch nur wahrzunehmen.

Moderne menschliche Gesellschaften sind genau das: modern. Die ersten Städte entstanden vor etwa dreitausend Jahren. Der heutige Mensch dagegen tauchte schon vor hundertfünfzigtausend Jahren auf, und die ersten Vertreter unserer Spezies, des *Homo sapiens*, gab es bereits vor vierhunderttausend Jahren. Während dieser ganzen langen Zeit, bis zum Beginn der Landwirtschaft vor nur zehntausend Jahren, lebten die Menschen als Jäger und Sammler in kleinen Horden, die auf der Suche nach Wild durch das Gelände streiften. Als erstes sollte man sich deshalb vielleicht diejenigen menschlichen Kulturen ansehen, die noch heute auf die traditionelle Weise als Jäger und Sammler leben. Derartige Völker findet man nach wie vor zu Dutzenden in den Wüsten des südlichen Afrikas und Australiens sowie in den Wäldern von Südamerika.

Solche kleinen Kulturen haben die Anthropologen in den letzten hundert Jahren recht eingehend untersucht. Natürlich standen sie fast immer unter dem Einfluß der westlichen und einheimischen Zivilisationen, mit denen sie in den letzten zweihundert Jahren in Berührung kamen.

Aber auch wenn ihr Weltbild sich verändert hat und wenn Gewehr und Schneepflug an die Stelle von Pfeil, Bogen und Hundeschlitten getreten sind, haben sie vieles von der hergebrachten Lebensweise bewahrt, die schon lange vor Beginn der Geschichtsschreibung für sie typisch war. Insbesondere ihre Gruppenstrukturen dürften heute nicht wesentlich anders sein als in der fernen Vergangenheit.

Das charakteristische Kennzeichen aller derartigen Gesellschaftsformen sind verschiedene Stufen der sozialen Organisation, die immer mehr Mitglieder umfassen. Ganz unten in der Hierarchie stehen vorübergehende Nachtlager mit 30 bis 35 Personen, die fünf oder sechs Familien bilden. Solche Gruppen sind im wesentlichen ökologischer Natur: Die Familien finden sich vorübergehend zusammen, weil es bequemer ist, wenn man die Vorräte eine Zeitlang zusammenlegt und die Nahrungssuche einschließlich der Jagd gemeinsam betreibt. Ganz oben steht der Stamm, die größte Gruppierung, die ungefähr 1500 bis 2000 Menschen umfaßt. Der Stamm ist die Sprachgruppe: Seine Mitglieder sprechen die gleiche Sprache (oder, bei weiter verbreiteten Sprachen, den gleichen Dialekt).

Zwischen diesen beiden Stufen findet man manchmal noch »Großgruppen« mit etwa 500 Personen. Eine Stufe tiefer sind manchmal kleinere Gruppierungen zu erkennen, die man oft als Clans bezeichnet. Sie umfassen, wie sich herausstellt, im Durchschnitt ziemlich genau 150 Menschen, und ihre Größe schwankt viel weniger als die der zuvor beschriebenen Gruppierungen.

Die Clans sind aus unserer Sicht besonders interessant, denn sie haben oft auch eine rituelle Funktion. Die Clans der australischen Ureinwohner (Aborigines) zum Beispiel versammeln sich einmal im Jahr, um die Initiationsriten für die jungen Männer zu organisieren, Ehen zu arrangieren und ganz allgemein das Zusammengehörigkeitsgefühl zu stärken; dazu werden die alten Riten abgehalten, und man erzählt die uralten Mythen von der Herkunft der Menschen und ihren Beziehungen zur Welt der Geister. Diese Menschen wissen genau, wie sie miteinander verwandt sind, wessen Urgroßmutter wessen Ururgroßtante war und wessen Cousine wessen Großnichte war.

Könnten diese Clans die Gruppen sein, nach denen wir gesucht haben? Die richtige Größe haben sie mit Sicherheit. Außerdem zeigen sie genau die sozialen Merkmale, mit denen man bei den für Affen charakteristischen Gruppen rechnet. Offenbar sind sie die größten Gruppierungen, in denen noch jeder jeden kennt und auch weiß, in welcher Beziehung jeder einzelne zu den übrigen Gruppenmitgliedern steht.

Die Zahl 150 hat aber noch weitere interessante Eigenschaften. Beispielsweise erwartet man nach vier Generationen 150 lebende Nachkommen (einschließlich aller Ehefrauen, Ehemänner und Kinder) von einem einzelnen Paar, wenn man die übliche Geburtenrate der Jäger/Sammler- und Bauernkulturen zugrunde legt. Interessant ist dabei, daß ein solcher, über fünf Generationen reichender Stammbaum bis zur Großmutter der Großmutter zurückreicht, das heißt so weit wie die persönliche Erinnerung der ältesten lebenden Gruppenmitglieder. Nur bis zu dieser Zeit in der Vergangenheit kann sich jemand für bestimmte Beziehungen verbürgen, das heißt, nur im Kreis der durch diese Beziehungen festgelegten Personen kann man sagen, wer wessen Vetter und wer nur ein Bekannter ist.

Aber zu zeigen, daß es solche Gruppierungen in den kleinen Gesellschaften der Jäger und Sammler gibt, ist das eine; etwas ganz anderes ist die Vermutung, daß sie für *alle* Kulturkreise der Menschen charakteristisch sind. Wie steht es mit den technisch höher entwickelten Gesellschaften der Agrarvölker und unserer Industrieländer? Wie sich herausstellt, findet man in den meisten Kulturen Gruppen von ungefähr dieser Größe. Die Archäologen nehmen aufgrund der Zahl der Behausungen an, daß die Dörfer der ersten Bauern im Nahen Osten um 5000 v.Chr. etwa 150 Einwohner hatten. Auch in den Dörfern der heutigen Ackerbauern in Indonesien, auf den Philippinen und in Südamerika leben in der Regel ungefähr 150 Menschen.

Aber nicht nur die bäuerlichen Gemeinschaften außerhalb Europas zeigen diese Gruppengröße. Die Hutterer haben sich seit fast vierhundert Jahren auf Gemeinschaftshöfen eine christlich-fundamentalistische Lebensweise zu eigen gemacht, ursprünglich in Europa, aber heute in Dakota und Kanada. Zwar wohnt dort jede Familie für sich, aber Landwirtschaft und Hausarbeit sind Gemeinschaftsaufgaben, und auch der ganze Besitz ist Gemeinschaftseigentum. Die mittlere Größe ihrer Gemeinden liegt bei knapp über hundert Personen, denn wenn sie auf 150 anwachsen, werden die Gruppen geteilt. Umfaßt eine Gemeinschaft über 150 Menschen, wird es nach Aussagen der Hutterer immer schwieriger, die einzelnen allein durch Gruppendruck unter Kontrolle zu halten. Bei kleineren Gruppen reicht ein leises Wort am Rand des Ackers, damit ein Gesetzesbrecher sich in Zukunft anständig verhält. In größeren Gruppen dagegen rufen solche leisen Worte eher eine wütende, ablehnende Reaktion hervor.

Es gibt in der Soziologie sogar ein gut belegtes Prinzip, wonach Gruppen mit mehr als 150 bis 200 Mitgliedern eine zunehmend hierarchische Struktur annehmen. In kleinen Gruppen gibt es meistens keinerlei Strukturen, sondern das Getriebe des zwischenmenschlichen Umgangs wird durch persönliche Kontakte geölt. Um mehr Menschen zu koordinieren, braucht man dagegen hierarchische Strukturen. Es muß Vorgesetzte geben, die Anweisungen erteilen, und eine Polizei, die dafür sorgt, daß die Regeln des sozialen Umgangs eingehalten werden. Und das scheint auch ein ungeschriebenes Gesetz im modernen Geschäftsleben zu sein. Firmen mit weniger als 150 bis 200 Mitarbeitern kann man völlig zwanglos organisieren, so daß der ordnungsgemäße Informationsaustausch ausschließlich über persönliche Kontakte läuft. In größeren Unternehmen dagegen sind formalisierte Führungsstrukturen erforderlich, damit alle Angestellten wissen, wofür sie Verantwortung tragen und wem sie Rechenschaft schuldig sind.

Nachdem mir die Bedeutung dieser Erkenntnis klargeworden war, fand ich überall weitere Beispiele dafür. Anderen ging es genauso. Einen Fall entdeckte der amerikanische Primatenforscher John Fleagle, als er ziellos durch das Mormonenmuseum in Salt Lake City wanderte. Brigham Young, der die Mormonen in einem großen Treck aus Illinois führte – ein Unternehmen, das schließlich in der Gründung der Stadt Salt Lake City und des Mormonenstaates Utah gipfelte –, stieß bei der Vorbereitung dieses Unternehmens auf ein Problem. Die Tätigkeit von fast fünftausend Menschen zu koordinieren, war so gut wie unmöglich. Also teilte er sie in kleinere Gruppen auf, die eigenständig arbeiten und die Tätigkeit ihrer Mitarbeiter sehr effizient aufeinander abstimmen konnten. Und als ideale Gruppengröße betrachtete er 150 Personen.

Die Soziologen wissen schon seit langem, daß der einzelne nur einen begrenzten Bekanntenkreis hat. Selbst in einer mittelgroßen Stadt kennt jeder nur einen winzigen Bruchteil seiner

Mitbewohner vom Sehen oder mit Namen; und noch weniger Menschen kennt er so gut, daß er sie zu seinem Bekanntenkreis zählen würde. Die Größe dieses Kreises einzuschätzen, ist nicht einfach. Recht gut gelingt das aber mit sogenannten »Kleine-Welt-Experimenten«. Der Name geht auf die Entdeckung zurück, daß die Übermittlung einer Nachricht an eine zufällig ausgewählte Person irgendwo auf der Welt über eine Reihe persönlicher Kontakte im Regelfall nur sechs Zwischenstationen erfordert. Wenn von 150 Menschen jeder wiederum 150 Menschen kennt, ist man nach sechs Schritten bei 150^6 oder ungefähr 10 000 Milliarden Personen. Das sind viel mehr als die ungefähr fünf Milliarden, die heute auf der Erde leben. Natürlich überschneiden sich die Bekanntenkreise, und deshalb ist die Zahl der Menschen, die in sechs Schritten zu erreichen sind, in Wirklichkeit viel geringer. Aber die fünf Milliarden kann man in sechs Schritten erreichen, wenn zum Bekanntenkreis jeder beteiligten Person nur 32 Menschen gehören, die im Bekanntenkreis des vorherigen Übermittlers nicht enthalten waren.

In den achtziger Jahren versuchte man, mit diesem Verfahren den Bekanntenkreis der Menschen einzuschätzen. Dabei geht man folgendermaßen vor: Man bittet eine Versuchsperson, eine Nachricht über eine Kette persönlicher Kontakte an eine fiktive, aber realistisch wirkende Person irgendwo auf der Welt zu schicken. Am Anfang soll die Nachricht an einen Verwandten oder Freund weitergegeben werden, der aufgrund seines Berufs oder seiner Kontakte als erstes Glied der Kette fungieren kann. Eine typische Aufgabe könnte darin bestehen, einen Brief an eine zweiunddreißigjährige Bankangestellte namens Juanita in Mexico City oder an den fünfundfünfzigjährigen Hotelportier Jim in Sydney zu schicken. Die Versuchsperson sucht nun in ihrem Bekanntenkreis nach Personen, die aufgrund ihres Berufs für die Übermittlung in Frage kommen. Da ist beispielsweise Onkel Edward, ein Pilot; er kennt bei seiner Fluggesellschaft vielleicht einen Kollegen, der nach Mexico City fliegt und den Brief dort an jemanden weitergeben könnte, der Kontakte zu der richtigen

Bank hat. Oder die Versuchsperson hat eine Freundin namens Susan, die bei einem multinationalen Konzern arbeitet, und dieses Unternehmen ist in Australien vielleicht im Bergbau tätig; Susan könnte den Brief an eine Kollegin weitergeben, die eine Geschäftsreise nach Sydney macht, und dort könnten örtliche Kontaktpersonen dafür sorgen, daß der Brief in die richtigen Hände gelangt.

Geduldige Versuchspersonen erhalten Hunderte solcher Aufgaben nacheinander. Anfangs taucht dabei jedesmal ein neuer Name auf, aber nach einiger Zeit nimmt die Zahl der neu hinzukommenden Personen ab, und schließlich liegt sie bei null. Jetzt ist der Freundes- und Bekanntenkreis der Versuchspersonen erschöpft. Dabei gilt es festzuhalten, daß diese Definition von Freunden und Bekannten aus unserer Sicht besonders interessant ist: Es handelt sich um den Kreis derjenigen Personen, die man so gut kennt, daß man sie um einen Gefallen bitten kann. Zwei derartige »Kleine-Welt-Experimente«, die in verschiedenen Städten der USA durchgeführt wurden, lieferten Schätzungen von durchschnittlich 135 Personen. Das liegt ermutigend nahe bei unserer Vorhersage von 150.

Ein weiteres interessantes Beispiel sind Kirchengemeinden. In jüngster Zeit gelangte eine Studie im Auftrag der anglikanischen Kirche zu dem Schluß, die ideale Größe von Gemeinden liege bei zweihundert Menschen oder darunter. Diese Zahl stellt einen Kompromiß dar: Einerseits ist die Gruppe groß genug, um die kirchlichen Tätigkeiten zu ermöglichen, und andererseits ist sie so klein, daß jeder jeden kennt, so daß sich eine enge, von gegenseitiger Unterstützung geprägte Gemeinschaft bildet.

Eine besonders aufschlußreiche Quelle für Erkenntnisse über die Größe von Menschengruppen ist das Militär. Wie jeder weiß, ist die Armee ein hierarchisch geordnetes Befehlssystem, bei dem die einzelnen Soldaten zu immer größeren Einheiten gehören: Ganz unten steht der Zug, dann folgen Kompanie, Bataillon, Regiment, Division, Brigade und so weiter. Militäreinheiten sind vor allem deshalb interessant, weil sie einem starken Selektionsdruck unterliegen; auf dem Schlachtfeld hängt das Überleben der Soldaten davon ab, wie effizient die Einheiten ihre Tätigkeit koordinieren können. Dabei ist Vertrauen unentbehrlich – der Glaube, daß auch der andere seinen Anteil zur großen Gesamtleistung beiträgt.

Die kleinste Militäreinheit, die selbständig handeln kann, ist die Kompanie. Sie war ursprünglich eine eigenständige Gliederung von Männern, die von einer Person angeworben wurde; in den Kriegen des 16. Jahrhunderts entwickelte sie sich dann zum Grundbaustein der militärischen Organisation. Kompanien verdingten sich oft geschlossen als Söldnertruppen; sie waren ebenso eine Lebensform wie eine Kampfeinheit, ein lockerer Zusammenschluß Gleichgesinnter, die ihre Zeit zusammen verbrachten und zumindest bis zu einem gewissen Grade Gefallen an dieser Gemeinschaft fanden.

In dieser Frühzeit unterschieden sich die Militärkompanien in Größe und Effizienz – beides hing im wesentlichen vom Geldbeutel ihres Führers ab. Im 17. Jahrhundert, während des Dreißigjährigen Krieges, vollzog sich in den regulären Armeen auf Betreiben des schwedischen Königs Gustav Adolf eine wichtige Umstrukturierung. Er machte die Kompanie zur grundlegenden Kampfeinheit, deren Größe mehr oder weniger festgelegt war: Anfangs waren es 106 Mann – die Untergrenze der statistischen Fehlerspanne unserer Schätzung von 150, die sich aus der Gleichung von Gruppen- und Gehirngröße bei Primaten ergibt. Im Laufe der Jahrhunderte festigte sich die Funktion der Kompanie als Grundbaustein der Armee. Aber nachdem neue Waffen (wie die schweren Maschinengewehre) und neue Funktionen (Führungsstab, Sanitätseinheiten) hinzugekommen waren, wuchs ihre Größe stetig an. Gegen Ende des 19. Jahrhunderts waren die meisten modernen Armeen nach ähnlichen Prinzipien organisiert. Im Zweiten Weltkrieg hatte sich die Größe der Kompanien mehr oder weniger auf etwa 170 Mann eingependelt (wobei Großbritannien mit 130 am unteren und die USA mit 223 am oberen Ende des Spektrums standen). Diese Zahlen passen gut zu der vorhergesagten Gruppengröße von 150, denn sie liegen innerhalb der normalen Fehlergrenze.

Man kann also davon ausgehen, daß die Militärplaner im Laufe der Jahre zu einer Faustregel gelangten, wonach eine funktionsfähige Kampfeinheit aus nicht viel mehr als zweihundert Mann bestehen darf. Nach meiner Vermutung geht es dabei nicht nur darum, wie gut die Generäle aus dem Hintergrund Befehle erteilen und das Ganze koordinieren können, denn die Kompaniegröße hielt sich hartnäckig trotz aller Fortschritte der Kommunikationstechnik seit dem Ersten Weltkrieg. Es sieht vielmehr so aus, als hätten die Planer durch jahrhundertelanges Ausprobieren herausgefunden, daß eine größere Zahl von Männern nicht ausreichend vertraut miteinander werden können und deshalb auch als Einheit nicht funktionieren.

Bei dieser Gruppengröße können auf der Grundlage persönlicher Loyalität und unmittelbarer Kontakte Befehle erteilt und regelwidriges Verhalten unter Kontrolle gehalten werden. In größeren Gruppen ist das nicht möglich. Die Loyalität besteht dann nicht mehr zwischen den einzelnen Personen, sondern an ihre Stelle treten undeutliche, weniger motivierende Begriffe wie »das Regiment« oder »die Königin«. Befehle werden nicht mehr vertrauensvoll von einer Person angenommen, sondern müssen aufgrund formell festgelegter »Dienstränge« erteilt werden, die den Anspruch eines Individuums auf Gehorsam bestimmen. Solche Befehle müssen formell von einer zuständigen Instanz bestätigt werden – früher brauchte man dazu sogar das in Wachs gedrückte Siegel der betreffenden Person. Auf der Ebene der Kompanie reichen dagegen mündliche Anweisungen aus, denn jeder weiß, wer der andere ist – oder zumindest kennt man jemanden, der sich für den anderen verbürgen kann.

Natürlich ist es sehr einfach, Zahlenspielereien zu betreiben und beliebige Zahlen zu finden, die zu einer Theorie passen. Dennoch ist eindrucksvoll, wie häufig sich die Werte für diese Gruppen um die Zahl 150 bewegen, insbesondere weil alle genannten Gruppen im Hinblick auf ihre soziale Dynamik ähnliche Grundlagen haben. Außerdem unterscheidet sich dieser Wert eindeutig von der Größe aller anderen Menschengruppen, die nach der herrschenden Ansicht eine kognitive oder psychologische Grundlage haben.

Eine davon ist die sogenannte Sympathiegruppe: Sie umfaßt diejenigen Menschen, mit denen man zur gleichen Zeit eine von starker Sympathie geprägte Beziehung unterhalten kann. Als man Versuchspersonen in Untersuchungen um eine Namensliste der Menschen bat, deren plötzlicher Tod sie erschüttern würde, gelangte man einheitlich zu elf bis zwölf Namen. In einer ähnlichen Studie wurde nach den Namen der Freunde und Bekannten gefragt, mit denen die Betreffenden mindestens einmal im Monat Kontakt haben; auch dabei lagen die Zahlen in der Regel zwischen zehn und fünfzehn. (Zwei Studien dieser Art führten wir selbst in Großbritannien durch.) Was besonders auffällt: Gruppen dieser Größe findet man häufig in Konstellationen, in denen das Verhalten sehr genau koordiniert werden muß: bei Geschworenengerichten, dem Kernkabinett vieler Regierungen, den Aposteln und den meisten Sportmannschaften.

Solche Sympathiegruppen sind eindeutig nicht das gleiche wie die zuvor erörterten »Neocortex-Gruppen« von 150 Personen. Und beide sind ebenso eindeutig nicht identisch mit der Gruppe von Personen, deren Gesichtern man einen Namen zuordnen kann. Dafür liegt die Obergrenze verschiedenen Indizien zufolge bei 1500 bis 2000 – also ein ganzes Stück höher als für die Größe der »Neocortex-Gruppe« und verdächtig nahe bei der typischen Größe der Stämme in vielen traditionellen Gesellschaften. Die Beschränkung liegt dabei eindeutig in der Gedächtnisleistung, während eine Sympathie- und Neocortex-Gruppe durch die emotionalen Beziehungen zu anderen Menschen begrenzt werden.

Insgesamt lassen diese Befunde darauf schließen, daß es innerhalb der menschlichen Gesellschaft eine natürliche Gruppengröße von etwa 150 Personen gibt. Diese Gruppen haben keine festgelegte Funktion: In der einen Kultur dienen sie diesem, in einer anderen jenem Zweck. Sie sind vielmehr eine Folge der Tatsache, daß das menschliche Gehirn zu jedem Zeitpunkt nur eine begrenzte Zahl von Beziehungen mit einer bestimmten Stärke aufrechterhalten kann. Offenbar können wir höchstens mit 150 Personen eine echte zwischenmenschliche Beziehung in dem Sinn haben, daß wir wissen, wer sie sind und wie sie zu uns stehen. Oder anders ausgedrückt: Es ist die Zahl der Menschen, mit denen man ohne Verlegenheit ein Glas trinken kann, wenn man sie in einer Kneipe zufällig trifft.

Demnach sieht es so aus, als wäre unser Beziehungsgeflecht auch in unserer ausgedehnten Gesellschaft nicht viel größer als jenes, das für die Welt der Jäger und Sammler typisch ist. Auch wenn wir mitten in gewaltigen Ballungsräumen wie New York oder Karachi leben, kennen wir ungefähr ebenso viele Menschen wie unsere frühen Vorfahren, die durch die Ebenen des amerikanischen Mittelwestens oder die Savannen Ostafrikas streiften. Oder psychologisch ausgedrückt: Wir sind Jäger und Sammler aus der Eiszeit, die in der politischen Ökonomie des 20. Jahrhunderts eingefangen sind.

Damit stellt sich eine interessante Frage. In den Primatengruppen scheint Kraulen das wichtigste Mittel des Zusammenhalts zu sein. Wie das im einzelnen funktioniert, können wir nicht genau feststellen. Aber wir wissen, daß es im großen und ganzen mit zunehmender Gruppengröße häufiger wird: In umfangreicheren Gruppen müssen die Tiere offenbar mehr Zeit auf die Pflege ihrer Beziehungen verwenden.

Wenn das stimmt, haben wir ein Problem. Die größten Gruppen (als Durchschnittswert für eine Spezies) findet man mit 50 bis 55 Tieren bei den Pavianen und Schimpansen, und sie gehen offenbar bis an die äußerste Grenze der Zeit, die sie mit Kraulen zubringen können, ohne die ökologisch wichtigeren Tätigkeiten (vor allem Nahrungssuche und Wanderungen) zu vernachlässigen. Würden die heutigen Menschen versuchen, ihre sozialen Bindungen wie die anderen Primaten ausschließlich durch Kraulen zu festigen, würde das nach den Werten der Affen bedeuten, daß wir dieser Tätigkeit ungefähr vierzig Prozent unserer Zeit widmen müßten. Eigentlich ein netter Gedanke – eine fast ständige Euphorie durch Opiate.

Aber wahrscheinlich kann keine Spezies, die in der realen Welt für ihren Lebensunterhalt sorgen muß (statt mal eben im Supermarkt um die Ecke für eine Woche einzukaufen), es sich leisten, soviel Zeit in das Kraulen zu investieren. Sie würde einfach verhungern. Daraus ergibt sich eine interessante Schlußfolgerung hinsichtlich unserer Art, Beziehungen aufzubauen und aufrechtzuerhalten. Unsere Vorfahren befanden sich offenbar in einem schrecklichen Dilemma: Auf der einen Seite stand der unbarmherzige ökologische Zwang zur Vergrößerung der Gruppen, auf der anderen aber setzte der Zeitrahmen eine eindeutige Obergrenze für die Gruppengröße fest. Aber irgendwie scheint ihnen diese Quadratur des Kreises gelungen zu sein.

Wie sie das geschafft haben, ist klar: durch die Sprache. Sie dient uns offensichtlich dazu, Beziehungen zu knüpfen und zu pflegen. Hat die Sprache sich möglicherweise als eine Art akustisches Kraulen entwickelt, so daß wir mit ihrer Hilfe größere Gruppen bilden konnten, als es mit dem herkömmlichen körperlichen Kraulen möglich gewesen wäre?

Zwei entscheidende Eigenschaften der Sprache machen eine solche Funktion möglich. Erstens können wir mit mehreren Personen gleichzeitig sprechen und damit die Häufigkeit unserer Interaktionen steigern. Wenn Gespräche dem gleichen Zweck dienen wie das Kraulen, kann ein Mensch mehrere andere zur gleichen Zeit »bedienen«. Und zweitens können wir Informationen mit Hilfe der Sprache über ein größeres Geflecht von Personen austauschen, als es den Affen möglich ist. Wenn das Kraulen bei den Primaten vor allem dazu dient, Vertrauen aufzubauen und Verbündete kennenzulernen, hat die Sprache einen weiteren Vorteil: Man kann mit ihr viel über sich selbst mitteilen – über Vorlieben und Abneigungen, über die eigene Person; und man kann auf vielfache raffinierte Weise etwas über die eigene Zuverlässigkeit als Verbündeter oder Freund aussagen.

Bindungen sind eine verzwickte Angelegenheit, denn man verpflichtet sich dabei zu einer Beziehung, ohne die Gewähr zu haben, daß sie vom anderen erwidert wird. Man läuft Gefahr, von Nasssauern betrogen zu werden, die die Gutmütigkeit des anderen ausnutzen und ihn in dem Augenblick im Stich lassen, in dem er besonders auf Hilfe angewiesen ist. Die Zuverlässigkeit eines potentiellen Verbündeten beurteilen zu können, wird im ewigen geistigen Wettstreit zur alles entscheidenden Fähigkeit. Das, was einer über sich selbst sagt – vielleicht sogar die Art und Weise, wie er es sagt –, kann anderen subtile, sehr wichtige Anhaltspunkte geben für die Einschätzung, ob eine Freundschaft mit ihm wünschenswert wäre. Wir machen die Bekanntschaft von Leuten, die bestimmte Dinge äußern, und wir erkennen in ihnen die Menschen, für die wir uns erwärmen können – oder um die wir einen großen Bogen machen.

In diesem Zusammenhang ist noch ein weiterer Nutzen der Sprache von unschätzbarem Wert. Sie ermöglicht uns den Informationsaustausch über andere Menschen und kürzt damit den mühevollen Prozeß ab, ihr Verhalten zu erkunden. Affen gelingt das nur durch unmittelbare Beobachtung. Sie erfahren unter Umständen nie, daß ein anderer zuverlässig ist, solange sie ihn nicht im Umgang mit einem Verbündeten sehen, und solche Gelegenheiten bieten sich nur selten. Mit Sprache dagegen kann ein gemeinsamer Bekannter uns von seinen Erfahrungen mit dem anderen berichten und uns vor ihm warnen – insbesondere wenn wir gemeinsame Interessen haben. Freunde und Bekannte wollen nicht zusehen, wie ihre Verbündeten von anderen ausgenutzt werden, denn den Schaden müssen sie letztlich gemeinsam tragen. Wenn ich einem Schuft helfe und dabei sterbe, verlieren meine Freunde und Bekannten nicht nur einen Verbündeten, sondern auch alles andere, was sie im Laufe der Jahre in mich investiert haben. Offenbar eignet die Sprache sich also auf vielfältige Weise als eine einfache, höchst effektive Form des »Kraulens«.

Nach der herkömmlichen Ansicht hat die Sprache sich entwickelt, damit Männer ihre Tätigkeit beispielsweise bei der Jagd besser koordinieren konnten – ungefähr nach dem Motto: »Da unten am See ist eine Büffelherde.« Nach einer anderen Theorie entstand sie zum Austausch hochgestochener Geschichten über das Übernatürliche oder über die Ursprünge des eigenen Stammes. Solchen Ideen, die alle Gebiete von der Anthropologie bis zur Linguistik und Paläontologie mehr oder weniger beherrschen, ist meine Hypothese diametral entgegengesetzt. Kurz und bündig schlage ich vor: Sprache ist entstanden, damit wir tratschen können.

Der Geist in der Maschine

Ein eher seltsamer Zweck, zu dem wir die Sprache verwenden, sind Dichtung und Gesang. Auf den Gesang werde ich später noch genauer zu sprechen kommen, aber auch die Dichtung bietet uns unerwartete Einblicke in die Funktionsweise der Sprache. Betrachten wir einmal das folgende Gedicht:

> *A hot and torrid bloom which*
> *Fans wise flames and begs to be*
> *Redeemed by forces black and strong*
> *Will now oppose my naked will*
> *And force me into regions of despair.*

Bemerkenswert ist an diesem Gedicht, daß es von einem Computerprogramm geschrieben wurde. Das Programm ist unter dem Namen RACTER bekannt und wurde von einem New Yorker Computerfreak namens Bill Chamberlain entwickelt. Die von ihm erzeugte Serie von Gedichten und kurzen Prosatexten erschien 1984 in einem kleinen Bändchen mit dem Titel *The Policeman's Beard is Half-Constructed.*

Dieses Buch ist für meine Theorie vor allem deshalb relevant, weil der Computer ganz offensichtlich keine Ahnung hatte, was er da tat. Er versuchte überhaupt nicht, etwas Bestimmtes zuwege zu bringen in dem Sinn wie ein Mensch, der sich hinsetzt und ein Gedicht schreibt. Das Programm war einfach so aufgebaut, daß es Wörter fand, die grammatikalisch zusammenpaßten. Es enthielt ein englisches Wörterbuch, in dem jeweils angegeben war, ob es sich bei einem Wort um ein Substantiv, ein Verb, ein Adjektiv, ein Adverb und so weiter handelte. Aus diesem Wörterbuch wählte das Programm nach dem Zufallsprinzip ein Wort aus, und dann überprüfte es, ob das Wort grammatikalisch zu den unmittelbar vorangehenden Wörtern paßte. War das nicht der Fall, verwarf das Programm das gefundene Wort und versuchte es mit einem anderen; stimmte die Grammatik, fügte es das Wort an den Satz und ging zum nächsten Wortzwischenraum weiter.

Das Erstaunliche ist, daß wir solche Texte lesen und ihnen einen zusammenhängenden Sinn beilegen können. Die Prosatexte, das muß man ehrlicherweise zugeben, sind manchmal ein wenig unnatürlich – aber mit einer gewissen Großzügigkeit auf seiten des Lesers kann man auch in ihnen einen Sinn erkennen. Die Gedichte dagegen sind wirklich recht passabel, und das Buch erhielt in den angesehenen Zeitungen überraschend gute Rezensionen.

Dies macht nach meiner Überzeugung deutlich, ein wie großer Teil der Sprache tatsächlich *Kommunikation* ist – jemand versucht gezielt, den Geist eines anderen zu beeinflussen. Offenbar unterstellt der menschliche Geist aufgrund seines Aufbaus, daß andere mit ihm kommunizieren wollen. Wir deuten ihre Körpersprache, ihre Signale und ihr Reden weniger danach, was die Worte buchstäblich bedeuten, als vielmehr in dem Sinne, was nach unserer Vermutung dahintersteckt. »Was will er mir eigentlich sagen?« fragt man sich, wenn man versucht, in den kaum zusammenhängenden (aber grammatikalisch richtigen) Äußerungen einer Person einen Sinn zu erkennen. Mit anderen Worten: Wir nehmen an, daß alle anderen mit ihrem Verhalten einen bewußten Zweck verfolgen, und verwenden einen großen Teil unserer Zeit auf den Versuch, uns in sie hineinzuversetzen und ihre Absichten zu erraten. Diese Wahrnehmung ist so tief in uns verwurzelt, daß wir sie leicht auf Tiere und manchmal sogar auf die unbelebte Welt übertragen.

Diese Denkweise mag für den Mann auf der Straße etwas Natürliches sein, aber Philosophen und Naturwissenschaftler waren oft geneigt, mehr Aufhebens davon zu machen. Insbesondere äußerten sie ernsthafte Zweifel am Begriff des Bewußtseins, und oftmals behaupteten sie, es gebe so etwas außerhalb der menschlichen Spezies nicht. Diese Denktradition geht auf das 17. Jahrhundert und den höchst einflußreichen französischen Philosophen und Mathematiker René Descartes zurück.

Descartes' Dilemma

Descartes war begeistert von der Vorstellung, daß man mechanische Vorrichtungen bauen könne, die Türen öffnen oder Musikinstrumente spielen, und einige solche Apparate entwarf und baute er auch selbst. Er zog daraus eine wichtige philosophische Lehre: Wenn wir Apparate bauen können, die so wirklichkeitsnah funktionieren, dann sollten wir sehr vorsichtig sein, wenn wir den Tieren, deren durchdachtes Verhalten uns beeindruckt, ein geistiges Leben zuschreiben. Wir wüßten, daß Menschen wahrscheinlich ein solches geistiges Leben haben, weil sie sprechen und weil das, was sie sagen, im Einklang mit unseren eigenen Erfahrungen steht. Tiere dagegen sprechen nicht, und die sinnvolle Schlußfolgerung sei: Sie haben in unserem Sinne keinen Geist (oder keine Seele). Zwar fühlten sie mit Sicherheit etwas, aber bei diesen Emotionen dürfte es sich einfach um mechanische Reaktionen auf äußere Reize handeln.

Damit hinterließ uns Descartes eine eindeutige Ansicht über den Unterschied zwischen Mensch und Tier. Wir haben einen Geist; Tiere dagegen, so klug und faszinierend sie auch sein mögen, sind bloße Maschinen. Diese Beurteilung hat nicht nur unsere Ansichten über Tiere geprägt, sondern auch die Art, wie wir sie behandeln – ganz zu schweigen von ihrem rechtlichen Status und ihren gesetzlich verbürgten Rechten. Mit Tieren können wir so experimentieren, wie es mit Menschen niemals erlaubt wäre. Die cartesianische Weltanschauung, wie sie oft genannt wird, war die Grundlage für die medizinische Wissenschaft von drei Jahrhunderten.

In der zweiten Hälfte des 19. Jahrhunderts flammte das Interesse am Verhalten der Tiere wieder neu auf. Darwins große biologische Revolution hatte Menschen wie Tiere in denselben Zusammenhang gestellt. Das mußte zwangsläufig dazu führen, daß Darwin und viele seiner Zeitgenossen sich erneut mit dem emotionalen und mentalen Leben der Tiere beschäftigten. Zwischen ihrem und unserem Verhalten bestehen so viele offenkundige Ähnlichkeiten, daß es nahelag, einen gemeinsamen entwicklungsgeschichtlichen Ursprung der Gefühle zu unterstellen.

Leider verfügten Darwin und seine Zeitgenossen, was das Verhalten und den geistigen Zustand der Tiere anging, nur über begrenzte Informationen. Sie konnten im wesentlichen nur von den Beobachtungen der Naturforscher und ihren eigenen gelegentlichen Erlebnissen ausgehen. In ihren Büchern finden sich immer wieder Formulierungen wie: »Oberst Soundso setzte mich in Kenntnis, daß sein Lieblingsjagdhund einmal…« Nachdem auf der Grundlage solcher Hinweise immer abenteuerlichere Behauptungen erhoben wurden, mußte zwangsläufig eine Gegenreaktion einsetzen. Zu Beginn unseres Jahrhunderts hatte sich eine Anschauuung durchgesetzt, die der Vorstellung, Tiere hätten einen Geist, ein Ende bereitete (und vielleicht galt das sogar auch für Menschen). Den Geist, so diese Argumentation, können wir nicht sehen, wohl aber das Verhalten; statt also über nicht nachprüfbare geistige Vorgänge zu spekulieren, sollte die Wissenschaft sich nur mit beobachtbarem Verhalten beschäftigen, dessen Vorhandensein an sich belegt werden könnte. Damit war eine Richtung der Psychologie geboren, die unter dem Namen »Behaviorismus« bekannt wurde. Sie sollte die psychologische Wissenschaft von der Jahrhundertwende bis in die achtziger Jahre hinein beeinflussen.

Der Behaviorismus erfüllte in der sich entwickelnden Wissenschaft vom Bewußtsein eine wichtige Funktion, denn er zwang alle Beteiligten, die Phänomene, die man erörtern wollte, sehr streng zu beurteilen. Und zumindest stutzte er mit Sicherheit die Phantasien der spätviktorianischen Zeit zurück. Heute jedoch, nach fast einem Jahrhundert des intensiven Experimentierens in den psychologischen Labors und nach fünfzigjähriger ethologischer Beobachtung von Tieren in freier Wildbahn können wir Descartes' Behauptung, Tiere seien nur Maschinen, in neuem Licht betrachten.

In den letzten fünfzehn Jahren gab es zum Thema des Bewußtseinszustands von Tieren ein radikales Umdenken. Wir haben gelernt, bessere Fragen zu formulieren und uns die Antworten von denjenigen – Tieren oder Menschen – zu verschaffen, die keine Sprache haben. Ein endgültiges Urteil steht zwar noch aus, aber allen vorhandenen Indizien zufolge ist das Thema komplizierter und interessanter, als Descartes es sich jemals hätte träumen lassen.

Wie die Überlegungen der letzten zehn Jahre gezeigt haben, geht es im Kern um ein Thema, das die Psychologen heute ein wenig irreführend als »Theorie des Geistes« bezeichnen. Eine Theorie des Geistes zu haben bedeutet, daß man versteht, was ein anderer denkt, daß man einem anderen Überzeugungen, Wünsche, Ängste und Hoffnungen zuschreibt und glaubt, daß der andere diese Gefühle wirklich als Geisteszustand erlebt. Man kann sich eine Art natürlicher Hierarchie vorstellen: Du hast eine geistige Position (eine Ansicht über etwas), und ich habe eine geistige Position über eine geistige Position (eine Ansicht über eine Ansicht). Wenn deine geistige Position eine Ansicht über meine geistige Position ist, können wir sagen: »Ich bin der Ansicht, daß du der Ansicht bist, daß ich der Ansicht bin, daß etwas der Fall ist.« Dies bezeichnet man heute in der Regel als Stufen der »Intensionalität«.[1] Diese Betrachtungsweise für Geisteszustände führt zu der folgenden groben Hierarchie:

Maschinen, beispielsweise Computer, haben eine Intensionalität nullter Ordnung: Sie sind sich ihres eigenen Geisteszustandes nicht bewußt. Intensionalität nullter Ordnung liegt vermutlich auch vor, wenn wir uns im Koma befinden, und die meisten Insekten und andere wirbellose Tiere sind ebenfalls Wesen mit einer Intensionalität nullter Ordnung. Intensionale Zustände erster Ordnung (ich bin der Ansicht, daß etwas der Fall ist) kennen wir spätestens, seit Descartes seinen unsterblichen Satz *Cogito ergo sum* (Ich denke, also bin ich) formulierte. Danach kommen wir an den Anfang einer unendlichen Regression: Ich glaube, daß du etwas glaubst (Intensionalität zweiter Ordnung), ich glaube, daß du glaubst, daß ich etwas glaube (Intensionalität dritter Ordnung), ich glaube, daß du glaubst, daß ich glaube, daß du etwas glaubst (Intensionalität vierter Ordnung), und so weiter. Die höheren Ordnungen der Intensionalität bezeichnet man aus naheliegenden Gründen häufig auch als »Gedankenlesen«.

Es gibt neue Gründe zu der Annahme, daß Menschen höchstens sechs Ordnungen der Intensionalität zurückverfolgen können. Was darüber hinausgeht, müssen sie schriftlich vor sich sehen. Oder mit den Worten des Philosophen Daniel Dennett: »Ich vermute [1], Sie werden sich fragen [2], ob mir klar ist [3], wie schwer es für Sie ist, mit Sicherheit zu verstehen [4], ob ich meine [5], daß Sie erkennen können [6], daß ich glauben kann [7], daß Sie von mir eine Erklärung dafür wollen [8], daß die meisten von uns nur fünf oder sechs Ordnungen [der Intensionalität] zurückverfolgen können.«

Neben diesem hoffnungslos verwickelten Satz wirkt die typische gewundene Romanprosa viktorianischer Schriftsteller wie ein Muster an Klarheit. Er enthält tatsächlich acht Ordnungen der Intensionalität, die ich in eckigen Klammern markiert habe. Ohne den Satz schwarz auf weiß zu sehen, kann man unmöglich herausfinden, was gemeint ist, und selbst bei der schriftlichen Form müssen wir einige Verschachtelungen aufbrechen, um ihn verständlich zu machen. Ich würde einiges darauf verwetten, daß nur die wenigsten Menschen alle darin enthaltenen geistigen Positionen nachvollziehen können oder sich am Ende noch daran erinnern, wer am Anfang etwas vermutet.

Meine Zuversicht bei diesem Thema erwächst nicht nur aus einem Instinkt. Meine Kollegen Peter Kinderman und Richard Bentall sowie ich selbst prüften Versuchspersonen in bezug auf solche Probleme, wobei wir Geschichten mit bis zu fünf Ordnungen der Intensionalität benutzten. Daneben beinhaltete die Prüfung auch ähnliche Geschichten, die einfach aus einer Kette von sechs kausal verknüpften Tatsachenberichten bestanden. Bei Fragen, die sich nur um die Erinnerung an Tatsachen drehen, machen die Menschen in der Regel eine kleine, aber konstante Anzahl von Fehlern, und ihre Häufigkeit bleibt gleich, unabhängig davon, wie lang und verzwickt die Geschichte im Hinblick auf die wiedergegebenen Vorgänge wird – zumindest bis zu sechs Gliedern in der Kausalkette. Obwohl man bei Geschichten, bei denen es auf die Theorie des Geistes ankommt, ähnliches bis zur dritten Ordnung der Intensionalität beobachtet, wächst die Fehlerhäufigkeit exponentiell an, wenn die Geschichten darüber hinausgehen. Bei der Intensionalität fünfter Ordnung ist die Zahl der Fehler fünfmal so hoch wie bei vergleichbaren Fragen der Tatsachenerinnerung.

Diese Befunde zeigen, wie schwierig Aufgaben zur Theorie des Geistes in der Praxis sind. Deshalb ist es auch nicht verwunderlich, daß nicht alle Menschen zur Lösung von Aufgaben auf derart hoher Ebene in der Lage sind. Anfang der achtziger Jahre wuchs bei den Psychologen der Verdacht, daß Kinder bei der Geburt noch keine Theorie des Geistes haben, sondern sie erst im Laufe ihrer Entwicklung erwerben.

Wie sich herausstellte, findet bei Kindern mit vier bis viereinhalb Jahren eine entscheidende Veränderung statt: Offenbar wird ihnen plötzlich klar, daß andere Menschen nicht unbedingt die gleichen Ansichten haben wie sie selbst. Bis dahin interpretiert ein Kind die Welt (und die Ansichten anderer über die Welt) in der Regel so, wie es selbst sie sieht. Es kann sich nicht vorstellen, wie es sich anfühlt, wenn man die Welt anders sieht als es selbst, und deshalb macht es sich auch nicht klar, daß andere Menschen abweichende Meinungen und Überzeugungen haben können. Es nimmt an, daß jeder andere das gleiche sieht wie es selbst und es auch genauso interpretiert.

Daraus ergeben sich wichtige Konsequenzen: Ungefähr bis zum Alter von drei Jahren können Kinder nicht lügen (zumindest nicht überzeugend), das heißt, sie merken nicht, daß man die geistige Verfassung, die Überzeugungen des anderen manipulieren kann.

Mit drei Jahren wissen sie dann soviel, daß sie es merken: Wenn man heftig genug leugnet, die Schokolade gegessen zu haben, wird einem häufig geglaubt. Andererseits weiß ein Kind in diesem Alter noch nicht genug, um sich bewußt zu sein, daß die um den Mund verschmierte Schokolade das ganze Spiel verdirbt. Ein paar Monate später, wenn es eine Theorie des Geistes besitzt, verhält es sich ganz anders: Jetzt kann es dem anderen etwas Falsches weismachen.

Als entscheidende Prüfung für die Theorie des Geistes haben die Psychologen den sogenannten Test der falschen Überzeugung entwickelt. Er geht von einer Schlüsselfrage aus: Ist sich das Kind bewußt, daß ein anderer eine falsche Überzeugung haben kann (oder zumindest eine Überzeugung, die das Kind für falsch hält)? Ein mittlerweile klassisches Beispiel ist der »Sally-and-Ann-Test«: Sally und Ann sind zwei Puppen, die mit dem Kind bekannt gemacht, das heißt ihm richtiggehend vorgestellt werden. Man zeigt dem Kind, daß Sally ein paar Bonbons hat, die sie auf einen Stuhl unter ein Kissen legt (vielleicht mit Hilfe des Kindes). Anschließend verläßt Sally das Zimmer. Nun zieht Ann die Bonbons unter dem Kissen hervor und steckt sie in ihre Kleidertasche. Wenn Sally wieder hereinkommt, fragt man das Kind: »Was glaubt Sally wohl, wo die Bonbons sind?« Bis zum Alter von vier Jahren antworten Kinder regelmäßig: »In Anns Tasche.« Ungefähr mit viereinhalb dagegen erwidern sie immer: »Unter dem Kissen«, und dann fügen sie mit verschwörerischem Vergnügen hinzu: »Aber da sind sie nicht!«

In einem anderen klassischen Test zeigt man dem Kind ein Pappröhrchen, in dem die in Europa als Smarties und in den USA als M&M bekannten Schokodragees verkauft werden. Fragt man das Kind, was darin ist, antwortet es natürlich: »Smarties«. Nun nimmt man den Deckel ab und zeigt dem Kind, daß das Röhrchen nicht die erwarteten Süßigkeiten, sondern ein paar Bleistifte enthält. Und schließlich sagt man dem Kind, man werde gleich seinen besten Freund ins Zimmer holen und ihm dasselbe Röhrchen zeigen; was werde der Freund wohl auf die Frage nach dem Inhalt sagen? Hier antworten Kinder bis zum Alter von vier Jahren immer: »Bleistifte«, aber etwas später bemerken sie, daß andere etwas anderes glauben können als sie selbst, und nun sagen sie: »Smarties«.

Die Theorie des Geistes scheint bei Kindern auffallend plötzlich aufzutauchen, aber in Wirklichkeit ist sie das Ergebnis eines langen Prozesses geistigen Experimentierens. Schon von einem sehr frühen Alter an bemerken Kinder, daß andere Objekte in der Umwelt etwas für sie tun können. Man kann sie bitten, einem etwas zu geben, und manchmal kann man sie sogar unter Druck setzen, indem man so lange jammert und nörgelt, bis der Widerstand gebrochen ist. Durch Erfahrungen mit verschiedenartigen Objekten gelangt das Kind zu dem Schluß, daß manche von ihnen leben, andere dagegen nicht. Anfangs trifft es zwischen einem Menschen und einer Puppe keine klare Unterscheidung, weil es offenbar glaubt, Puppen hätten all die Qualitäten der Willensäußerung, die es bei Menschen beobachtet. Mit wachsender Erfahrung lernt es aber, diese beiden Kategorien zu trennen.

Etwa mit drei Jahren befindet sich das Kind in der sogenannten »Psychologie des Glaubens und Wünschens«. Es erkennt, daß andere Menschen ähnliche Ziele und Wünsche haben wie es selbst. Mit Hilfe dieses Wissens macht es sich im folgenden Jahr allmählich ein Bild davon, wie die anderen funktionieren. Das ist für ein Kind eine höchst komplexe Aufgabe, und es macht dabei natürlich viele Fehler. Wie man heute weiß, ist das Verstehen der sozialen Umwelt für Kinder wesentlich schwieriger als das Begreifen der physischen Umgebung.

Diese Erkenntnis stellte die Entwicklungstheorien des einflußreichen Psychologen Jean Piaget auf den Kopf. Fast ein halbes Jahrhundert lang hatten Piagets Vorstellungen unser Denken über die Entwicklung des Kindes beherrscht. Sein wichtigstes Anliegen war die Erklärung des wachsenden Weltverständnisses der Kinder. Wie alle seine Zeitgenossen nahm Piaget an, unser Gehirn habe den Zweck, Informationen über die Welt zu verarbeiten, und deshalb sei das Verstehen der grundlegenden Eigenschaften dieser Welt die schwierigste Aufgabe, die ein Kind zu bewältigen habe. Alles übrige, so meinte er, sei ganz einfach.

Offenbar ließ Piaget sich durch die außerordentlich großen sozialen Fähigkeiten der Kinder zu der falschen Ansicht verleiten, es handle sich bei diesen Fähigkeiten nicht um besonders schwierige, folgenschwere Aufgaben. Kinder erwerben sie offensichtlich von Anfang an ohne Mühe. Piagets Fehler ist verständlich: Zu seiner Zeit konnte kaum jemand einschätzen, wie komplex unsere soziale Umwelt in Wirklichkeit ist. Soziale Fähigkeiten sind für ein Kind etwas höchst Notwendiges: Sein eigentliches Überleben hängt davon ab. Solange sich die einfacheren Fähigkeiten wie Sehen und Hören rechtzeitig entwickeln, können komplexere Aufgaben wie das Begreifen der Erhaltung von Menge und Masse – Aufgaben, die Piaget stark betonte – durchaus warten, bis das Kind seinen Weg durch das soziale Labyrinth gefunden hat, in das es hineingeboren wurde

Ist da draußen noch jemand?

Natürlich hatte Piaget nicht in allem unrecht. Er bemerkte zum Beispiel, daß Kinder anfangs selbstzentriert sind und erst allmählich aus ihrem egozentrischen Universum ausbrechen und sich in eine andere Person hineinversetzen. Piaget bediente sich zwar einer anderen Sprache, aber er hatte die Abfolge der Geschehnisse prinzipiell richtig verstanden. Wir werden ohne Theorie des Geistes geboren und erwerben sie erst allmählich, so daß wir verstehen können, was andere fühlen und denken; dieses Wissen benutzen wir dann in unseren sozialen Beziehungen. Wenn wir also das, was wir beim Erwachsenen beobachten, als Maßstab für das Menschsein anlegen, dann folgt daraus, daß Menschenbabys noch keine vollständigen Menschen im strengen Sinne sind, sondern es erst mit etwa vier Jahren werden.

Noch interessanter ist die Tatsache, daß manche Menschen nie eine Theorie des Geistes entwickeln. Solche Personen bezeichnet man heute als Autisten; das medizinische Krankheitsbild erkannte man erst in den vierziger Jahren, aber es existiert sicher schon sehr viel länger. Autisten – in den allermeisten Fällen Männer, was auf eine genetische Komponente der Krankheit schließen läßt – sind unterschiedlich stark beeinträchtigt. Manche sind schwer behindert, lernen niemals sprechen und zeigen keinerlei Fähigkeit, mit anderen in sozialen Kontakt zu treten. Andere entwickeln eine Sprache, bleiben aber sozial isoliert. Diese milde Form des Autismus ist unter dem Namen »Asperger-Syndrom« bekannt; die Betroffenen erscheinen oft ganz normal, abgesehen von sozialen Fehlleistungen und gelegentlich bizarrem Verhalten. Daß solche Menschen nicht über eine voll ausgebildete Theorie des Geistes verfügen, zeigt sich nur in raffinierten psychologischen Tests.

Autisten sind durch zwei entscheidende Defizite gekennzeichnet. Erstens bestehen sie regelmäßig nicht den Test der falschen Überzeugung, und zweitens sind sie offenbar nicht in der Lage, etwas vorzutäuschen. Nach Ansicht des Psychologen Allan Leslie hängen diese beiden Merkmale eng zusammen. Da ein Autist nicht erkennt, daß andere Personen falsche Überzeugungen haben können (oder zumindest Überzeugungen, die er für falsch *hält*), kann er sich auch nicht vorstellen, daß es andere Welten gibt oder daß die Welt anders ist als momentan. Deshalb kann er sich auf kein fiktives Spiel einlassen. Er wird zum Beispiel keinen Puppengeburtstag durchspielen; Puppen sind keine Lebewesen, wie können sie also das gleiche tun wie lebende Menschen? Er wird sich auch nicht schlafend stellen, um einem anderen einen Streich zu spielen. Und ebensowenig wird er absichtlich lügen, denn das setzt die Erkenntnis voraus, daß der andere nicht über das gleiche Wissen verfügt wie man selbst. Ein Autist hält die Welt einfach für transparent und glaubt, sein Publikum und er selbst besäßen die gleichen Informationen.

Eigentlich nehmen Autisten die Welt genauso, wie sie sich zeigt. Daraus folgt unter anderem, daß sie nicht erkennen, welche Bedeutungsvielfalt häufig in unserer Sprache steckt. Ein klassisches Beispiel ist der folgende Bericht einer Mutter, die einen autistischen Sohn im Teenageralter hatte. Sie wollte eine Bekannte im Haus gegenüber besuchen. Bevor sie wegging, sagte sie ihrem Sohn, wenn er später nachkommen wolle, solle er sich vergewissern, daß die Tür auch wirklich hinter ihm ins Schloß gefallen sei. Ungefähr eine Stunde später tat er das folgende: Nachdem er die Tür aus den Angeln gehoben hatte, ließ er sie fallen.

Diese Geschichte macht deutlich, in welch großem Umfang die Bedeutung in unseren Gesprächen davon abhängt, daß der Zuhörer den geistigen Standpunkt des Sprechenden nachvollzieht. Autisten sind dazu einfach nicht in der Lage, denn sie erkennen nicht, daß das, was ein anderer im Sinn hat, sich von der normalen Bedeutung der verwendeten Worte unterscheiden kann. Unser sprachlicher Austausch ist in Wirklichkeit fast immer metaphorisch oder erfordert die Interpretation des Zuhörers. In der Regel sprechen wir im Telegrammstil: Wir liefern nur die entscheidenden Punkte und nehmen an, daß der Zuhörer die Lücken füllt und in dem Gesagten einen Sinn erkennt. Hier ein klassisches Beispiel für die tiefen Schichten der Interpretation, die sich oftmals durch unsere Gespräche ziehen:

Er: Ich verlasse dich!
Sie: Wer ist sie?

Natürlich gibt es für seine Äußerung je nach dem Zusammenhang und der Vorgeschichte der Beteiligten ein Dutzend verschiedene, gleichermaßen gerechtfertigte Interpretationsmöglichkeiten. Aber schon aus diesem kurzen Dialog können wir aufgrund ihrer unvollständigen Antwort ohne Schwierigkeiten die richtige Deutung ableiten. Wir ergänzen sofort alle Einzelheiten und liefern einen großen Teil der wahrscheinlichen Hintergrundinformationen.

Autisten tun das nicht. Wer an dem schwächer ausgeprägten Asperger-Syndrom leidet, kommt in sozialen Situationen häufig zurecht und besteht auch den Test der falschen Überzeugung. Aber diese Personen tun das nicht wie wir durch Gedankenlesen, sondern, wie die Psychologin Francesca Happé es formulierte, durch »Zurechtzimmern«: Da sie über normale Intelligenz verfügen, sind sie schlau genug, um sich Faustregeln zurechtlegen zu können und damit in neun von zehn sozialen Situationen die richtigen Entscheidungen zu treffen. Aber offensichtlich haben sie keine Ahnung, wie diese Faustregeln funktionieren, sie wissen nur, was sie bewirken.

Einen Eindruck von dem Problem vermittelt vielleicht die folgende Analogie aus der Musik. Obwohl ich Musik sehr liebe, bin ich taub für Tonarten. Ich erkenne zwar Mozarts Serenade in Es-Dur, wenn ich sie höre, aber ich kann, ehrlich gesagt, nicht hören, ob sie in B-Dur, a-moll oder auch Gis-Dur steht. Ein Musiker dagegen erkennt die Tonart sofort, auch wenn er das Stück zum ersten Mal hört. Ich habe gelernt, das Thema als besondere Tonfolge zu erkennen, aber eigentlich habe ich keine Ahnung, warum man diese Tonart als Es-Dur bezeichnet; und selbst wenn ich es wüßte, wäre das wahrscheinlich ohne Bedeutung, denn ich könnte die erlernten Erkennungsregeln nicht auf andere Stücke übertragen. Ganz ähnlich ist es beim Asperger-Syndrom.

Dazu fallen mir die Beobachtungen einer Mutter ein, deren Sohn am Asperger-Syndrom litt: Er war damals etwa zwölf Jahre alt und wußte, daß andere Leute Freunde hatten, er aber nicht; er hatte aber keine Ahnung, wie man es anstellt, Freunde zu bekommen. Kauft man sie im Laden, oder sagt man einfach zu irgend jemandem: »Du bist mein Freund«? Solche Menschen sind wirklich zu bedauern, denn es gibt keine Möglichkeit, ihnen die tiefe emotionale Grundlage normaler zwischenmenschlicher Beziehungen zu vermitteln. Sie begreifen einfach nicht, was das ist oder wie es funktioniert. Sogar das Wort »Beobachtung«, das ich am Anfang dieses Absatzes gebraucht habe, würden sie zutiefst rätselhaft finden: Die Mutter hatte doch überhaupt nichts *gesehen*! Man sollte dabei aber nicht vergessen, daß solche Menschen in jeder anderen Hinsicht völlig normal sind und häufig sogar eine überdurchschnittliche Intelligenz besitzen. Personen mit Asperger-Syndrom sind beispielsweise oftmals sehr gut in Mathematik, vermutlich weil sie im abstrakten Bereich sehr klar denken können und nicht durch Emotionen und andere nicht zur Sache gehörige Assoziationen abgelenkt werden.

An dieser Stelle erhebt sich natürlich die Frage: Wie stehen Tiere im Vergleich zu uns auf der Skala der Intensionalität? Sind wir allein im Universum des Geistes, oder gibt es dort noch andere? Wenn es andere Arten mit den gleichen Fähigkeiten zu einer Theorie des Geistes gibt, werden wir sie mit der größten Wahrscheinlichkeit unter unseren nächsten Verwandten finden: den Menschenaffen.

Die Erkenntnis, daß die Theorie des Geistes in gewisser Hinsicht ein Schlüssel zum Verständnis des menschlichen Geistes ist, führte zwangsläufig zu der Frage, wo Klein- und Menschenaffen auf der Leiter der Intensionalität stehen. Das Problem besteht darin, einen entscheidenden Test zu finden, der als untrügliches Kriterium dienen kann. Den ersten derartigen Versuch unternahm der amerikanische Psychologe Gordon Gallup. Nach seiner Auffassung besteht unser charakteristisches Merkmal darin, daß wir uns selbst als Wesen erkennen können, das sich von anderen Individuen in unserer Umgebung unterscheidet (eigentlich Descartes' *Ich denke, also bin ich*). Da wir uns unserer selbst bewußt sind, können wir über unsere eigenen inneren Zustände nachdenken und sie zum beobachteten Verhalten anderer in Beziehung setzen. Aus diesem Vergleich leiten wir dann ab, daß auch andere Individuen eine eigene Geisteswelt besitzen.

Gallup entwickelte einen genialen Test, mit dem wir seinen Angaben zufolge eindeutig entscheiden können, ob ein Tier sich seiner selbst bewußt ist. Dazu muß man dem Tier beibringen, sich eines Spiegels zu bedienen. Später wird es betäubt, und man bringt in seinem Gesicht einen kleinen Farbfleck an. Die entscheidende Frage lautet: Wird das Tier nach dem Aufwachen erkennen, daß sich in seinem Gesicht etwas verändert hat? Kann es das zeigen, indem es den Farbfleck berührt oder daran kratzt?

In den letzten zehn Jahren hat man umfangreiche Experimente dieser Art durchgeführt, und zwar sowohl an Schimpansen, Gorillas, Orang-Utans und mehreren Arten von Altweltaffen als auch an Delphinen und Elefanten. Daraus ergab sich trotz einiger widersprüchlicher Befunde ein im wesentlichen unumstrittenes Bild. Schimpansen bestehen den Spiegeltest ohne weiteres; Orang-Utans und Gorillas sind dazu ebenfalls recht gut in der Lage (allerdings wurden hier sehr viel weniger Individuen untersucht); Kleinaffen jedoch versagen dabei ausnahmslos. Daraus zogen alle die naheliegende Schlußfolgerung, daß Menschenaffen sich ihrer selbst bewußt sind, während das bei anderen Primatenarten (offenbar einschließlich der Gibbons oder Halbaffen) nicht der Fall ist. Elefanten, mit denen man ähnliche Versuche anstellen wollte, erkannten den wandgroßen Spiegel anscheinend nicht als solchen, sondern versuchten hindurchzugehen wie durch eine offene Tür.

Obwohl viele Fachleute zu der Schlußfolgerung neigten, die Menschenaffen hätten eine Theorie des Geistes, die Kleinaffen jedoch nicht, blieben unterschwellig gewisse Zweifel am Aufbau von Gallups Experimenten. Warum sollte ausgerechnet die Benutzung eines Spiegels ein überzeugender Test für Ichbewußtsein sein? In freier Wildbahn haben Affen keine Spiegel; warum sollte also die Fähigkeit, das eigene Abbild zu erkennen, das Wissen um das eigene, unabhängige Innenleben beweisen? Was können wir überhaupt den Ergebnissen des Spiegeltests entnehmen?

Eine naheliegende Antwort heißt: Sie sagen uns nur, ob Tiere einer Art schlau genug sind, um die physikalischen Gegebenheiten eines Spiegels zu verstehen. Es wäre zum Beispiel denkbar, daß die Fähigkeit zur Lösung technischer Probleme in irgendeiner Form von den sozialen Fähigkeiten abgekoppelt ist. Dazu könnte es unter anderem kommen, wenn fortgeschrittene geistige Fertigkeiten viel rechnerische Fähigkeiten erfordern, die dann ihrerseits die Lösung der relativ einfachen physikalischen Probleme im Zusammenhang mit dem Spiegel ermöglichen.

Gallups Spiegeltest sagt sicher etwas aus, aber was, ist nicht ganz klar. Wir brauchen ein eindeutigeres Kennzeichen für geistige Fähigkeiten. Die Psychologen Dick Byrne und Andrew Whiten kamen auf die Idee, die taktische Täuschung könne diesen Zweck erfüllen. Taktische Täuschung liegt vor, wenn ein Individuum versucht, ein anderes auszunutzen, indem es dessen Kenntnisnahme einer Situation manipuliert. Ein Beispiel ist der junge Pavian Paul, der seine Mutter manipuliert, um Mel die Knolle wegzunehmen; ein anderes ist Hans Kummers junges Mantelpavianweibchen, das sich wegschleicht und sich mit einem jungen Männchen seiner Wahl hinter einem Felsen zum Kraulen niederläßt, ohne den Verdacht seines Harembesitzers zu erregen (siehe Seite 37).

An Dscheladas, die Kummer in der Gefangenschaft beobachtete, bemerkte er noch eine andere Form der Täuschung. Diese Affen bilden ebenfalls eng verbundene Harems, und der Harembesitzer sieht es ebenso ungern wie ein Mantelpavianmännchen, wenn eines der Weibchen sich zu weit entfernt. Eines Tages wurde der Harembesitzer von der Gruppe getrennt und in einen Käfig außer Sichtweite der Gruppensiedlung gesetzt. Der akustische Kontakt war aber noch vorhanden: Der Harembesitzer konnte alles hören, was in der Gruppe vorging, und die übrigen Affen konnten sich mit ihm verständigen. Nachdem das alte Männchen aus dem Weg geräumt war, nutzte sein junger Nachfolger die Gelegenheit und paarte sich mit einem der Weibchen. Wie Kummer jedoch feststellte, unterdrückten dabei beide die lauten Schreie, die bei Dscheladas normalerweise den Höhepunkt der Paarung begleiten und die mehr als hundert Meter weit zu hören sind. Dies bezeichnete Kummer als »akustisches Verbergen«.

Über ähnliche Verhaltensweisen wurde auch bei gefangenen Schimpansen berichtet. Frans de Waal beobachtete einmal ein Weibchen, das sich hinter einem Busch mehrmals mit einem Männchen niedrigen Ranges paarte und dabei dem Partner die Hand auf den Mund legte, damit er nicht die üblichen lauten Kopulationsschreie ausstieß, die die dominierenden Männchen auf der anderen Seite des großen Geheges gehört hätten. In beiden Fällen wollten die kopulierenden Paare sich offenbar nicht durch Geräusche verraten, die weithin zu hören waren. Das ist taktische Täuschung: Sie versuchten, Hinweise auf das Geschehen zu unterdrücken, so daß die anderen Tiere unwissend blieben.

Eine andere Form der taktischen Täuschung beschrieb Sue Savage-Rumbaugh. Sie hatte eine langwierige Studie mit den beiden Schimpansen Austin und Sherman durchgeführt und ihnen mit Hilfe einer Tastatur eine künstliche Sprache beigebracht. Sherman neigte dazu, Austin zu piesacken, was diesen sehr ärgerte. Eines Tages entdeckte Austin, daß Sherman sich vor Geräuschen außerhalb ihrer Schlafquartiere fürchtete, und zwar vor allem nachts. Wenn Austin von nun an Shermans Schikanen nicht mehr ertragen konnte, rannte er in den im Freien gelegenen Teil der Unterkunft, trommelte heftig auf Türen und andere Gegenstände, und eilte dann wieder ins Haus, wobei er wimmerte und sich alle Mühe gab, erschrocken auszusehen. Sherman reagierte regelmäßig mit Panik und bat Austin, ihn durch Kuscheln zu trösten. Die taktische Täuschung ist gewissermaßen die Nagelprobe für fortgeschrittene geistige Fähigkeiten, denn sie erfordert zumindest eine Intensionalität zweiter Ordnung. Damit ein Tier taktisch täuschen kann, muß es wissen, daß sein Gegenüber etwas Bestimmtes für möglich hält. Indem es die Informationen verändert, die dem anderen zur Verfügung stehen, versucht es, dessen Meinung zu beeinflussen. Dazu muß das täuschende Tier erkennen, daß sein Verhalten das Gegenüber zu dem Glauben veranlaßt, es werde etwas Harmloses tun. Und das bedeutet offenbar, daß der andere eine falsche Überzeugung hat, wie wir sie zuvor erörtert haben.

Whiten und Byrne sammelten zahlreiche Beispiele für taktische Täuschung aus der Literatur über Primaten und aus merkwürdigen Beobachtungen, die ihre Kollegen bei der Untersuchung verschiedener Arten gemacht hatten. Am interessantesten ist in unserem Zusammenhang die Feststellung, daß taktische Täuschung bei Halbaffen (Lemuren, Galagos und so weiter) praktisch nicht vorkommt und auch bei den Neuweltaffen selten ist. Häufig findet man sie dagegen bei den sozial höher entwickelten Altweltaffen (Paviane, Makaken), und die meisten Berichte handeln von Schimpansen (sowie bei einer Handvoll Fälle von anderen, weniger gut untersuchten Menschenaffenarten).

Später verglich Dirk Byrne die Häufigkeit, mit der taktische Täuschung, den Berichten in ihrer Datensammlung zufolge, bei den einzelnen Arten vorkommt, mit meinem Index für die relative Größe des Neocortex. Dabei zeigte sich eine sehr gute Übereinstimmung. Arten mit großem Neocortex und komplexen Sozialstrukturen, beispielsweise Schimpansen und Paviane, unternehmen viel häufiger taktische Täuschungsmanöver als Arten wie die afrikanischen Stummelaffen oder die Brüllaffen aus Südamerika, bei denen sowohl der Neocortex als auch die Gruppen kleiner sind. Offenbar ist ein Minimum an geistiger Kapazität notwendig, um sich die Verwicklungen der taktischen Täuschung zu überlegen.

Als mein polnischer Kollege Boguslaw Pawlowski und ich die Logik von Byrnes Analyse weiterverfolgten, kam uns ein neuer Gedanke: Wenn die machiavellistische Intelligenzhypothese stimmte, müßte sich ein ähnlicher Zusammenhang auch zwischen der Größe der Neocortex und Eigenschaften wie der Stabilität der Männchenhierarchie nachweisen lassen. Bei Arten mit großem Neocortex, so unsere Überlegung, sollten die niedriger stehenden Männchen eher in der Lage sein, taktische Täuschung und andere raffinierte soziale Strategien anzuwenden, um die Dominanz der höherrangigen Artgenossen zu umgehen. Normalerweise können diese höherrangigen Männchen während der Paarungszeit die Weibchen für sich behalten, so daß die Männchen auf den unteren Stufen der Hierarchie nicht kopulieren können. Daraus ergibt sich in der Regel ein recht einfacher Zusammenhang zwischen der Stellung eines Männchens in der Hierarchie und der Häufigkeit, mit der es sich paaren und Nachkommen zeugen kann.

Pawlowski und ich stellten nun folgende Überlegung an: Wenn niedrigstehende Männchen mit einem großen Gehirn die Schlupflöcher des Systems ausnutzen können, sollten wir mit zunehmender Neocortexgröße eine immer weniger strenge Beziehung zwischen Rangstufe und Fortpflanzungserfolg finden. Und genauso ist es auch. Da eine der Strategien, deren sich die Männchen in diesem Zusammenhang bedienen, der taktischen

Täuschung ähnelt, bekräftigen unsere Befunde die von Byrne. Sie bestätigen, daß die taktische Täuschung tatsächlich biologische Folgen hat, in diesem Fall, indem sie den Fortpflanzungserfolg der Männchen und damit auch ihre genetische Eignung (den Beitrag zu zukünftigen Generationen) verstärkt.

Byrnes Befunde zur taktischen Täuschung und unsere Beobachtungen der männlichen Paarungsstrategien sind ein starkes Indiz für die Richtigkeit der machiavellistischen Intelligenzhypothese. Die Fähigkeit, mit Hilfe raffinierter Sozialstrategien die Schlupflöcher des Systems auszunutzen, hängt offenbar davon ab, wieviel rechnerische Fähigkeiten im Gehirn vorhanden sind.

Die Befunde geben aber keinen Aufschluß darüber, wie die beobachteten Unterschiede zwischen den Arten mit den verschiedenen Ebenen der Intensionalität zusammenhängen. Wir wissen nur, daß Schimpansen in dieser Hinsicht mehr können als Paviane und daß Paviane ihrerseits mehr leisten als Brüllaffen. Aber wo stehen sie mit ihrer Fähigkeit, reflexiv über die Bewußtseinsinhalte anderer nachzudenken? Leistet ein Pavian mehr als ein Brüllaffe, weil er sich in einen anderen Pavian hineinversetzen kann oder weil er einfach nur in der Lage ist, kompliziertere Berechnungen über die Folge einer sozialen Handlung anzustellen?

Damit sind wir bei den derzeitigen Grenzen unseres Wissens angelangt. Bisher konnte niemand im einzelnen einen Zusammenhang zwischen den Ebenen der Intensionalität und bestimmten Verhaltensmustern herstellen. Allerdings verfügen wir über einige Indizien, die uns zumindest die Richtung des wahrscheinlichen Ergebnisses angeben. Es handelt sich im wesentlichen um Einzelfallbeobachtungen, aber sie sind für das Thema höchst interessant.

Eine solche Beobachtung betraf Vicky, das Schimpansenweibchen, das die Familie Hayes zusammen mit ihrem eigenen Kind aufzog. Vicky zog einmal ein Stück Schnur hinter sich her, was auf den ersten Blick völlig harmlos aussah. Als aber das Ende der Schnur an der Stufe zwischen zwei Fußbodenebenen ankam, blieb sie stehen und zeigte deutliche Anzeichen von Verblüffung. Sie verhielt sich genau wie ein Kind, wenn das Spielzeugauto, das es an einer Schnur zieht, hängenbleibt. Sie begab sich zum Ende der Schnur und hob es vorsichtig über die Stufe, als wollte sie es von dem Hindernis lösen. Anschließend setzte sie ihren Weg fort. Der Vorgang hat alle Kennzeichen eines fiktiven Schauspiels, das Allan Leslie als entscheidendes Merkmal für die Theorie des Geistes bezeichnet und das bei autistischen Kindern fehlt.

Ein anderes Beispiel für eine hohe Ebene der Intensionalität beobachtete der niederländische Verhaltensforscher Frans Plooij, als er im Gombe-Nationalpark in Tansania Jane Goodalls Schimpansen studierte. Damals lockten die Wissenschaftler ihre Schimpansen mit Bananen und anderen Leckerbissen in ihr Lager, um sie leichter beobachten zu können. Im Laufe der Zeit wurden die Affen immer anspruchsvoller. Und was noch schlimmer war: Nachdem sie entdeckt hatten, wo die Bananen aufbewahrt wurden, überfielen sie die Hütten und Vorratshäuser im Lager. Damit die Dinge nicht völlig außer Kontrolle gerieten, bauten die Forscher einen Betonkasten, der zur Hälfte in der Erde vergraben war. Er hatte einen Deckel, den sie mit einem Drahtseil aus kurzer Entfernung öffnen konnten. Auf diese Weise wollten die Wissenschaftler dafür sorgen, daß auch die Tiere, die in der Hierachrie niedriger standen, einen gerechten Anteil an den Bananen erhielten; sie sollten nicht davon abgehalten werden, ins Lager zu kommen, weil die älteren Männchen ihnen das angebotene Futter vorenthielten.

Eines Tages erschien eines der niedriger stehenden Männchen allein an der Futterstelle. Der Riegel wurde mit einem hörbaren Klicken gelöst, so daß der Schimpanse den Deckel öffnen und sich von den Bananen im Kasten bedienen konnte. Aber gerade, als er das tat, kam eines der dominierenden Männchen hinzu. Sofort tat das erste Männchen so, als habe es kein Interesse an der Futterkiste. Es war ein vernünftiges Manöver: Da der Riegel nur geöffnet wurde, wenn ein bestimmtes Tier anwesend war, blieb er oft auch dann geschlossen, wenn sich Schimpansen in der Nähe der Futterstelle befanden. In diesem Fall wollte das Männchen offenbar den Eindruck erwecken, als sei der Kasten noch verschlossen, so daß es für den anderen ziemlich witzlos war, sich hier herumzutreiben. Solche taktischen Täuschungsmanöver liegen durchaus im Bereich der Fähigkeiten von Schimpansen: Sowohl de Waal als auch der amerikanische Psychologe Emil Menzel beobachteten derartige Verhaltensweisen bei Schimpansen, die sich in den Kolonien in Holland und den USA in Gefangenschaft befanden. Besonders faszinierend war aber in dem gerade beschriebenen Fall, wie sich das dominierende Männchen verhielt. Es untersuchte nicht selbst den Kasten mit den Bananen (was ohnehin ziemlich sinnlos gewesen wäre), sondern drehte sich um und ging weg; als es aber am Rand der Lichtung angelangt war, stellte es sich hinter einen Baum und beobachtete, ob das Männchen an dem Kasten nun versuchte, den Deckel zu lüften.

Wenn ich diese Beobachtungen richtig interpretiere, so läßt das Verhalten des dominanten Männchens ganz klar auf Intensionalität dritter Ordnung schließen. In seinem Geist muß sich ungefähr folgendes abgespielt haben: Ich glaube [1], daß Jim mich zu täuschen versucht [2], damit ich glaube [3], der Deckel sei verschlossen. Ebenso kann man sich aber vorstellen, daß er sich sogar eine Intensionalität vierter Ordnung zu eigen machte: Ich glaube [1], daß Jim mich zu täuschen versucht [2], damit ich glaube [3], daß Jim denkt [4], der Deckel sei verschlossen.

Bei solchen Anekdoten stellt sich immer das Problem, daß man die Sache auch anders erklären kann, nämlich mit Zufällen oder einfacheren gelernten Verhaltensweisen. Verstand Austin *wirklich*, daß Sherman sich vor Geräuschen im Dunkeln fürchtete? Oder hatte er nur gelernt, daß er draußen nur viel Lärm machen mußte, damit Sherman mit ihm knuddelte, statt ihn zu schikanieren – und wußte er dabei in Wirklichkeit vielleicht gar nicht, *warum* sein Kamerad unter diesen Umständen lieber kuschelte? Hatte das Männchen an der Futterkiste wirklich die *Absicht*, den Rivalen zu täuschen – sagte es also gewissermaßen zu sich selbst: »Wenn ich mich lässig verhalte, dann, so vermute ich [1], wird dieses Männchen glauben [2], daß ich meine [3], daß die Kiste noch verschlossen ist« –, oder hatte es nur gelernt, daß Konkurrenten sich irgendwann trollen, wenn es sich so verhielt, wobei der Grund dafür völlig außerhalb seiner Erkenntnisfähigkeit lag? Vielleicht hielt das dominante Männchen in der zuletzt erzählten Geschichte nur deshalb im Weggehen inne, weil es sich nicht von der Futterkiste losreißen konnte – für den Fall, daß sie doch geöffnet war oder irgendwann geöffnet würde, und zwar gerade dann, wenn es hinter dem Baum stand? Die Schimpansen hatten vermutlich nicht herausgefunden, warum der Deckel bei manchen Gelegenheiten geöffnet wurde und bei anderen nicht; sie dürften vielmehr gelernt haben, daß ihre Geduld irgendwann belohnt wurde, wenn sie nur oft genug zu der Kiste zurückkehrten.

Auf sicherem Terrain befänden wir uns, wenn wir auf eine lange Reihe von Beispielen verweisen könnten, in denen sich immer das gleiche Verhalten zeigt. Je mehr solche Fälle wir hätten, desto unwahrscheinlicher wäre es, daß es sich immer um Zufälle handelt, aber es wäre immer noch schwierig, einfachere Erklärungen wie das unmittelbare Lernen von Verhaltensmustern auszuschließen.

Immerhin ist es interessant, daß man solche Beobachtungen ausschließlich an Schimpansen gemacht hat. Wissenschaftler haben Hunderttausende von Stunden darauf verwendet, Alt- und Neuweltaffen in freier Wildbahn und in Gefangenschaft zu beobachten, aber über Ereignisse, die auf höhere Ordnungen von Intensionalität schließen lassen, wurde nie berichtet (das könnte allerdings auch schlicht und einfach bedeuten, daß den Beobachtern solche Fälle nicht aufgefallen sind, weil sie nicht damit gerechnet hatten).

In den letzten Jahren hat man in mehreren Studien versucht, diese Schwierigkeit zu umgehen; dazu wurden die Experimente gezielter gestaltet, so daß sie die Tests widerspiegelten, mit denen man bei Kindern die Theorie des Geistes nachweist.

Die ersten derartigen Untersuchungen führte der Psychologe David Premack Anfang der achtziger Jahre mit Sarah durch, einem Schimpansenweibchen, das sprachlich trainiert war.

mack und sein Kollege Guy Woodruff zeigten Sarah Filmclips, in denen jemand vergeblich versuchte, etwas zu tun, beispielsweise eine an der Zimmerdecke aufgehängte Banane zu erreichen. Anschließend boten sie ihr Fotos von geeigneten und ungeeigneten Lösungen des Problems an. Eine geeignete Lösung bestand zum Beispiel aus mehreren Kisten, die unter der Banane übereinandergestapelt waren, eine ungeeignete zeigte dagegen die gleichen Kisten, die über den Fußboden verstreut lagen. Sarah zeigte ein beträchtliches Verständnis für die Absichten des Menschen und wählte in den meisten Fällen die geeignete Lösung. Aus solchen Experimenten schlossen Premack und Woodruff, Sarah habe mit ihrem Verständnis für die Absichten eines anderen gezeigt, daß sie zumindest in einem gewissen Sinn über eine Theorie des Geistes verfügt. In zwei Versuchsreihen aus neuerer Zeit ging es um den Vergleich zwischen Klein- und Menschenaffen. Man wollte wissen, ob es Unterschiede zwischen diesen eng verwandten Mitgliedern der Ordnung der Primaten gibt. In der ersten Studie führte der amerikanische Psychologe Danny Povinelli mit Rhesusaffen (einer repräsentativen, höher entwickelten Art von Altweltaffen) und Schimpansen mehrere Testreihen durch; sie sollten Aufschluß darüber geben, ob die Tiere die Absichten oder die Situationskenntnis eines anderen verstehen.

In einem der Tests sollten die Schimpansen zum Beispiel zwischen zwei Menschen wählen, um eine Belohnung zu erhalten, die sie sich allein nicht verschaffen konnten: ein Glas Fruchtsaft. Man zeigte dem Schimpansen Bilder von zwei Assistenten, und er mußte sich für einen davon entscheiden, indem er auf die Halterung drückte, in der das Bild befestigt war. Der Unterschied zwischen den beiden Menschen bestand darin, daß der eine den Saft immer absichtlich auf den Fußboden schüttete, während der

hentlich tat, zum Beispiel weil er den Becher beim
nließ oder weil er stolperte, wenn er ihn dem
ab. Konnte das Tier zwischen absichtlichem und
n Verhalten unterscheiden? Die Antwort schien
Ja zu sein: Der Schimpanse lernte schon bald, den-

jenigen Menschen zu wählen, der den Saft unabsichtlich verschüttete.

In einer anderen Versuchsreihe erhielt der Schimpanse die Gelegenheit, sich einen Leckerbissen aus einer Kiste zu beschaffen, die sich außerhalb seiner Reichweite befand. Dazu mußte er einen menschlichen Helfer auswählen, der die Kiste öffnete und ihm das Futter gab. Zwei Assistenten zeigten auf verschiedene Kisten, und der Schimpanse stand vor der Entscheidung, welcher von beiden wahrscheinlich recht hatte. Während die Kiste bestückt wurde, befand sich der eine Assistent im Zimmer, der andere dagegen ging vorher deutlich sichtbar hinaus, das heißt, der erste wußte, in welcher Kiste sich der Leckerbissen befand, der andere aber offenbar nicht. Die richtige Reaktion bestand also darin, die Kiste zu wählen, auf die der »wissende« Helfer zeigte. Die meisten von Povinellis Schimpansen (allerdings nicht alle) lösten dieses Problem recht gut, aber von den Kleinaffen schaffte es keiner. Offenbar können also Menschenaffen – oder zumindest Schimpansen – bei anderen zwischen Wissen und Unwissen unterscheiden, Kleinaffen sind dazu jedoch nicht in der Lage. Aber obwohl die Schimpansen den Kleinaffen in dieser Hinsicht weit überlegen waren, erreichten sie bei solchen Aufgaben nicht die gleichen Leistungen wie Menschenkinder.

Dies zeigte sich in einer anderen Versuchsreihe, die Sanjida O'Conell durchführte, eine meiner Studentinnen. Sie konstruierte eine mechanische Version des Tests der falschen Überzeugung, mit dem sie die Maßstäbe des bei Kindern angewandten »Sally-and-Ann«-Tests erreichen wollte. Diesmal hatte das Tier die Wahl zwischen vier Kisten. Die Versuchsleiterin brachte über einer davon einen Pflock an und legte dann in die so gekennzeichnete Kiste ein Stück Futter. Anschließend konnte der Schimpanse nach Belieben eine der Kisten öffnen, und wenn es die richtige war, durfte er das Futter herausnehmen. Nachdem das Tier diesen grundlegenden Ablauf beherrschte, wurde eine Komplikation eingeführt: Die Kisten waren so konstruiert, daß O'Conell ihre Vorderseite nicht sehen konnte, wenn sie von hinten das Futter in die ausgewählte Kiste legte. Nachdem sie zunächst von der Seite des Schimpansen aus den Pflock angebracht hatte, ging sie auf die Rückseite, wie sie es schon Dutzende von Malen getan hatte. Diesmal aber bewegte sich der Pflock, während sie sich auf der anderen Seite befand – scheinbar von selbst, in Wirklichkeit aber durch einen Hebel, den sie mehrmals betätigte –, und blieb über einer anderen Kiste stehen. Die entscheidende Frage lautete: Würde der Schimpanse erkennen, daß es sich bei der mit Futter bestückten Kiste um diejenige handelte, die die Versuchsleiterin anfangs mit dem Pflock gekennzeichnet hatte – und von der diese vermutlich annahm, daß es sich um die richtige handelte –, oder würde er unterstellen, daß die Versuchsleiterin das gleiche wußte wie er selbst, so daß sie das Futter in die Kiste legen würde, über der sich der Pflock *jetzt* befand? Das Ganze kam dem Sally-and-Ann-Test so nahe wie möglich.

Die Schimpansen zeigten bei dieser Aufgabe bessere Leistungen als autistische Kinder, aber sie reichten bei weitem nicht an gesunde Fünf- oder Sechsjährige heran (die eine Theorie des Geistes besitzen). Die Schimpansen lernten zwar eindeutig, das Problem zu lösen, aber sie waren nicht so leistungsfähig, wie man es bei einer vollständig entwickelten Theorie des Geistes erwartet hätte.

Ein letzter Vorbehalt bleibt aber bestehen. Wenn man mit Tieren arbeitet, sind negative Befunde nie völlig zufriedenstellend, insbesondere bei Schimpansen; man kann nämlich nie sicher sein, ob die Nichterfüllung eines bestimmten, von uns vorgegebenen Kriteriums tatsächlich auf die Unfähigkeit zur Lösung des Problems hinweist oder einfach auf mangelndes Interesse des Tieres. Wie vielleicht nicht anderes zu erwarten, finden Schimpansen solche Aufgaben oftmals langweilig, und manchmal kann man sie überhaupt nicht zum Mitmachen bewegen. In dem Film *Chimp Talk* aus der BBC-Serie »Horizon« gibt es eine hübsche Sequenz, in der Sue Savage-Rumbaugh ihren Schimpansen Kanzi bittet, eine Reihe von Anweisungen auszuführen. Als sie bei »Leg den Schlüsselbund in den Kühlschrank« angelangt ist, merkt man an seinem kurzen Zögern, wie verblüfft er sein muß: »Was ist denn jetzt mit der los? Nun ja, ich lasse der Ärmsten wohl besser ihren Willen!«

Unsere vorläufige Erkenntnis muß also lauten: Es gibt ausreichende Indizien für die Annahme, daß Schimpansen oder vielleicht sogar alle Menschenaffen in irgendeiner Form über eine Theorie des Geistes verfügen, die allerdings wohl nicht so hoch entwickelt ist wie beim Menschen. Kleinaffen dagegen sind in dieser Hinsicht zwar ebenfalls weiter entwickelt als andere Tiere, aber eine voll ausgeprägte Theorie des Geistes fehlt ihnen; sie befinden sich vermutlich auf der gleichen kognitiven Ebene wie drei- oder vierjährige Kinder, bei denen die Theorie des Geistes sich kurze Zeit später ausbildet.

Dorothy Cheney und Robert Seyfarth meinten dazu, Kleinaffen seien gute Verhaltensforscher, aber schlechte Psychologen: Sie können das Verhalten eines anderen »lesen«, nicht aber seine Gedanken. Dies demonstrierten die beiden Wissenschaftler auf reizvolle Weise anhand ihrer Studien mit Grünen Meerkatzen im kenianischen Amboseli-Nationalpark. Eines Tages tauchte im Gehölz nicht weit von dem Rudel, das sie beobachteten, ein fremdes Männchen auf. Solche Einzelgänger haben immer die Absicht, sich der Gruppe anzuschließen, und wenn sie das tun, verdrängen sie dort in der Regel das dominierende Männchen. Für den derzeitigen Anführer ist das keine angenehme Situation, denn er kann dadurch das Monopol auf die Weibchen verlieren. Deshalb widersetzen sich die Tiere solchen Eindringlingen mit allen Mitteln. In diesem Fall hatte der bisherige Herrscher eine gute Idee. Als der Eindringling von seinem Baum herabkletterte und über das offene Gelände zu den Bäumen ging, in denen die Gruppe gerade Nahrung suchte, ließ das Männchen aus der Gruppe den Warnruf für Leoparden hören. Sofort rannte der Eindringling zurück auf seinen sicheren Baum. Später, als er sich vergewissert hatte, daß alles in Ordnung war, versuchte er es aufs neue, und wieder warnte das Männchen aus der Gruppe vor einem Leoparden. So weit, so gut: Der Trick funktionierte. Aber schließlich gab das Männchen aus der Gruppe selbst das Heft aus der Hand: Es stieß den Warnruf aus, während es selbst durch das offene Gelände lief. Daraufhin war der Eindringling so schlau zu erkennen, daß niemand bei klarem Verstand einen Warnruf ausstößt und gleichzeitig lässig durch die Gegend spaziert, so daß er ohne weiteres gefressen werden kann.

In den Geist und darüber hinaus

Die Theorie des Geistes ist zweifellos unsere wichtigste Eigenschaft und eine wirklich bemerkenswerte Fähigkeit. Aber selbst sie verblaßt bis zur Bedeutungslosigkeit im Vergleich zu den Errungenschaften, die sie möglich gemacht hat.

Die Theorie des Geistes hat uns zu der entscheidenden Fähigkeit verholfen, uns von uns selbst zu distanzieren und die übrige Welt mit einem Element des Desinteresses zu betrachten. Der Ausgangspunkt war dabei vermutlich unsere Fähigkeit, über den Inhalt unseres eigenen Bewußtseins zu reflektieren. Warum fühle ich mich so und nicht anders? Warum ärgere ich mich jetzt? Warum empfinde ich Trauer oder Glück? Das Verständnis der eigenen Gefühle ist eine entscheidende Voraussetzung, wenn man die Gefühle anderer verstehen will. Und wenn wir sie bei anderen nicht erkennen, besteht keinerlei Aussicht, so weit in ihr Bewußtsein einzudringen, daß wir ihre inneren Reaktionen auf das, was sie erleben, einschätzen können.

Der eigentliche Durchbruch ist erreicht, wenn wir uns mit Hilfe einer vollständig ausgebildeten Theorie des Geistes dritter Ordnung vorstellen können, wie jemand, den es in Wirklichkeit nicht gibt, in einer bestimmten Situation reagieren würde. Mit anderen Worten: Wir können Literatur schaffen und Geschichten verfassen, die über eine einfache Beschreibung von Ereignissen hinausgehen; immer tiefer können wir in die Frage eindringen, warum sich der Held so und nicht anders verhält und von welchen Gefühlen er sich beim Verfolgen seiner Ziele leiten läßt.

Ich glaube, ich kann mit ziemlicher Sicherheit behaupten, daß keine andere biologische Art danach streben wird, eine mit der unseren vergleichbare Literatur zu schaffen. Das liegt nicht nur daran, daß keine andere Art die dazu erforderliche Sprachfähigkeit besitzt, sondern auch an der Tatsache, daß keine andere Art über eine hochentwickelte Theorie des Geistes verfügt, mit der ein Individuum sich in die innere Welt eines anderen hineinversetzen könnte. Romane zu schreiben bedeutet, imaginäre, nicht existierende Welten zu konzipieren. Selbst bei Schimpansen bin ich nicht davon überzeugt, daß die Theorie des Geistes dazu ausreicht. Ihre Grenzen scheinen im besten Fall bei der Intensionalität dritter Ordnung zu liegen (»Ich glaube, du willst, daß ich denke, die Futterkiste sei verschlossen«). Menschen dagegen sind ohne große Schwierigkeiten in der Lage, einer Argumentation bis in die Intensionalität vierter Ordnung zu folgen, auch wenn das im Alltagsleben nicht allzu häufig bis in diese Größenordnung geht.

Notwendig wird diese Fähigkeit jedoch bei Geschichten, deren Handlungen voraussetzen, daß Schriftsteller und Leser folgenden Sachverhalt gleichermaßen verstehen [1]: Eine Figur denkt [2], daß eine andere Figur will [3], daß sie, die erste Figur, etwas Bestimmtes glaubt [4]. Da Schriftsteller und Leser zu der Kette der Intensionalitäten gehören, müssen sie um eine Ordnung über das, was die Romanfiguren tatsächlich tun, hinausgehen. Diese Spur durch alle Ereignisse in einem Roman zu verfolgen, ist natürlich eine sehr anspruchsvolle Aufgabe. Der Schriftsteller muß voraussetzen können, daß seine Leser imstande sind, sich auf die gleichen Intensionalitätsebenen zu begeben wie er; wäre der Leser dazu nicht in der Lage, hätte es wenig Sinn, das Manuskript überhaupt an einen Verlag zu verkaufen.

Die Fähigkeit, sich von den unmittelbaren eigenen Erlebnissen zu lösen, ist auch die Voraussetzung für zwei andere einzigartige Merkmale menschlichen Verhaltens: für die Phänomene, die wir als Religion und Wissenschaft kennen. Manche meiner Kollegen aus den Naturwissenschaften (insbesondere der Embryologe Lewis Wolpert) bekommen allerdings fast einen Schlaganfall, wenn jemand die Ansicht äußert, Wissenschaft und Religion seinen ähnliche Phänomene.

In einer Hinsicht haben diese Kollegen natürlich recht: Naturwissenschaft und Religion wenden völlig verschiedene Methoden an, wenn sie ihre Behauptungen über die Welt aufstellen. Die eine ist eine Sache des Glaubens, in der offenbarte Wahrheiten die zentrale Stellung als Schiedsrichter in allen Streitigkeiten einnehmen, während bei der anderen die individuelle Skepsis und das strenge Überprüfen von Hypothesen auf der Grundlage logischer Deduktion und empirischer Befunde allein entscheidend sind.

Auf einer anderen Ebene ist ihr Schlaganfall jedoch verfrüht, denn sie übersehen dabei, daß beide Phänomene sich in einer wichtigen Hinsicht fast völlig gleichen. In beiden Fällen handelt es sich um Versuche, die Welt, in der wir leben, zu erklären. Beide dienen dazu, der Welt, wie wir sie erfahren, soviel Einheitlichkeit zu verleihen, daß wir uns einigermaßen sinnvoll durch die Unwägbarkeiten des täglichen Lebens manövrieren können. Die tiefgreifenden Unterschiede in der Arbeitsweise der beiden Unternehmen sollten nicht darüber hinwegtäuschen, daß beide dem gleichen Zweck dienen.

Religionen bieten überall auf der Welt Sicherheit und Trost, eine Stütze, die uns in dem schwierigen und manchmal auch gefährlichen Geschäft des Alltagslebens hilft. Sie vermitteln uns das Gefühl, daß nicht alles völlig außerhalb unseres schwachen Einflusses liegt, daß wir durch Gebete und Rituale Zugang zu Mechanismen haben, mit deren Hilfe wir unser Leben in einigermaßen erträgliche Bahnen lenken können. In traditionellen Gesellschaften, wo Überschwemmungen, Hungersnöte sowie räuberische Tiere und Menschen eine ständige Bedrohung für Leben und Frieden darstellen, macht der Rückgriff auf Übernatürliches unter Umständen den Unterschied zwischen geistiger Gesundheit und Wahnsinn aus. Wenn wir alle erforderlichen Rituale ausgeführt haben, fühlen wir uns zumindest so sicher, daß wir weiterleben können; die Religion kann das Schlimmste zwar vielleicht nicht ganz verhindern, aber sie gibt uns vermutlich soviel Zuversicht und Mut, daß wir die kleineren Unannehmlichkeiten des Lebens aus dem Weg räumen können, die uns ansonsten vielleicht überwältigen würden. In diesem Sinn ist Religion tatsächlich, in Marx' berühmter Formulierung, Opium für das Volk: Sie wirkt wie die körpereigenen Opiate und dämpft die kleineren Irritationen der täglichen Existenz gerade so weit, daß das Leben weitergehen kann. Auch die Naturwissenschaft liefert einen Rahmen für unsere Existenz und ermöglicht uns, die Welt zu kontrollieren. Aber das tut sie natürlich auf völlig andere Weise. Die dramatischen Erfolge der Naturwissenschaft gründen sich nicht (wie manch einer inbrünstig hofft) auf willkürliche Konstruktionen der Realität, sondern auf der sorgfältigen Ableitung von Hypothesen und ihrer strengen Überprüfung an den Vorgängen der realen Welt. Die Naturwissenschaft schafft die Möglichkeit, mehr Vertrauen zu ihren Erkenntnissen zu haben, weil sie in der Realität funktionieren müssen. Da es keine große Verschwörungstheorie der Naturwissenschaft gibt – sie wäre auch kaum aufrechtzuerhalten –, kann man sich kaum vorstellen, wie jemand die Welt dazu zwingen könnte, Ergebnisse zu liefern, die gut zu wissenschaftlichen Theorien passen. So ist die wirkliche Welt einfach nicht: Sie ist unnachgiebig und zeigt sich gegenüber der Unfähigkeit höchst unnachsichtig.

Die gemeinsamen Ursprünge von Naturwissenschaft und Religion liegen in der zögernden Frage, warum die Welt so und nicht anders ist. Die Antworten, die sie liefern, mögen so unterschiedlich sein wie Tag und Nacht, aber ihr Zweck ist der gleiche. Und beide beruhen auf der gleichen fragenden Haltung gegenüber der Welt. Warum ist die Welt so, wie sie ist? Schon um so fragen zu können, muß man sich vorstellen, die Welt könne auch anders sein, als sie zu sein scheint. Es erfordert eine Theorie des Geistes, und damit ergibt es sich aus der tiefgreifenden Reflexivität unseres Sozialverhaltens, aus unserer Fähigkeit zu verstehen, wie der Geist eines Menschen seine Handlungen steuern kann und wie das umgekehrt wieder den Geist beeinflußt. Es erfordert mindestens eine Intensionalität dritter Ordnung und wahrscheinlich noch mehr.

Wenn Naturwissenschaft und Religion sogar eine Intensionalität vierter Ordnung voraussetzen, dann ist völlig klar, warum nur die Menschen sie hervorgebracht haben. Da kein Tier außer den Menschenaffen sich zu mehr als einer Intensionalität zweiter Ordnung aufschwingen kann, wird keine dieser Arten jemals Wissenschaft und Religion schaffen, wie wir sie kennen. Was die Menschenaffen angeht, so bleibt allerdings ein Fragezeichen. Falls Intensionalität vierter Ordnung unverzichtbar ist, sind sie mit ziemlicher Sicherheit ebenfalls nicht zu Wissenschaft oder Religion fähig, aber wenn die dritte Ordnung ausreicht, ist es durchaus vorstellbar, daß Menschenaffen Wissenschaft und/oder Religion besitzen.

Aber auch wenn Menschenaffen eine Art von Wissenschaft oder Religion kennen sollten, kann diese nicht sehr hoch entwickelt sein, und sie wird in ihrem Leben auch keine vereinheitlichende Kraft darstellen. Das liegt daran, daß sie keine Sprache besitzen. Durch die Sprache können wir Gedanken mit einer Effizienz übermitteln, die auf andere Weise unmöglich zu erreichen ist. Ohne Sprache muß jeder einzelne die geistige Entsprechung zum Rad selbst erfinden. Werkzeuge und Räder können wir bei anderen sehen und nachahmen, aber Religion und Wissenschaft gehören in den Bereich der Ideen, und Ideen oder Begriffe können wir nicht in dem gleichen Sinn sehen und kopieren. Ohne Sprache lebt jeder in seiner eigenen, abgeschiedenen Vorstellungswelt. Mit Sprache dagegen haben wir Anteil an den Welten anderer. Wir können entdecken, daß diese Welten nicht genau mit unserer eigenen übereinstimmen, und das wiederum führt uns zu der Erkenntnis, daß die Welt auch anders sein kann, als wir annehmen.

Der Psychologe David Premack gelangte zu dem Schluß, der Geist seiner Starschimpansin Sarah sei durch das Lernen einer Symbolsprache »aufgewertet« worden. Diese Ansicht gründet sich offenbar auf die bei Soziolinguisten und Anthropologen verbreitete Behauptung, die Sprache bestimme darüber, wie wir denken, so daß wir ohne Sprache auch keine Gedanken haben können.

Das widerspricht aber zahlreichen Belegen dafür, daß Tiere tatsächlich denken, daß sie Begriffe und alle Phänomene entwickeln, die wir mit Sprache in Verbindung bringen.

Plausibler erscheint die Vorstellung, daß Sprache gewissermaßen ein Parasit des Denkens ist und daß sie die grammatikalische Struktur hat, die wir ihr geben (die Form mit Subjekt, Prädikat und Objekt), weil das auch unsere natürliche Art zu denken ist. Ich bin nicht so überzeugt, daß Sarahs Geist allein durch das Lernen der Sprache aufgewertet wurde: Die Sprache ließ nicht plötzlich Begriffe oder Kenntnisse entstehen, die ihr Geist vorher nicht besaß. Sarahs Geist wurde vielmehr deshalb durch die Sprache aufgewertet, weil sie ihr Zugang zu Premacks Geist verschaffte. Er konnte ihr Begriffe und Sichtweisen vermitteln, auf die sie allein wahrscheinlich nie gekommen wäre. Und die Betonung liegt dabei wesentlich mehr auf dem »wahrscheinlich« als auf dem »nie«.

Sprache ist also in der Geschichte der Ideen ein entscheidender Faktor. Sie erlaubt uns, auf dem Wissen früherer Generationen aufzubauen. Aber sie ermöglicht auch den Austausch von Kenntnissen mit unseren Zeitgenossen, so daß die gesamte Gemeinschaft durch die gleichen Überzeugungen geprägt wird. Wenn Schimpansen Religion besitzen, muß es bei ihnen so viele Religionen wie Schimpansen geben.

ANMERKUNG

1 Intensionalität in diesem Sinn schreibt man meist (aber nicht immer) mit s, um sie von den herkömmlichen Intentionen (mit t) zu unterscheiden, die einfach eine Art Absichten sind. Manche Autoren haben die Unterscheidung in letzter Zeit aufgegeben, aber ich möchte sie beibehalten, weil sie unnötige Verwirrung vermeidet.

Aufwärts durch den Nebel
der Zeiten

Stellen wir uns einmal vor, wie es vor fünf Millionen Jahren aussah. Flecken von Sonnenlicht fallen auf den Boden des uralten Waldes, und die Affen schnattern, während sie durch das Blattwerk hüpfen und einen Baum voller wilder Feigen nach dem anderen besuchen. Auf dem Waldboden leben mehrere Arten von Menschenaffen, die sich nicht allzusehr von den heutigen Schimpansen und Gorillas unterscheiden. Sie bewegen sich meist auf dem Erdboden fort, klettern aber auch auf die Bäume, um Früchte und andere Leckerbissen zu sammeln.

Diese Menschenaffen sind die Überreste einer Artengruppe, die fast zehn Millionen Jahre lang die Wälder Afrikas und Asiens beherrschte. Jetzt haben sie es schwer. In Afrika schrumpfen die Wälder, weil das Klima weltweit immer kühler und trockener wird. Immer mehr Arten drängen sich auf immer kleinerem Raum zusammen. Noch schlimmer wird das Ganze durch die Kleinaffen: Sie haben den Menschenaffen ein Schnippchen geschlagen und sie im ökologischen Wettlauf überrundet (siehe Kapitel 2). Die Menschenaffen, einst die zahlreichsten Primaten in den Wäldern, sind im Niedergang.

Eine Abstammungslinie der Menschenaffen, so scheint es, nutzte schließlich stärker die Waldränder; diese Geschöpfe wagten sich immer weiter aus dem sicheren Wald heraus und suchten ihre Nahrung auf Bäumen, die noch nicht von den Kleinaffen leer gefressen waren. In den lockeren Gehölzen jenseits der Waldränder sind die Abstände zwischen den Bäumen größer, und sie haben kein lückenloses Kronendach. Hier kann man sich nicht mehr nach Art der Kleinaffen durch das Gewirr der Äste fortbewegen, sondern man muß auf den Boden hinuntersteigen und auf der Erde von einem Baum zum nächsten laufen.

Wer aufrecht steht, bleibt länger kühl

In lockerer bewaldeten Gebieten sind Tiere, die sich zwischen den Bäumen fortbewegen, stärker der Sonne ausgesetzt. Peter Wheeler, ein Fachmann für physiologische Ökologie an der John Moores University in Liverpool, untersuchte die Hitzebelastung der vorzeitlichen Menschenaffen, die über die bewaldeten Savannen Afrikas wanderten. Wie seine Berechnungen zeigen, nimmt ein aufrecht gehendes Tier bis zu einem Drittel weniger Strahlungswärme von der Sonne auf, insbesondere um die Mittagszeit, wenn es am heißesten ist. Das hat einen einfachen Grund: Wenn man aufrecht steht, ist ein kleinerer Teil der Körperoberfläche unmittelbar der Sonnenstrahlung ausgesetzt als beim Gehen auf allen vieren – eine Erkenntnis, die alle Sonnenanbeter intuitiv nutzen: Sie legen sich der Länge nach in die Sonne, um einen möglichst großen Teil der Körperoberfläche bestrahlen zu lassen. Im Stehen wird man längst nicht so schnell braun.

Außerdem profitiert man auf zwei Beinen von einer leichten Zunahme der Windgeschwindigkeit. Der Luftwiderstand der Pflanzen und auch des Erdbodens selbst verlangsamt den Wind unmittelbar über dem Boden ganz ähnlich wie eine Bremse, die auf ein Rad wirkt. Ungefähr in einem Meter Höhe führt die zunehmende Windgeschwindigkeit zu einer deutlichen Kühlwirkung. Großen Tieren nützt das ohnehin, aber auch kleinere können davon profitieren, wenn sie sich auf die Hinterbeine stellen. Tiere von den Ausmaßen eines Schimpansen befinden sich mit ihrer Körpergröße gerade in dem engen Bereich, in dem sich das aufrechte Stehen auszahlt. Für kleinere Arten, beispielsweise Paviane, bringt das Stehen auf zwei Beinen keinen Vorteil.

Die Menschenaffen kühlten sich also durch den aufrechten Gang ab und konnten auf diese Weise weiter in offenes Gelände vordringen, um nach Nahrung zu suchen. Dabei kam ihnen ein anderer Faktor zugute. Wenn ein kleinerer Teil der Körperoberfläche den Sonnenstrahlen ausgesetzt ist, besteht auch ein geringerer Bedarf für das Fell, das normalerweise dazu dient, die Haut kühl zu halten. Fell leitet die Wärme nicht und isoliert deshalb gut: Die Haarspitzen können sehr heiß werden, ohne daß die Wärme auf den darunterliegenden Körper übertragen wird.

Nach Wheelers Ansicht entwickelte sich die Haarlosigkeit in der Abstammungslinie, die zum heutigen Menschen führt, schon früh; sie diente dazu, den zusätzlichen Kühleffekt durch das Schwitzen der nackten Haut zu nutzen. Vor den schlimmsten Auswirkungen der Sonnenstrahlung waren die zweibeinigen Menschenaffen durch ihre aufrechte Körperhaltung geschützt, und jetzt war Haarlosigkeit wegen der Kühlwirkung des Windes über der Vegetation am Boden und wegen der Kühlung durch die Verdunstung des Schweißes ein deutlicher Vorteil. So verloren wir unser Fellkleid. Es blieb nur an den Stellen erhalten, die mittags nach wie vor der Sonne ausgesetzt waren, nämlich auf Kopf und Schultern. Peter Wheelers sorgfältige Berechnungen, die sich auf gut gesicherte Gleichungen zur Wärmephysiologie stützen, legen die Vermutung nahe, daß ein haarloser, aufrecht gehender, schwitzender Hominide mit einem Liter Wasser doppelt so weit kommt wie ein behaarter Vierbeiner, und dieser Spareffekt war für die halbnomadischen Hominiden in den offenen Savannen ein gewaltiger Vorteil.

Natürlich wissen wir nicht genau, wann unsere Vorfahren das Fell verloren, denn weiche Gewebe und Haare bleiben fast nie als Fossilien erhalten. Bekannt ist aber, daß sie schon sehr früh aufrecht gingen. Das wird durch zwei Informationsquellen bestätigt. Die eine ist die Form der Hüft- und Beinknochen bei den ältesten fossilen Hominiden. Das halbe Skelett namens Lucy, das Don Johanson 1976 in der Afar-Wüste in Äthiopien ausgrub, umfaßt guterhaltene Becken- und Beinknochen, und diese zeigen eindeutig, daß dieser kleine, frühe Hominide vor 3,3 Millionen Jahren bereits aufrecht ging. Das ist an der Form des Beckens und an den Verbindungen von Knie- und Hüftgelenken eindeutig zu erkennen. Das Becken der heutigen Menschen ist schüsselförmig und bietet den Beinen beim Gehen einen stabilen Widerhalt; bei den Menschenaffen ist es dagegen lang und schmal, so daß es beim Klettern eine bessere Stütze ist. Aus der Form von Lucys Knochen geht eindeutig hervor, daß sie noch nicht ganz wie ein Mensch ging: Sie watschelte ein wenig und hatte nicht den ausbalancierten Gang, der für die heutigen Menschen charakteristisch ist. Außerdem waren ihre Finger länger und mehr gebogen als unsere, und ihr Brustkorb und ihre Arme waren stärker gebaut: ebenfalls Hinweise, daß sie auch an das Klettern in den Bäumen gut angepaßt war. Wenn sie aber auf dem Boden stand, ging sie mit ziemlicher Sicherheit aufrecht.

Den entscheidenden Beleg für diese Behauptung lieferten ungefähr siebzig Fußabdrücke, die unter einer Lavaschicht erhalten blieben; die Lava wurde in der Nähe des Ortes Laetoli im Norden Tansanias vor etwa 3,5 Millionen Jahren von einem Vulkan ausgespien. Dort, auf einem dreißig Meter langen Abschnitt einer früher offenen Ebene, erkennt man drei Spuren, die dicht aufeinander folgen und immer wieder die Fährten einer Antilope und anderer Säugetiere kreuzen. Die Individuen, die damals durch die lockere Lavaasche des nahe gelegenen Vulkans wanderten, konnten diese eindrucksvolle Spur in der Geschichte hinterlassen, weil ein Regenschauer die Asche kurz danach zu einer betonähnlichen Masse härten ließ. Die vermutlich letzten Schritte der kleinen Gruppe wurden unter weiteren Ascheschichten begraben und blieben erhalten, bis die Paläontologin Mary Leakey sie 1978, fast vier Millionen Jahre später, entdeckte.

Daß diese Fußspuren von kleinen, aufrecht gehenden, affenähnlichen Geschöpfen stammen, steht zweifelsfrei fest. Handabdrücke wie von laufenden Pavianen oder Schimpansen gibt es nicht. Außerdem ist der große Zeh wie beim Menschen auf der Vorderseite des Fußes an die anderen Zehen angedrückt und steht nicht rechtwinklig und damit näher an der Ferse wie bei den Menschenaffen. Es handelte sich also tatsächlich um eine zweibeinige Spezies, die regelmäßig und bequem aufrecht ging.

Noch mehr Licht kam in die Sache, als man im südlichen Afrika neue Fossilien fand. Unter ihnen war ein Fuß, bei dem der große Zeh nicht wie bei den heutigen Menschen parallel zu den anderen Zehen steht, aber auch nicht ganz im rechten Winkel zum Fuß wie bei den modernen Menschenaffen. Dieses Fossil, das etwa aus derselben Zeit stammt wie die Fußabdrücke von Laetoli, weist auf ein Tier hin, das zwar schon aufrecht gehen konnte, aber noch in den Bäumen zu Hause war.

Der aufrechte Gang und vermutlich auch die Haarlosigkeit entwickelten sich also in einem sehr frühen Stadium unserer Abstammungsgeschichte, als »wir« noch in sehr vieler Hinsicht Affen waren. Weitere zwei Millionen Jahre oder mehr mußten vergehen, bis unser Gehirn einen deutlich größeren Umfang als das der heutigen Menschenaffen erreichte.

Krise am Waldesrand

Mit ihrem Aufbruch aus dem Wald in die jenseits davon liegenden Savannen verschafften sich die ersten Hominiden den Vorteil, an Nahrungsquellen zu gelangen, um die weniger gekämpft wurde. Die meisten Arten, die in den Gras- und Waldgebieten des östlichen und südlichen Afrikas leben, ernähren sich vorwiegend von Gras oder von den Blättern der Kräuter und kleinen Büsche. Um die Früchte und Samen, die auf den Bäumen und größeren Sträuchern wachsen, konkurrieren nur wenige Arten. Aber im Leben ist nichts umsonst, und um den Vorteil der Nahrungssuche in der neuen Umwelt nutzen zu können, mußten die Menschenaffen jener Zeit ein erheblich höheres Risiko eingehen, Raubtieren zum Opfer zu fallen.

Wie wir bereits erfahren haben, reagieren Primaten auf stärkere Verfolgung im wesentlichen auf zwei Arten: Ihre Körpergröße nimmt zu, und ihre Gruppen erweitern sich. Bei unseren

Vorfahren geschah offenbar beides. Der Körperbau wird bei den Fossilien im Laufe der Zeit immer kräftiger. Die kleine Lucy, die vor etwa drei Millionen Jahren durch die Savannen im Süden Afrikas streifte, war knapp 1,20 Meter groß. Der sogenannte Junge von Turkana, der vor etwa 1,75 Millionen Jahren als Elfjähriger starb und dessen Schädel und Skeletteile Mary Leakeys Sohn Richard 1984 am Turkanasee im Norden Kenias ausgrub, brachte es bereits auf 1,58 Meter. Hätte er weitergelebt, wäre er ein schlanker Erwachsener von 1,80 Meter geworden.

Wenn auch für diese Vormenschen das allgemeine Prinzip der Primaten galt, nahm ihre Gruppengröße aufgrund der gleichen Zwänge wahrscheinlich damals ebenfalls zu. Aber wie können wir heute herausfinden, in was für Gruppen sie sich herumtrieben? Gruppen hinterlassen in den Fossilfunden keine Spuren, und kein renommierter Paläontologe hat jemals ernsthaft Behauptungen über die Gruppengröße aufgestellt (zumindest nicht für die Zeit vor den ersten dauerhaften Lagerplätzen, die vor etwa hunderttausend Jahren auftauchten). Wahrscheinlich werden wir es niemals erfahren.

Aber unsere Entdeckung, daß die Gruppengröße bei Primaten eng mit der Größe des Neocortex zusammenhängt, eröffnete die Möglichkeit, die Gruppengröße für fossile Arten abzuschätzen, wenn auch vielleicht mit einer gewissen Fehlerspanne. Und diese Möglichkeit führt noch zu einer anderen interessanten Aussicht. Der Zusammenhang zwischen Gruppengröße und Kraulzeit bei Primaten erlaubt uns nämlich, eine weitere schwierige Frage zu beantworten: Wann entwickelte sich die Sprache?

Die herkömmliche Lehre bietet zwei Vorschläge an, die sich beide auf sehr indirekte Indizien gründen. Die Archäologen neigen zu einem relativ späten Zeitpunkt vor etwa fünfzigtausend Jahren, denn in den archäologischen Funden dieser Zeit beobachtet man eine tiefgreifende Veränderung, die sogenannte Revolution des oberen Paläolithikums. Zu diesem Zeitpunkt stellt man eine deutliche Veränderung in der Qualität und Vielfalt der Steinwerkzeuge fest. Ein breiteres Spektrum taucht in den folgenden Jahrtausenden auf, das Ahlen und Locher und dann Nadeln, Knöpfe und Spangen einschließt. Vor etwa dreißigtausend Jahren entstanden Kunstwerke wie die hervorragenden Venusfiguren und die Höhlenmalereien. Die Begräbnisse scheinen organisiert gewesen zu sein: Die Leiche wurde in eine sorgfältig vorbereitete Lage gebracht, und oft gab man ihr Gegenstände bei, die im Jenseits hätten nützlich sein können. Das alles läßt darauf schließen, daß die beteiligten Menschen sich gegenseitig etwas erklärten und auch über komplizierte metaphysische Begriffe wie Tod und Jenseits sprechen konnten.

Die Anatomen dagegen bevorzugen ein früheres Datum, spätestens vor etwa zweihundertfünfzigtausend Jahren, als die ersten Mitglieder unserer eigenen Art, des *Homo sapiens*, auftauchten. Ihre Beweise stützen sich im wesentlichen auf die Tatsache, daß man ungefähr für diese Zeit eine Asymmetrie der beiden Gehirnhälften nachweisen kann. Bei den heutigen Menschen ist die linke Gehirnhemisphäre, in der die Sprache angesiedelt ist, größer als die rechte (mehr darüber im nächsten Kapitel). Nach ihrer Ansicht ist das ein klares Indiz für die Entstehung der Sprache.

Die Meinungsverschiedenheiten zwischen Archäologen und Anatomen erschienen unüberwindlich, weil jede Seite ihre Ansicht mit Befunden aus dem eigenen Fachgebiet belegen konnte. Leslie Aiello und ich glaubten, wir könnten die Debatte beenden, wenn wir nur imstande wären, die Frage nach der Gruppengröße bei unseren ältesten Vorfahren zu beantworten. Dabei argumentierten wir folgendermaßen:

Wir wußten, daß kein Primat mehr als zwanzig Prozent seiner Zeit mit sozialem Kraulen verbringt. Da die heutigen Kleinaffen damit gut zurechtkommen (und wahrscheinlich noch ein wenig mehr schaffen, wenn man sie dazu veranlaßt), muß die Schwelle, die die Evolution der Sprache auslöst, irgendwo darüber liegen. Wir wissen aber auch, daß sie deutlich unter den 40 Prozent »Sozialarbeit« liegen muß, die unsere Gleichungen für Gruppen heutiger Menschen voraussagen (siehe Seite 92 ff.). Zwischen diesen beiden Werten, vielleicht bei 30 Prozent Sozialzeit, lag der große Rubikon der Sprachentstehung. Genau, so schien es, würden wir es jedoch niemals wissen, denn wir konnten weder den Umfang des Neocortex noch die Gruppengröße genau ermitteln, die beiden entscheidenden Variablen für die Berechnung der Kraulzeit.

Eines Abends, als wir über diesem Problem brüteten, fiel uns auf, daß der Anteil des Gehirns, den der Neocortex ausmacht, bei Primaten (einschließlich des heutigen Menschen und, wie später bekannt wurde, auch der Raubtiere) unmittelbar mit der Gesamtgröße des Gehirns zusammenhängt. Über den Neocortex der fossilen Hominiden wissen wir natürlich überhaupt nichts, aber wir verfügen über zahlreiche vollständige oder fast vollständige Schädel, anhand derer man die ungefähre Gesamtgröße des Gehirns angeben kann. Es dürfte also nicht schwer sein, den Volumenanteil des Neocortex aufgrund der inneren Abmessungen der Schädel abzuschätzen und dann mit Hilfe des zuvor gefundenen Zusammenhangs zwischen Neocortex- und Gruppengröße die Zahl der Gruppenmitglieder zu berechnen (siehe Abbildung 2, Seite 85).

Den nächsten Tag verbrachten wir mit hektischen Berechnungen, wobei wir die Zahlen doppelt absicherten und die Logik unserer Argumentation immer wieder überprüften.

Schließlich erschien auf dem Computerbildschirm und dann am Drucker siegessicher die Abbildung 3. Sie läßt vermuten, daß die Gruppengröße anfangs nur langsam wächst. Außerdem bleibt sie bis zu der Zeit vor etwa zwei Millionen Jahren völlig in dem Spektrum der Gruppengrößen, das man auch bei den heute lebenden Menschenaffen (insbesondere Schimpansen) beobachtet. Um diesen Zeitpunkt taucht in den Fossilfunden die neue Gattung *Homo* auf, zu der auch wir heutigen Menschen gehören. Nun steigt die Gruppengröße zum ersten Mal über die Obergrenze, die man bei heutigen Primaten beobachtet. Danach wächst die Gruppengröße exponentiell an, und vor ungefähr hunderttausend Jahren erreichte sie den Wert von 150, den man bei den heutigen Menschen findet (siehe Kapitel 4).

Die zentrale Frage lautet: Wann überschritt die Gruppengröße die Schwelle, oberhalb derer Sprache notwendig wurde? Beim Betrachten der Zahlen für die zugehörigen Kraulzeiten (siehe Abbildung 4) gelangten wir zu dem Schluß, daß die Indizien stark für den früheren der beiden Zeitpunkte sprechen. Vor 250 000 Jahren lag die Gruppengröße bereits im Bereich von 120 bis 130, und für die Kraulzeit muß man 33 bis 35 Prozent ansetzen (also einen Wert deutlich oberhalb der kritischen 30-Prozent-Marke.

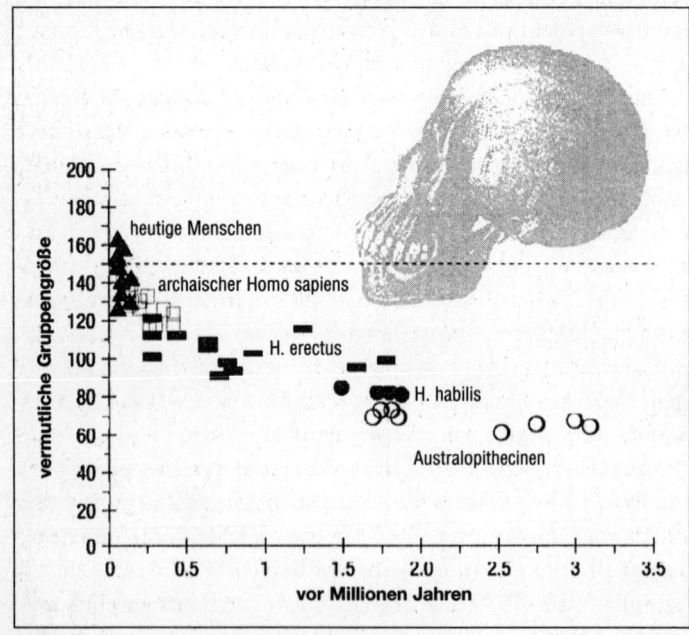

Abbildung 3 Vermutliche Gruppengröße verschiedener fossiler Hominidenpopulationen im Verhältnis zu ihrem Alter. Die Zahl der Individuen in der Gruppe ergibt sich aus dem allgemeinen Zusammenhang zwischen Gruppen- und Neocortexgröße bei Primaten (siehe Abbildung 2). Dargestellt sind die Werte für fünf Hauptgruppen der Hominiden: Australopithecinen (die ältesten Hominiden), *Homo habilis* (das erste Mitglied unserer eigenen Gattung), *Homo erectus* (der erste Hominide, der von Afrika nach Europa und Asien wanderte), der arachaische *Homo sapiens* (die ersten Mitglieder unserer eigenen Spezies, darunter die Neandertaler Europas und des Nahen Ostens) und der fossile moderne *Homo sapiens* (im wesentlichen der Cromagnonmensch in Europa und seine afrikanischen Verwandten). Die relative Neocortexgröße wurde anhand des gesamten Gehirnvolumens geschätzt. Jeder Punkt stellt den Mittelwert für eine Population dar (definiert als alle fossilen Exemplare von derselben Fundstelle mit einem Altersabstand von nicht mehr als 50 000 Jahren). Die waagerechte Linie bezeichnet die Gruppengröße von 150, die man für die heutigen Menschen erwartet.

Bei genauerem Hinsehen lassen die Zahlen sogar vermuten, daß wir den Zeitpunkt noch weiter in die Vergangenheit verlegen müssen. Die ersten Angehörigen unserer Spezies tauchten vor ungefähr fünfhunderttausend Jahren auf, und für sie sagt die Gleichung eine Gruppengröße von 115 bis 120 sowie eine Kraulzeit von 30 bis 33 Prozent voraus. Die Schlußfolgerung erscheint unausweichlich: Mit dem Auftauchen unserer eigenen Spezies, des *Homo sapiens*, tauchte auch die Sprache auf.

Unsere unmittelbaren Vorgänger, die letzten Angehörigen der Spezies *Homo erectus*, die noch ein relativ kleines Gehirn hatte, dürften wahrscheinlich bereits auf das gleiche Problem gestoßen sein. Ihre Gruppen waren schon so groß, daß sie an die 30-Prozent-Grenze stießen. Die Gruppengröße lag aber meist bei 100 bis 120, so daß eine Kraulzeit von 25 bis 30 Prozent erforderlich war. Leslie Aiello und ich gelangten zu der Ansicht, daß der *Homo erectus* noch keine Sprache besaß, aber für die allerletzten Angehörigen der Spezies kann man darüber vermutlich streiten.

Als wir die Muster in den Abbildungen 3 und 4 genauer betrachteten, fiel uns noch etwas anderes auf: Es gibt bei der Kraulzeit keinen großen Sprung, der auf das Überschreiten eines Rubikon hinweisen würde. Wäre die entscheidende Phase mit dem Auftauchen der Gattung *Homo* vor etwa 2,5 Millionen Jahren zusammengefallen, hätten wir daraus schließen können, daß die Sprache recht plötzlich entstanden sei. Einen solchen »Urknall« gibt es aber vor ungefähr einer halben Million Jahren nicht, und das legt die Vermutung nahe, daß die Sprache sich nicht als Ergebnis einer tiefgreifenden neuen Mutation entwickelte, sondern langsam und über eine lange Zeit hinweg.

Offenbar verlief die Evolution in der Sprache, wie wir sie heute kennen, in mindestens drei Stadien, wobei sie immer komplexer wurde, weil die Anforderungen durch die wachsende Gruppengröße immer mehr zunahmen. Ihren Ursprung hat sie nach unserer Annahme in den Kontaktrufen, die für die höher entwickelten Altwelt- und Menschenaffen charakteristisch sind. Wie wir in Kapitel 3 gesehen haben, dienen die Rufe bei diesen Arten als eine

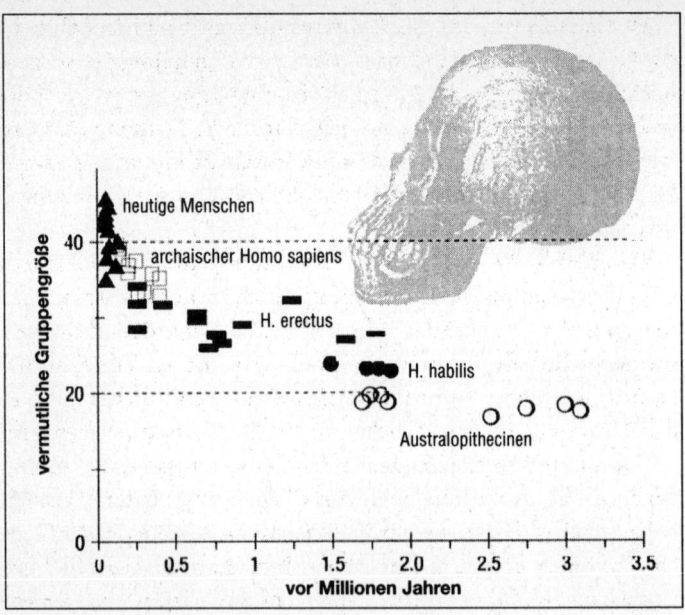

Abbildung 4 Vermutliche Kraulzeit für verschiedene fossile Hominidenpopulationen zu verschiedenen Zeitpunkten. Die angegebenen Kraulzeiten leiten sich aus dem beobachteten Verhältnis zwischen Kraulzeit und Gruppengröße bei den heutigen Klein- und Menschenaffen der Alten Welt ab, wobei die Gruppengröße der fossilen Hominiden anhand der Neocortexgröße geschätzt wurde (siehe Abbildung 3). Die obere waagerechte Linie bezeichnet die Notwendigkeit von 40 Prozent Kraulzeit, die man für den heutigen Menschen mit seiner Gruppengröße von 150 vorhersagen würde; die untere zeigt die längste Kraulzeit, die man heute bei lebenden Primaten beobachtet (20 Prozent bei Dscheladas).

Art »Kraulen auf Distanz«. Als der Zeitdruck immer größer wurde, hielten die Tiere einen ständigen Strom von Geschnatter aufrecht. Sein Inhalt war praktisch gleich null, ganz ähnlich wie bei den Grußformeln, die in unseren Unterhaltungen so häufig vorkommen. Man denke nur an das abgedroschene »Kommst du oft hierher?« Diese Frage erfordert keine sorgfältig überlegte Antwort, sondern sie ist ein Eröffnungszug, ein vorsichtiges Suchen nach einer Antwort wie »Ja, ich würde mich gerne die nächste halbe Stunde mit dir unterhalten, danke...«

Wir postulieren, daß das »akustische Kraulen« mit zunehmender Gruppengröße immer stärker zu einer Ergänzung des körperlichen Vorgangs wurde. Diese Entwicklung begann mit dem Auftauchen des *Homo erectus* vor ungefähr zwei Millionen Jahren. Allmählich verlagerte sich das Schwergewicht immer mehr vom körperlichen Kraulen auf den vokalen Austausch als Bindungsmechanismus.

Schließlich war auch diese Ausdrucksform mit ihrer Fähigkeit, Gruppen zusammenzuhalten, am Ende. Jetzt war ein wirksamerer Mechanismus notwendig, damit die Gruppengröße ihre Aufwärtsentwicklung fortsetzen konnte. Von nun an erhielten die Lautäußerungen eine Bedeutung, aber im wesentlichen ging es dabei um zwischenmenschliche Inhalte: Der Tratsch war geboren.

Dabei muß keine dramatische Wandlung stattgefunden haben, denn wie die Untersuchungen von Cheney und Seyfarth gezeigt haben, sind auch Primaten mit ihren Lautäußerungen in der Lage, eine Menge über andere mitzuteilen. Die einzelnen Teile des Puzzles waren also bereits vorhanden und mußten nur noch zu einem einheitlichen System zusammengefügt werden. Und der anhaltende Trend zu größeren Gruppen lieferte im richtigen Augenblick den richtigen Anstoß.

Tatsächlich konnten die Menschen die größere Effizienz der Sprache als Bindungsmechanismus nutzen, der es ihnen ermöglichte, in größeren Gruppen zu leben, ohne daß sie mehr Zeit für die Kontaktpflege aufwenden mußten. Diese Vermutung ergibt sich aus der Tatsache, daß heutige Jäger und Sammler dem sozialen Austausch offenbar ungefähr den gleichen Teil ihrer Zeit widmen wie die heutigen Dscheladas (jene Art, die unter den nichtmenschlichen Primaten den Rekord für die Kraulzeit hält). In einer Untersuchung mit dem Stamm der Kapanora in Neuguinea stellte sich beispielsweise heraus, daß Männer an einem durchschnittlichen Zwölfstundentag 3,5 Stunden für soziale Interaktion aufwenden, während dieser Anteil für Frauen bei 2,7 Stunden liegt. Mit anderen Worten: Diese Menschen verbringen durchschnittlich ein Viertel ihrer Zeit mit zwischenmensch-

lichen Kontakten, im Vergleich zu 20 Prozent bei den Dscheladas.

Erst sehr viel später, nämlich vielleicht nach weiteren vierhunderttausend Jahren, erkennt man erste Anzeichen für eine Symbolsprache, die geeignet ist, abstrakte Vorstellungen zu benennen.
In diese Phase zeigt sich in der Fossildokumentation eine plötzliche Veränderung in Stil, Qualität und Vielfalt der Steinwerkzeuge. Während der vorangegangenen zwei Millionen Jahre hatte
es, was die Art der allgemein verwendeten Werkzeuge anging, so
gut wie keine Weiterentwicklung gegeben. Sowohl die Art der
Geräte als auch die Komplexität ihrer Gestaltung waren begrenzt,
und genauso verhielt es sich demnach auch mit den Fähigkeiten,
die zu ihrer Herstellung erforderlich waren. Meist handelte es
sich nur um einfache Schaber und Faustkeile ohne großen künst-
lerischen Wert. Dann aber ändert sich das Bild sehr plötzlich. Die
Werkzeuge werden raffinierter und sind feiner gestaltet. Bei den
Fossilfunden im südlichen Afrika treten Substanzen wie roter
Ocker auf, die den Indizien zufolge gemahlen oder gerieben wurden – ein Hinweis, daß man sie vermutlich zum Färben der Haut
oder zur Körperbemalung verwendete. Damit haben wir erste
Hinweise auf Rituale. Die kulturelle Revolution hatte begonnen.

Damit scheint auch eine andere Streitfrage gelöst zu sein, die
jahrelang im Raum stand: Hatten die Neandertaler eine Sprache?
Die Neandertaler lebten während der Eiszeiten seit etwa hundert-
zwanzigtausend Jahren in Europa und verschwanden vor ungefähr dreißigtausend Jahren recht plötzlich; zuvor hatten sie eine
Zeitlang mit den Cromagnonmenschen zusammengelebt, den
Vorfahren der heutigen Menschen, die vor fünfzigtausend Jahren
in Afrika aufgetaucht waren. Der Anatom Philip Liebermann behauptete immer, die Neandertaler hätten nicht über Sprache verfügt, weil ihr Kehlkopf (der das obere Ende der Luftröhre ab-
schließt) zu hoch im Hals gelegen habe, um Vokale hervorbringen
zu können. Nach seiner Annahme lag der Kehlkopf bei den Neandertalern im wesentlichen in der gleichen Position wie bei den
Schimpansen, die solche Laute nachgewiesenermaßen nicht er-

zeugen können. Demnach seien die schwerfälligen Neandertaler, die nur durch Grunzen und Schreien hätten kommunizieren können, von den großen, schlanken modernen Menschen, die mit ihrer hochentwickelten Kultur und Sprache aus Afrika gekommen seien, überrannt worden.

In Zweifel gezogen wurden Liebermanns Behauptungen jedoch durch die Entdeckung eines fast vollständigen Neandertalerskeletts in Israel, bei dem das Zungenbein – der winzige Knochen, der den Kehlkopf und das Hinterende der Zuge verbindet – noch an Ort und Stelle war. Offenbar lag der Kehlkof bei den Neandertalern doch ungefähr an der gleichen Stelle wie bei uns, also so tief im Rachen, daß er das ganze Lautspektrum hervorbringen konnte. Anatomisch sieht es so aus, als hätten sie eine Sprache gehabt, und unsere Analysen sprechen ebenfalls dafür. Das Gehirn der Neandertaler war vermutlich sogar geringfügig größer als das der heutigen Menschen (sie waren insgesamt größer und viel kräftiger als wir), so daß ihre Gruppen ebenso groß gewesen sein müßten wie bei den modernen Menschen. Die Kraulzeit lag also weit jenseits der erträglichen Grenzen. Und wenn sie ihr Gehirn nicht nach Menschenart zur Aufrechterhaltung von Gruppen nutzten, was fingen sie dann damit an? Sie müßten damit etwas ganz anderes getan haben als alle heute lebenden Primaten einschließlich des Menschen.

Wenn die Neandertaler von den Eindringlingen aus Afrika ausgerottet wurden, dann nicht, weil ihnen die Sprache fehlte, sondern weil sie nicht über die hochentwickelte Kultur und das Sozialverhalten unserer afrikanischen Vorfahren verfügten. Die Steinwerkzeuge und andere Artefakte der Cromagnonmenschen waren nicht nur viel raffinierter und komplizierter als die der Neandertaler, es gibt auch Hinweise dafür, daß die Cromagnonmenschen mit Muschelschalen, Feuerstein und anderen Mineralien über große Entfernungen hinweg handelten. Sie hatten eindeutig komplexere und weiterreichende Sozialbeziehungen als die Neandertaler.

Nach neueren Befunden von vielen Ausgrabungsstätten in

Israel pflegten die Neandertaler eine eher seßhafte Lebensweise, während die modernen Menschen, die zu jener Zeit in der gleichen Gegend lebten, als Nomaden der wechselnden Verteilung der Nahrungsquellen folgten. Offenbar waren die letzteren also ökologisch anpassungsfähiger. Das Schicksal der Neandertaler hat eine geradezu beängstigende Ähnlichkeit mit dem der Indianer und australischen Aborigines unter der Herrschaft der späteren Europäer, die als Eindringlinge kamen und über eine weiter verzweigte politische und militärische Machtgrundlage verfügten. Alte Gewohnheiten, so scheint es, sind hartnäckig – allerdings sollte man in dem zuletzt genannten Fall daran denken, daß alle Beteiligten (Europäer, Indianer und Australier) direkte Nachkommen der afrikanischen Cromagnon-Eindringlinge sind.

Damit sind wir bei dem letzten Rätsel: Was war die Ursache dafür, daß die Gruppengröße wuchs? Die Antwort lautet kurz und bündig: Wir wissen es nicht. Aber wir können ein paar Vermutungen wagen. Nach der herkömmlichen Lehre gibt es bei Primaten zwei Faktoren, die große Gruppen begünstigen: einerseits das Risiko des Gefressenwerdens und andererseits die Notwendigkeit, Nahrungsquellen zu verteidigen. Aber wenn Paviane in Gruppen von fünfzig Individuen zurechtkommen, ist nur schwer einzusehen, warum später die Menschen und ihre unmittelbaren Vorläufer dreimal so große Gruppen gebraucht haben sollen. Sie sind größer als Paviane (und hatten recht anständige Verteidigungswaffen zur Hand), und das sollte eigentlich bedeuten, daß ihnen in dem gleichen Lebensraum eine geringere Gruppengröße genügt. Tatsächlich beobachtet man auch genau das: In den Savannen leben Paviane in Rudeln von 50 bis 60 Individuen, die Jäger und Sammler des östlichen und südlichen Afrikas dagegen wohnen zu 30 bis 35 Personen in vorübergehenden Lagern.

Natürlich drangen unsere Vorfahren vermutlich auch in Lebensräume vor, die weniger dicht bewaldet waren als die im Gehölz befindlichen Reviere der Paviane und die Wälder, welche die Schimpansen schätzen. Deshalb brauchten sie wegen der größeren Verfolgungsgefahr wahrscheinlich auch größere Gruppen. Einige Hinweise, die diese Vermutung stützten, liefern die heutigen Dscheladas. Diese Spezies lebt in sehr offenen Gebieten, wo nur wenige Bäume Zuflucht vor natürlichen Feinden bieten; gleichzeitig bilden sie von allen heutigen Primaten die größten natürlichen Gruppen (in der Regel 100 bis 250 Tiere). Außerdem entspricht die Gruppengröße der Gefahr durch natürliche Feinde in dem jeweiligen Lebensraum: Wo weniger Zufluchtsorte zur Verfügung stehen, sind die Rudel größer.

Eine zweite Möglichkeit bestünde darin, daß die Bedrohung nicht von den üblichen natürlichen Feinden, sondern von anderen Menschengruppen ausging. Das hätten Überfälle sein können (bei denen beispielsweise Frauen geraubt wurden, wie es noch heute bei manchen Jägern und Sammlern geschieht) oder aber Konkurrenzkämpfe um Nahrung und/oder Wasser. Die Zunahme von Gruppen- und Körpergröße läßt sich mit solchen Problemen ebensogut erklären wie mit der Gefahr durch natürliche Feinde. Es ist genau die Situation, in der ein »Rüstungswettlauf« einsetzt: Die Angreifer bilden größere Gruppen, damit die Überfälle besser gelingen, also braucht man noch größere Gruppen, um sich zu schützen, und deshalb müssen die Angreifer ihre Gruppen wiederum vergrößern und so weiter, bis die ökologischen Grenzen erreicht sind (vielleicht weil nur eine bestimmte Zahl von Individuen ernährt werden kann).

Eine dritte Möglichkeit ergibt sich aus der Erkenntnis, daß früh in der zweiten Evolutionsphase des Menschen (nach dem Auftauchen des *Homo erectus* vor zwei Millionen Jahren) eine tiefgreifende Änderung des ökologischen Verhaltens eintrat: Unsere Vorfahren wurden zu Nomaden. Zum ersten Mal überquerten sie die arabische Landbrücke nach Asien, und nach wenigen hunderttausend Jahren hatten sie China und die südostasiatische Inselwelt erreicht.

Diese Ausbreitung des Nomadentums legt die Vermutung nahe, daß die Gruppen große Gebiete durchstreiften und auch nicht davor zurückschreckten, auf der Suche nach Nahrung ihre bisherigen Grenzen zu überschreiten und Neuland zu betreten.

Tiere stehen in einer solchen Situation zwei Problemen gegenüber. Erstens kennen sie das vor ihnen liegende Gebiet nicht, das heißt, sie wissen nicht, wo sich sichere Zufluchtsorte und gute Futterplätze befinden. Wie Hans Sigg und der verstorbene Alex Stolbe, zwei Schweizer Biologen, vor einiger Zeit zeigen konnten, finden die gelegentlich nomadisch lebenden Mantelpaviane auf den Streifzügen außerhalb ihres Reviers deutlich seltener Wasserstellen und Bäume zum Fressen als die Gruppen, die in dem betreffenden Gebiet ansässig sind. Und zweitens können die einheimischen Gruppen ihnen den Zugang zu solchen lebenswichtigen Ressourcen aktiv verwehren (und Wasserlöcher sind in der heißen Savanne absolut unentbehrlich). Migranten sind immer im Nachteil.

Der einzige Weg zur Lösung dieses Problems sind wahrscheinlich Bündnisse auf Gegenseitigkeit mit benachbarten Gruppen. Dabei teilen sich mehrere Gruppen ihre Wasserlöcher und andere lebenswichtige Reserven. Auf diese Weise würde eine Allianz locker verbündeter Gruppen entstehen, deren Mitglieder kommen und gehen, sich mischen und trennen können, wie es ihnen gerade beliebt. Genau das beobachtet man auch bei heutigen Jägern und Sammlern.

Die in der Kalahari beheimateten !Kung San[1] zum Beispiel leben in Gemeinden von 100 bis 200 Personen, die jeweils um mehrere ständige Wasserstellen konzentriert sind und für diese das »Eigentumsrecht« haben. Die gesamte Gemeinde tritt aber nur selten als Gruppe auf. Meist streifen ihre Mitglieder in Gruppen von 25 bis 40 Menschen (in der Regel vier bis sechs Familien) durch die Gegend. Die ständigen Wasserstellen sind die Lebensadern der Gruppe und bieten in Dürrezeiten, wenn die saisonalen Wasserstellen austrocknen, eine sichere Zuflucht. Ein solches Gesellschaftssystem bezeichnet man als Spalt- und Fusionssystem, weil seine Mitglieder ständig kommen und gehen. Das gleiche Kennzeichen haben auch die Schimpansen, nur sind ihre Gruppen kleiner.

Schimpansengemeinden haben in der Regel etwa 55 Mitglieder, und an den Streifzügen durch den bewaldeten Lebensraum nehmen oft nur drei bis fünf Individuen teil. Aber da wir diese Eigenschaft mit den Schimpansen teilen, liegt die Vermutung nahe, daß die Vorläufer der heutigen menschlichen Gesellschaftsformen schon in den frühesten Phasen unserer Geschichte entstanden sind.

Für jede der drei Möglichkeiten sprechen bestimmte Indizien. Wenn ich raten sollte, welche davon vermutlich richtig ist, würde ich mich für die letzte entscheiden, einerseits, weil sie zum Verhaltensmuster der heutigen Jäger und Sammler paßt, und andererseits, weil wir dieses offenbar mit den Schimpansen gemeinsam haben.

Die Prüfung der Hypothese

Wenn die Sprache sich entwickelte, um den Zusammenhalt größerer Gruppen zu erleichtern, sollte man an ihr Merkmale nachweisen können, die diesem Zweck dienen. Eines wäre, daß Gesprächsgruppen proportional größer sein sollten als die üblichen Kraulgruppen der Primaten. Ein anderes: Die Zeit der Gespräche sollte vorwiegend dem Austausch sozialer Informationen dienen. Letzteres wäre zumindest in einem gewissen Sinn ein stichhaltiges Argument zugunsten der Hypothese, denn nach der herkömmlichen Lehre gibt es die Sprache, weil sie den Austausch von Informationen über unsere Umwelt vereinfacht – das heißt, wir verbringen unsere Zeit mit Gesprächen über den Büffel unten am See.

Um diese Voraussagen zu überprüfen, studierten meine Studenten und ich Gesprächsgruppen an verschiedenen Orten. Wir stellten dabei nur die Bedingung, daß die betreffenden Personen sich in einer entspannten Situation mit Bekannten austauschen sollten. Förmliche Situationen, in denen die Regeln des Gesprächs oft absichtlich enger gefaßt sind, wollten wir vermeiden. Wir testeten Gespräche in Cafeterias von Universitäten, bei öffentlichen

Empfängen, bei Brandschutzübungen (wenn alle auf die Entwarnung warteten, um wieder in das geräumte Gebäude gehen zu können), in Eisenbahnzügen und Kneipen.

Als erstes stellten wir fest, daß die Gesprächsgruppen nicht unbegrenzt groß sind. Für die Zahl der Personen, die sich an einer Unterhaltung beteiligen können, scheint vier eindeutig die Obergrenze zu sein. Wenn Sie das nächste Mal an einer gesellschaftlichen Veranstaltung wie einem Empfang oder einer Party teilnehmen, sehen Sie sich einmal um. Wie Sie feststellen werden, beginnt ein Gespräch, wenn zwei oder drei Personen miteinander reden. Zu gegebener Zeit kommen nach und nach weitere Teilnehmer hinzu. Sprecher und Zuhörer versuchen, die Hinzugekommenen in die Unterhaltung einzubeziehen, indem sie das Wort an sie richten oder einfach beiseite treten, um sie in den Kreis aufzunehmen. Aber wenn der Kreis auf fünf Personen angewachsen ist, geht etwas schief. Die Gruppe wird instabil: Trotz aller Bemühungen (und die Gruppen bemühen sich oft) erweist es sich als unmöglich, die Aufmerksamkeit aller Beteiligten wachzuhalten. Statt dessen reden plötzlich zwei Personen miteinander, so daß innerhalb einer Gruppe ein Konkurrenzgespräch entsteht. Schließlich lösen sie sich und bilden eine neue Gesprächsgruppe. Das Ganze ist ein bemerkenswert stabiles Merkmal des menschlichen Gesprächsverhaltens, und ich garantiere Ihnen, daß Sie es bemerken werden, wenn Sie nur ein paar Minuten lang die Menschen in gesellschaftlicher Gruppierung beobachten.

Da immer nur eine Person sprechen kann (abgesehen von kurzfristigen Überschneidungen oder Versuchen, sich einzumischen), bedeutet in Gesprächsgruppen eine Obergrenze von vier, daß es drei Zuhörer gibt. Diese Zahl ist besonders interessant, denn sie ist dreimal so hoch wie die Zahl der Beteiligten beim normalen Kraulen, bei dem es immer nur einen Kraulenden und einen Gekraulten gibt. Der höchste Mittelwert für die Gruppengröße, den man bei Primaten beobachtet, liegt bei 55 und gilt für Schimpansen (man beachte, daß es sich hier um die *mittlere* Gruppengröße handelt und nicht um die größte Gruppe, die bei der jeweiligen

Spezies beobachtet wurde). Das *könnte* ein außergewöhnlicher Zufall sein, aber die vorausberechnete (und beobachtete) Größe der heutigen Menschengruppen ist mit 150 Personen fast genau dreimal so groß. Mit anderen Worten: Das Verhältnis zwischen den Gruppengrößen ist genauso groß wie das Verhältnis der Zahlen von Individuen, mit denen man zur gleichen Zeit in Wechselbeziehung treten kann: eines bei kraulenden Affen, drei bei Menschen, die sich unterhalten. Nach meiner Überzeugung sind die Gruppen bei Menschen genau deshalb dreimal so groß wie bei Schimpansen, weil Menschen mit dem gleichen Aufwand dreimal so viele Sozialkontakte unterhalten können.

Noch faszinierender wurde die Geschichte, als ich entdeckte, daß die Größenbegrenzung für die Gesprächsgruppen der Menschen kein durch gesellschaftliche Regeln bedingter Zufall zu sein scheint. Wie sich vielmehr herausstellte, erwächst sie aus den Beschränkungen unseres Hörapparats. Unsere Fähigkeit, die Aussagen anderer aufzunehmen, reicht gerade aus, damit wir uns in Gruppen dieser Größe unterhalten können. In den fünfziger und sechziger Jahren untersuchte man eingehend, wie sich eine geräuschvolle Umgebung auf die Verständlichkeit von Sprache auswirkt, und dabei gelangte man zu zwei Erkenntnissen, die für uns besonders interessant sind.

Erstens wird es für einen Zuhörer immer schwieriger, die gesprochenen Worte aufzunehmen, wenn zwischen Hörer und Sprecher ein Abstand von mehr als 60 Zentimetern liegt. Man berechnete, wie sich die Spracherkennung mit wachsender Distanz zwischen Sprecher und Hörer verschlechtert. Es stellte sich heraus, daß es bei minimalem Geräuschpegel eine absolute Grenze von etwa 1,50 Meter gibt; ist der Hörer weiter entfernt, bekommt er von dem Gesprochenen einfach nicht mehr genügend mit. Bei größeren Abständen muß der Sprecher schreien. Dan Nettle, einer meiner Studenten, konnte sogar nachweisen, daß die Lautstärke, mit der in verschiedenen Kulturkreisen üblicherweise gesprochen wird, umgekehrt proportional zur Zahl der Vokale in der Sprache ist und damit auch zu der Leichtigkeit, mit der man die Laute der

Sprache unterscheiden kann. In Kulturen, die übermäßig engen Körperkontakt verabscheuen, sprechen die Leute lauter, und man kann die Vokale leicht voneinander unterscheiden.

Selbst wenn man den Abstand von Schulter zu Schulter mit 15 Zentimetern sehr niedrig ansetzt, setzt ein Kreis mit einem Durchmesser von 1,50 Meter eine Obergrenze von sieben Personen, die hören können, was ein Sprecher sagt. Nimmt der Geräuschpegel jedoch zu, so daß der größte erträgliche Abstand zwischen Hörer und Sprecher geringer wird, nimmt entsprechend auch die Zahl der Menschen ab, die man in den Kreis einbeziehen kann. Bei dem typischen Lärm einer Stadtstraße oder eines belebten Büros liegt die Grenze für die Gruppengröße ungefähr bei fünf. Auf sehr lauten Cocktailpartys sinkt sie bis auf zwei (und selbst das ist unter Umständen mühsam).

Die zweite Voraussage, die sich aus der Hypothese der sozialen Sprache ergibt, lautete: In den Unterhaltungen herrschen zwischenmenschliche Themen vor. Wir hörten uns Unterhaltungen überall in England an, testeten dabei Menschen aller Altersstufen und unterschiedlicher sozialer Herkunft. Dabei bedienten wir uns einer sehr einfachen Methode. Wir fragten uns alle dreißig Sekunden: »Worüber redet er/sie *jetzt?*« Dabei beobachteten wir immer das gleiche Muster: Die Gespräche drehen sich zu etwa zwei Dritteln um zwischenmenschliche Belange. Dazu gehören Diskussionen über private Beziehungen, persönliche Vorlieben und Abneigungen, persönliche Erlebnisse, das Verhalten anderer und ähnliches. Kein anderes Thema nahm mehr als zehn Prozent der Gesprächszeit in Anspruch, und die meisten kamen nur auf zwei bis drei Prozent. Hierher gehören alle Themen, denen man für unser geistiges Leben eine große Bedeutung beimessen könnte, wie Politik, Religion, Ethik, Kultur und Beruf. Selbst Sport und Freizeitgestaltung brachten es zusammen auf gerade einmal zehn Prozent.

Nachdem wir diese Untersuchungen abgeschlossen hatten, stellten wir fest, daß auch andere Wissenschaftler Gespräche getestet hatten. Nicholas Emler, ein Psychologe an der Universität Oxford, interessierte sich ebenfalls besonders für den Tratsch und seine Zwecke. Er hatte früher an der Universität Dundee gearbeitet und Unterhaltungen in Schottland gelauscht; dabei gelangte er ebenfalls zu einem Wert von sechzig bis siebzig Prozent für zwischenmenschliche Themen. Demnach, so seine Schlußfolgerung, besteht eine der wichtigsten Funktionen des Tratsches darin, daß er uns die Möglichkeit verschafft, das Ansehen anderer Menschen wie auch das eigene auszukundschaften (und natürlich zu beeinflussen). Beim Tratschen geht es nach seiner Überzeugung um die Steuerung des Ansehens.

Insgesamt sprechen diese Beobachtungen stark für die Annahme, daß die Sprache sich entwickelte, um die Bindung in den sozialen Gruppen zu vereinfachen, und daß sie diesen Zweck vor allem dadurch erfüllt, daß sie den Austausch sozial bedeutsamer Informationen ermöglicht.

Die Hypothese des teuren Gewebes

Die Evolution des Gehirns bei den Urmenschen und die daraus erwachsende Sprachfähigkeit werfen einige grundlegende Fragen auf. Das Gehirn ist das mit Abstand »teuerste« Gewebe in unserem Organismus. Es unterscheidet sich von anderen Körpergeweben durch die außerordentlich hohe Aktivität, die es auch im Ruhezustand beibehält. Nervenzellen funktionieren, weil sie an ihrer Membran ein elektrisches Potential aufrechterhalten, und dazu pumpen sie Natriumionen (freie, geladene Atome) nach außen und Kaliumionen nach innen. Wenn sie die Schleusen öffnen, entsteht die elektrische Flutwelle, die wir als Nervenimpuls bezeichnen. Da die Ionen von sich aus von der Membranseite mit der höheren Konzentration auf die mit niedrigerer Dichte strömen würden, muß ein besonderer Mechanismus sie in die andere Richtung befördern, damit die Nerven immer bereit sind, Impulse abzugeben. Diese Ionenpumpen verbrauchen eine Menge Energie, um das elektrische Potential auf der für die Funktionsbereitschaft der Nervenfortsätze (Axone) richtigen Höhe zu halten.

Auch die Produktion der Neurotransmitter, die solche elektrischen Entladungen von einer Nervenzelle zur nächsten übertragen, ist sehr aufwendig, und um sie nach jedem Nervenimpuls neu zu bilden, wird ebenfalls viel Energie gebraucht. Die Erhaltung von Nervengewebe erfordert je Kilogramm etwa zehnmal soviel Aufwand wie bei anderen Körpergeweben: Das Nervensystem verbraucht zwanzig Prozent der von unserem Organismus produzierten Energie, obwohl es nur etwa zwei Prozent seines Gewichtes ausmacht.

Damit stehen wir vor einem Problem. Wie wir in Kapitel 4 erfahren haben, ist das Gehirn des heutigen Menschen ungefähr neunmal größer, als man es bei einem Säugetier mit unserem Körpergewicht erwarten würde, und es wiegt immer noch sechsmal soviel wie bei einem Primaten unserer Größe. Die gesamte Energieproduktion hängt aber unmittelbar mit der Körpergröße zusammen. Selbst wenn wir also ein viel größeres (und damit energieaufwendigeres) Gehirn haben, als es für Primaten typisch ist, entspricht die gesamte Energieproduktion unseres Organismus genau dem, was man für ein typisches Säugetier unserer Größe erwartet. Wie schaffen wir es, ein größeres Gehirn zu unterhalten, ohne daß wir über zusätzliche Energie verfügen?

Wie Leslie Aiello und Peter Wheeler vor kurzem deutlich gemacht haben, lautet die Antwort: Unser Darm ist viel kleiner, als bei einem Säugetier unserer Größe zu erwarten wäre. Sie untersuchten den Energieverbrauch verschiedener Körperteile und machten dabei die recht überraschende Entdeckung, daß Gehirn, Herz, Nieren, Leber und Darm bei Säugetieren fünfundachtzig bis neunzig Prozent der im Organismus produzierten Energie unter sich aufteilen. Wenn also das Gehirn wächst, muß die zusätzliche Energie für seine Funktion von einem dieser Organe stammen.

Das Problem dabei ist nur, daß die Ausmaße von Herz, Nieren und Leber sehr eng an die Körpergröße gekoppelt sind, und zwar aus einem naheliegenden Grund: Sie sind dafür zuständig, eine gesunde Aktivität der Gewebe aufrechtzuerhalten. Ein kleineres Herz könnte nicht soviel Blut durch den Organismus pumpen, und dann würden die Muskeln weniger leisten; kleinere Nieren oder eine kleinere Leber würden das Blut weniger wirksam reinigen, so daß es weniger Energie zu den Muskeln transportieren könnte (und außerdem bestünde eine größere Gefahr, daß der Organismus sich vergiftet, weil schädliche Stoffe nicht aus dem Blut beseitigt werden). Kurz gesagt: Wer ein größeres Gehirn haben will, kann die dafür erforderliche Energie nur an einer Stelle einsparen: beim Darm.

Natürlich kann man den Darm nicht verkleinern, ohne daß sich die Geschwindigkeit verringert, mit der die Energie aus der Nahrung ins Blut gelangt: eine echte Zwickmühle. Die Geschwindigkeit, mit der unser Darm der Nahrung die Energie entzieht, hängt unmittelbar mit seiner Oberfläche zusammen – und die ist natürlich ihrerseits abhängig von seinem Volumen. Offenbar setzt die Größe des Darms letztlich eine Grenze für die Größe des Gehirns. Wer ein größeres Gehirn haben will, muß insgesamt größer werden, damit auch ein größerer Darm Platz hat. Daraus läßt sich die Erkenntnis ableiten, daß kleine Affen niemals klug sein können – von der Entwicklung einer Sprache ganz zu schweigen –, weil ihr Darm nicht groß genug ist, um die höhere Nervenaktivität eines größeren Gehirns zu unterstützen. Sie haben einfach nicht genügend Energie-Einsparpotential.

Es gibt aber einen Ausweg aus dem Dilemma, und genau diesen Ausweg haben die ersten Hominiden gefunden. Man kann den Darm verkleinern, ohne die Energiezufuhr zu beeinträchtigen, wenn man entweder nährstoffreichere Nahrung zu sich nimmt oder wenn die Nährstoffe in einer Form vorliegen, in der sie leichter aufgenommen werden. Auf diese Weise kann der Darm mit weniger Aufwand die gleiche Nährstoffmenge gewinnen.

Die meisten Primaten ernähren sich von Blättern oder Früchten, viele nachtaktive Arten sind allerdings auch Insektenfresser. Insekten sind zwar eine sehr energiereiche Nahrung, aber sie reicht nur für sehr kleine Tiere aus, denn Insekten sind schwer zu fangen, und selbst die größten von ihnen sind recht kleine Häppchen. Von den beiden Ernährungsformen, die den mittelgroßen und größeren Primaten zur Verfügung stehen, ist die auf Blättern basierende weniger nährstoffreich – oder zumindest sind die Nährstoffe daraus schwerer zu gewinnen. Die Wände der meisten Blattzellen bestehen vorwiegend aus verschiedenen Arten von Zellulose, die Säugetiere nicht ohne weiteres verdauen können.

Mit diesem Problem werden Arten, die sich vorwiegend von Blättern ernähren, mit Hilfe von Bakterien fertig; sie vergären die Blattmasse im Darm, und das Tier verdaut im weiteren Verlauf die Bakterien, das heißt, es nimmt die Nährstoffe aus den Blätterzellen indirekt auf. Das ist im wesentlichen die Strategie der Kühe, Antilopen und anderer Wiederkäuer: Das Wiederkäuen ist ein Gärvorgang, bei dem Bakterien die Zellwände abbauen. Ähnliches (allerdings ohne das Hochwürgen und Wiederkäuen des Nahrungsbreies) findet man auch bei manchen Primaten wie den Stummelaffen und Languren der Alten Welt sowie bei den Brüllaffen der Neuen Welt. Aber diese Strategie fordert hohen Tribut. Zum Vergären der Blätter braucht man ein großes Gefäß, und deshalb haben alle blattfressenden Säugetiere einen umfangreichen Verdauungskanal: In einem gewaltigen Magen werden die Blätter vergoren, und ein großer Darm enthält die resorbierenden Oberflächen, an denen den Bakterien die Nährstoffe entzogen werden. Das Blätterfressen ist mit einem kleinen Darm nicht vereinbar.

Außerdem bringt das Vergären weitere Schwierigkeiten mit sich, die für unsere Theorie von großer Bedeutung sind. Eine solche Ernährungsweise erfordert, daß die Bakterien genügend Zeit für ihre Arbeit haben. Überdies entsteht bei der Gärung viel Wärme, so daß die Temperatur im Körperinneren des Tieres ansteigt. Aber bei hoher Körpertemperatur vergären die Bakterien die Nahrung nicht mehr wirksam. Deshalb müssen sich solche Tiere ausruhen, wenn sie ihren Magen gefüllt haben, damit die Nahrungsteile verdaut werden und ein wenig Platz frei wird; erst dann können sie wieder mit dem Fressen beginnen. Dies kann man sehr schön erkennen, wenn man eine Kuhherde auf einer Weide längere Zeit beobachtet. Die Tiere fressen ein paar Stunden lang und legen sich dann zum Wiederkäuen in eine Ecke. Ein paar Stunden später, nachdem sie im Verdauungskanal Platz geschaffen haben, grasen sie erneut. So geht es Tag und Nacht weiter: Im Abstand von etwa vier Stunden wechseln Fressen und Wiederkäuen ab.

Auch bei Primaten besteht ein enger Zusammenhang zwischen dem Anteil der Blätter an der Ernährung und der Zeit des Ausruhens. Die blattfressenden Stummel- und Brüllaffen verbringen siebzig bis achtzig Prozent ihrer verfügbaren Tageszeit mit Ausruhen; bei Arten wie Pavianen und Schimpansen dagegen, die sich in größerem Umfang von energiereichen Früchten ernähren, liegt dieser Anteil nur bei zehn bis zwanzig Prozent. Deshalb steht Blattfressern eine sehr viel kürzere Zeit (zwei bis fünf Prozent) für soziale Aktivitäten zur Verfügung, im Unterschied zu den früchtefressenden Arten, die bis zu fünfzehn Prozent ihrer Zeit auf das Kraulen verwenden. Selbst wenn das Gehirn der Stummel- und Brüllaffen groß genug für die Bildung größerer Gruppen wäre, hätten sie nicht ausreichend Zeit für das Kraulen, so daß sie keinerlei Gruppen zusammenhalten könnten.

Alle großen sozialen Primaten ernähren sich in irgendeiner Form von Früchten. Diese sind zusammen mit Samen und Knollen (den unterirdischen Speicherorganen mancher Pflanzen) die energiereichsten pflanzlichen Nahrungsmittel; außerdem liegt ihre Energie in einer Form vor, in der sie für die Primaten am einfachsten zugänglich ist. Die ersten Hominiden waren früchtefressende Menschenaffen und konnten deshalb ihre Ernährung nicht nennenswert verbessern, um den Darm zu verkleinern. Nur eine Form von Nahrung war noch nährstoffreicher: Fleisch. Es enthält viel Energie, und diese Energie kann der Organismus bei der Verdauung besonders leicht aufnehmen. Deshalb haben Fleischfresser im Verhältnis zur Körpergröße einen kleineren Darm. Als die frühen Hominiden sich von Fleisch ernährten, kamen sie mit einem erheblich geringeren Darmvolumen aus, ohne daß sie einen Teil der Energieaufnahme opfern mußten.

Die anfängliche Zunahme der Gehirngröße vor etwa zwei Millionen Jahren fällt offenbar mit dem Wechsel von einer vorwiegend pflanzlichen Ernährung bei den Australopithecinen (den frühen Vertretern unserer Abstammungslinie) zu einer Ernährung mit deutlich höherem Fleischanteil bei der Gattung *Homo* zusammen. Ein großer Teil dieses Fleisches stammte offenbar nicht aus richtiger Jagd, sondern es handelte sich um eingesammelte Reste der Beute anderer Fleischfresser sowie gelegentlich erlegte Vögel, Reptilien und junge Säugetiere. Aber die plötzliche Beschleunigung des Gehirnwachstums vor etwa einer halben Million Jahren scheint mit den Anfängen des organisierten Jagens zusammenzufallen. Von nun an wurde Fleisch ein immer wichtigerer Nahrungsbestandteil. Die Schichten der Fossillagerstätten in Afrika und Eurasien enthalten jetzt die Knochen zahlreicher Säugetiere, auch anderer Primaten. Oft tragen sie Schnittspuren, die auf das absichtliche Zerlegen hindeuten. Manche Arten, so die heute ausgestorbenen Riesendscheladas an der Olorgasaillie-Ausgrabungsstätte im Süden Kenias, treten in so großer Zahl auf, daß man annehmen kann, die Jagd durch die Hominiden habe zu ihrem späteren Aussterben beigetragen.

Kurz gesagt, wurde unser riesengroßes Gehirn nach Ansicht von Aiello und Wheeler nur dadurch möglich, daß wir uns in großem Umfang auf das Fleischessen verlegten. Auf diese Weise konnten die Menschen in großen Gruppen zusammenleben, und das wiederum erlaubte die Eroberung größerer Gebiete: In einer Reihe von Wanderungen, die von dem Ursprungsgebiet in Ost- und Südafrika ausgingen wie die Wellenringe auf einem Teich, besiedelten die Hominiden schließlich die ganze Welt.

Das Baby braucht sein Badewasser

Die Entwicklung des großen Gehirns war aber mit versteckten Kosten verbunden. Trägt man die Gehirngröße verschiedener Arten in einer Kurve gegen die Dauer der Schwangerschaft ein, erhält man die sogenannte »Kurve von der Maus zum Elefanten«;

sie zeigt, daß die beiden Variablen eng zusammenhängen. Die Mäuse mit ihrem winzigen, nur wenige Dutzend Gramm schweren Gehirn sind drei Monate lang trächtig. Bei Elefanten, deren Gehirn so groß ist wie das eines Menschen, dauert die Schwangerschaft dagegen einundzwanzig Monate. Alle Säugetierarten liegen nahe bei der Linie zwischen diesen beiden Extremen. Das läßt vermuten, daß das Gehirngewebe während der Schwangerschaft mit gleichbleibender Geschwindigkeit angelegt wird, und diese Geschwindigkeit richtet sich danach, wie schnell die Mutter Energie einsparen und in den Fetus umleiten kann. Tatsächlich bestimmt die Gehirngröße des Kindes über die Länge der Schwangerschaft, und alle Arten bringen ihre Jungen erst dann zur Welt, wenn das Gehirn mehr oder weniger fertig ist. Primatenbabys zum Beispiel werden geboren, wenn das Gehirn ausgereift ist; es wächst im späteren Leben kaum noch.

Menschen bilden hier jedoch eine Ausnahme. Wenn ein Menschenkind zur Welt kommt, hat sein Gehirn noch nicht einmal ein Drittel der endgültigen Größe. Die restliche Entwicklung vollzieht sich während des ersten Lebensjahres. Wenn wir nach dem Diagramm die Dauer der Schwangerschaft für ein herkömmliches Säugetier mit unserer Gehirngröße berechnen, gelangen wir zu verblüffenden einundzwanzig Monaten. Das entspricht genau der Zeit, in der das Gehirnwachstum bei einem Baby abgeschlossen ist: neun Monate Schwangerschaft plus zwölf Monate nach der Geburt.

Das hat zur Folge, daß Menschenbabys vorzeitig zur Welt kommen und nicht selbst für sich sorgen können. Affenbabys können schon wenige Stunden nach der Geburt gehen. Innerhalb weniger Wochen werden sie zu vollwertigen Mitgliedern ihrer sozialen Gruppe. Ein durchschnittliches Menschenbaby dagegen kann gerade einmal ein wenig glucksen, um seine Eltern, auf die es noch lange angewiesen ist, glücklich zu machen. Erst um den ersten Geburtstag herum ist das Gehirn so weit entwickelt, daß es gehen lernen und sich dem ernsten Geschäft des Lebens zuwenden kann.

Unsere vorzeitige Geburt wurde notwendig, weil die Gehirngröße beim Menschen zunahm, während wir insgesamt kleiner wurden. Das größere Gehirn brauchten die Menschen, um mit den größeren Gruppen zurechtzukommen, aber gleichzeitig wurden sie aufgrund anderer ökologischer Erfordernisse schlanker und kleiner. Das wäre kein Problem gewesen, würde nicht der Geburtskanal, den das Kind bei der Entbindung passieren muß, nur mit dem Quadrat der Körpergröße wachsen, während die Gehirngröße mit der dritten Potenz zunahm. Die Notwendigkeit, einen immer größeren Kopf durch eine immer kleinere Öffnung zu quetschen, mußte unweigerlich zu Schwierigkeiten führen. Eine Anpassung war notwendig.

Was sich anpaßte, war der Zeitpunkt der Geburt. Statt Kinder mit einem ausgewachsenen Gehirn auf die Welt zu bringen (wie es für die meisten anderen Säugetiere typisch ist), schlossen die Menschen einen Kompromiß: Unsere Kinder werden im frühestmöglichen Augenblick geboren, wenn sie gerade überleben können, und das Gehirnwachstum wird dann außerhalb des Mutterleibs abgeschlossen. Unsere Babys sind bei der Geburt beängstigend unausgereift. Und das ist auch der Grund, warum echte Frühgeborene, die schon nach sechs oder sieben Monaten zur Welt kommen, es so schwer haben: Ihr Leben steht wirklich auf des Messers Schneide, denn menschliche Babys sind selbst dann, wenn sie zur normalen Zeit geboren werden, eigentlich Frühgeburten.

Für die Entwicklung des großen Gehirns zahlten unsere Vorfahren also einen beträchtlichen Tribut. Die gesamte Fortpflanzung, die Investition in den Nachwuchs, wurde zu einer langwierigeren, aufwendigeren Angelegenheit. Das Menschenkind braucht im Verhältnis deutlich länger als Klein- und Menschenaffen, die in der Regel mit ihrem kleinen Gehirn in fünf bis zehn Jahren alle Informationen und Erfahrungen aufnehmen, die sie in ihrem sozialen Umfeld benötigen. Beim Menschen zieht sich der Lernprozeß fünfzehn bis zwanzig Jahre hin. Mit der zunehmenden Gehirngröße verzögert sich alles von der Schwangerschaft über die Entwöhnung von der Mutter und die Geschlechtsreife bis zur Fortpflanzung, und alles nimmt immer längere Zeiträume in Anspruch.

Dabei hat sich wohl auch die Vaterrolle der Männchen mit ihren Aufgaben erweitert, denn die Weibchen (können wir sie jetzt Frauen nennen?) konnten die Last der Kinderpflege nicht allein tragen und gleichzeitig selbst nach Nahrung suchen. Mit anderen Worten: Ungefähr zu dieser Zeit muß sich auch die ungewöhnlich enge Paarbindung entwickelt haben, die man beim Menschen beobachtet.

Eine Voraussetzung dafür war sicher der verminderte Geschlechtsdimorphismus der Körpergröße. Während eines großen Teils unserer Frühgeschichte, nämlich zur Zeit der Australopithecinen, waren die Männchen deutlich – in manchen Fällen um bis zu 50 Prozent – größer als die Weibchen. Ein derart auffälliger Geschlechtsdimorphismus ist bei Säugetieren immer mit einem Harem-Fortpflanzungssystem verbunden, bei dem wenige dominierende Männchen alle Weibchen untereinander aufteilen. Der geringere Dimorphismus der späteren Hominiden, bei denen die Männchen nur zehn bis zwanzig Prozent mehr wogen als die Weibchen, legt die Vermutung nahe, daß die Weibchen gleichmäßiger auf die Männchen verteilt waren (auch wenn einige Männchen dabei immer noch besser bedacht wurden als andere).

Ein besonders verläßlicher Indikator für die Paarungsgewohnheiten der Primaten ist das Größenverhältnis der Reißzähne von Männchen und Weibchen. Bei Arten, deren Männchen einen großen Harem verteidigen oder offen um die promiskuitive Paarung mit den Weibchen kämpfen, findet man in der Regel einen deutlichen Größenunterschied zwischen männlichen und weiblichen Reißzähnen, denn sie sind die wichtigste Waffe, wenn die Männchen sich um den Zugang zu den Weibchen streiten. Bei lebenslang monogamen Arten wie den Gibbons ist dagegen der Dimorphismus nur geringfügig (oder er begünstigt sogar größere Reißzähne bei den Weibchen). Bei den Australopithecinen und den ersten Vertretern der Gattung *Homo* findet man einen beträchtlichen Geschlechtsdimorphismus: Hier sind die Reißzähne der Männchen im Verhältnis zur Körpergröße um etwa 25 Prozent größer als die der Weibchen; das ist ungefähr der gleiche Unterschied wie bei den promiskuitiven Schimpansen. In den letzten zwei Millionen Jahren wurde der Dimorphismus der Reißzähne dann aber offenbar immer geringer. Den niedrigsten Wert erreichte er vor etwa fünfzigtausend Jahren: Jetzt waren die Reißzähne bei den Männern nur noch um ungefähr zehn Prozent größer als bei den Frauen. Dies läßt auf einen Wandel von einem stark polygamen Fortpflanzungssystem zu mäßiger Polygamie schließen.

Daraus kann man aber auch mit noch soviel Phantasie nicht schließen, daß sich eine Monogamie entwickelt hätte: Für sie gibt es trotz der starken Paarbindung beim Menschen keinerlei anatomische Hinweise. Es läßt aber vermuten, daß die Harems sehr viel kleiner wurden und daß zu einem Männchen vielleicht nur zwei Weibchen gehörten. Viele Männchen hatten dann auch nur ein Weibchen. Genau damit rechnet man, wenn die Frauen von dem Mann, dessen Kinder sie austrugen, einen immer größeren Beitrag verlangten. Geht man von den Erfahrungen der heutigen Jäger und Sammler aus, kann ein Mann höchstwahrscheinlich nicht für mehr als zwei Frauen und ihre Kinder genügend Fleisch heranschaffen. Das wäre zumindest eine Erklärung für den Widerspruch zwischen den anatomischen Hinweisen auf Polygamie und der starken Paarbindung (aus der sich Monogamie ergibt) bei den heutigen Menschen.

ANMERKUNG

1 Die !Kung San sprechen eine Sprache mit sogenannten Klicklauten, die mit Zunge und Lippen gebildet werden und zum Spektrum der Vokale und Konsonanten gehören. Ein derartiger Laut wird mit dem Ausrufungszeichen gekennzeichnet.

Erste Worte

Die Evolution der Sprache wirft zwei grundlegende und miteinander verbundene Fragen auf. Erstens: Welche Form hatte die Sprache (oder das Sprechen?) zu Beginn ihrer Entwicklung? Zweitens: Wann und warum entwickelte sich die vermutlich anfangs einheitliche Sprache auseinander, so daß es heute etwa fünftausend Sprachen gibt? In diesem Kapitel werde ich versuchen, eine Antwort auf die erste Frage zu geben; mit der zweiten werde ich mich im nächsten Kapitel beschäftigen.

Da wir es mit Vorgängen in der entfernten Vergangenheit zu tun haben, die keine fossilen Spuren hinterlassen, müssen meine Antworten zwangsläufig bruchstückhaft bleiben. Ich werde aber zu zeigen versuchen, daß wir heute in einer besseren Ausgangsposition sind als früher, so daß wir zumindest einige ernstzunehmende Antworten geben können.

Unabhängig davon, *wann* die Sprache sich zum ersten Mal entwickelte, stellt sich die Frage, wie sie aus nichtsprachlichen Formen der Kommunikation hervorgehen konnte. Wie verwandelte sich eine Nichtsprache in Sprache? Wie klangen diese ersten Worte? Würden wir in ihnen heute eine menschliche Sprache erkennen, komplett ausgestattet mit Grammatik und allen anderen Attributen eines heutigen Gesprächs? Und nicht zuletzt: Wer sprach sie?

Bei der Frage nach der ältesten Form der Sprache gehen die Ansichten auseinander. Nach einer Lehrmeinung erwuchs sie aus Gesten, eine andere behauptet dagegen, sie sei aus affenähnlichen

Lauten hervorgegangen; wieder eine andere postuliert, daß sie aus dem Gesang entstand. Jede der Hypothesen wird von so vielen Beweisen gestützt, daß alle plausibel erscheinen.

Bequemer ist es, wenn man zuerst die Theorie betrachtet, wonach die Sprache aus Gesten entstanden ist, denn sie wird einerseits häufig vertreten und wirft andererseits nebenher auch Fragen auf, die sich für unsere Geschichte später noch als wichtig erweisen werden. Mit den Theorien, die vom Singen ausgehen, werde ich mich im nächsten Abschnitt befassen.

Den Gesten auf der Spur

Eine Version der Gestentheorie gründet sich auf die Beobachtung, daß die feinmotorische Steuerung sowohl für das Sprechen als auch für das gezielte Werfen in derselben Gehirnhälfte, bei den meisten Menschen in der linken, lokalisiert ist. Sprechen erfordert eine sehr genaue Feinmotorik von Lippen, Zunge, Stimmbändern und Brustkorb; sie alle müssen genau in der richtigen Reihenfolge zusammenwirken, damit ein bestimmter Laut entsteht. Man braucht nur einmal zu versuchen, »e« zu sagen wie in »hell« – bei diesem Laut werden die Mundwinkel normalerweise nach hinten gezogen, so daß die Lippen nur wenig geöffnet sind – und dabei die Lippen so zu runden und zu spitzen, als wollte man den Laut »o« hervorbringen. Das Ergebnis ist als »e« erkennbar, aber nur gerade eben; eigentlich kommt eher ein gequetschtes »oi« heraus. Neben der feinmotorischen Steuerung erfordert das Sprechen auch eine genaue Kontrolle der Atmung: Die Luft muß genau in der richtigen Menge strömen (man denke nur an den Unterschied zwischen Explosionslauten wie »b« oder »p« und stimmhaften Lauten wie »i« oder »s«).

Dazu war eine wichtige anatomische Veränderung notwendig: Der hundeähnliche Brustkorb, der für alle Kleinaffen charakteristisch ist, mußte die für Menschenaffen typische flachere Form annehmen. Bei Kleinaffen ist die Atemfrequenz durch die Befestigung des Schultergürtels am Brustkorb eingeschränkt. Die flachen Schulterblätter, die als Verankerungs- und Angelpunkt für die Arme dienen, liegen bei den meisten Säugetieren und auch bei den Kleinaffen beiderseits des Brustkorbs, so daß die Arme sich beim Gehen und Laufen nach vorn und hinten bewegen können. Wenn aber das Körpergewicht auf den Armen liegt, ergibt sich dabei das Problem, daß der Brustkorb sich beim Atmen nur beschränkt dehnen und zusammenziehen kann. Deshalb können Kleinaffen bei jedem Schritt nur einen Atemzug tun.

Als die Menschenaffen zu einer kletternden Lebensweise übergingen, bei der sie die Arme über den Kopf hoben und den Körper vertikal nach oben zogen, während sie sich mit den Füßen am Baumstamm abstützten, war der kleinaffenartige Brustkorb, den sie von ihren Vorfahren geerbt hatten, ein schwerwiegendes Hindernis. Kleinaffen können die Arme nicht im Kreis schwingen, denn diese Bewegung verhindern die Schulterknochen. Damit die Arme beim Klettern nach oben über den Kopf greifen konnten, mußte der Brustkorb des Menschenaffen flacher werden. Als die Schulterblätter auf die Rückseite des Brustkorbs wanderten, konnte sich das Armgelenk auf die Außenseite des Brustkorbs verlagern, und nun waren die Menschenaffen in der Lage, mit den Armen in den Schultergelenken einen vollständigen Kreis zu beschreiben. Deshalb können Gibbons (die »niederen« Menschenaffen) sich von Baum zu Baum schwingen und dabei den Körper als Pendel einsetzen. Aus dem gleichen Grund können auch die großen Menschenaffen sich an Baumstämmen nach oben ziehen und können wir Baseball spielen. Zu alledem sind Kleinaffen nicht in der Lage.

Der abgeflachte Brustkorb ebnete unseren Vorfahren nicht nur den Weg zur Evolution des aufrechten Ganges (weil er dazu beiträgt, daß der Schwerpunkt beim Stehen und Gehen über den Füßen bleibt), sondern er befreite auch die Atmung von den Beschränkungen, denen die Kleinaffen unterliegen. Wir können atmen, sooft wir wollen, unabhängig davon, was unsere Arme tun. Deshalb können wir ohne Unterbrechung sprechen, und zwar selbst dann, wenn wir körperlich tätig sind.

Diese kleine, aber wichtige anatomische Veränderung machte auch den Weg für etwas anderes frei: für das gezielte Werfen. Zwar warfen auch Klein- und Menschenaffen mit Gegenständen, aber die Zielgenauigkeit ist dabei nicht immer besonders eindrucksvoll. Nur heutige Menschen können einen Kricketball aus dem Außenfeld werfen und dabei das Tor treffen (oder ihn zumindest in die Hände des Torhüters befördern, wenn letzterer über ein wenig Beweglichkeit verfügt). Was die reine Kraft der Arme angeht, könnte ein Schimpanse jeden Leichtathletik-Olympioniken ohne besondere Mühe übertreffen. Aber zum Glück für alle künftigen Speerwerferinnen wird kein Menschenaffe auf dem Sportplatz große Chancen haben, weil ihm die feinmotorische Kontrolle fehlt, die zum Speerwurf bei jeder Entfernung notwendig ist.

Gezieltes Werfen ist für die Jagd mit Sicherheit wichtig, und deshalb liegt die Schlußfolgerung nahe, daß die Sprache sich im Schlepptau des Werfens entwickelte. Die zum gezielten Werfen notwendige feinmotorische Kontrolle, so die Argumentation, lieferte uns die neurale Maschinerie zur feinmotorischen Kontrolle des Sprechens. Die sensorischen und motorischen Nerven des Körpers überkreuzen sich auf ihrem Weg ins Gehirn (das heißt, die rechte Körperhälfte wird von der linken Gehirnhemisphäre gesteuert und umgekehrt), und die meisten Menschen werfen mit der rechten Hand; daraus folgt, daß die motorische Steuerung des Werfens in der linken Gehirnhälfte angesiedelt ist, und deshalb sollte dort auch das Sprachzentrum liegen (was bei den meisten Menschen tatsächlich der Fall ist).

Diese Annahme ist aber mit einer Reihe von Schwierigkeiten verbunden. Zunächst einmal erfordert Sprache begriffliches Denken in einer ganz anderen Größenordnung als das Werfen. Und zweitens ist nur schwer einzusehen, wie eine einigermaßen komplizierte Gebärdensprache funktionieren soll.

Wir benutzen Gesten sehr wirksam, um Befehle zu geben (zum Beispiel, wenn wir winken und damit sagen: »Komm her!«), um die Aufmerksamkeit der anderen auf etwas lenken (wenn wir auf etwas zeigen) oder um einer Aussage Nachdruck zu verleihen (indem wir in der Luft herumfuchteln). Wir drücken damit Ärger aus (durch das Ballen der Fäuste), aber auch Unterwerfung (indem wir die Hände bittend zusammenlegen oder ergeben hochhalten) und Freundschaft (Winken oder Händeschütteln). Aber niemals bedienen wir uns der Gesten, um abstrakte Begriffe auszudrücken, Zeiten und Orte außer dem Hier und Jetzt zu bezeichnen oder Pläne für die Zukunft zu machen. Könnten wir das, wäre die Scharade ein witzloses Spiel. (Nun ja, sie ist tatsächlich ein witzloses Spiel, aber die Schwierigkeiten, Begriffe als Gebärden auszudrücken, strapazieren unsere Kommunikationsfähigkeit bis zur Absurdität, und deshalb wird sie zu einer amüsanten Freizeitgestaltung.) Und was vielleicht noch wichtiger ist: Wir benutzen Gesten nicht, um das Verhalten anderer zu erörtern (abgesehen vielleicht von einfachen Kommentaren wie den hochgezogenen Augenbrauen). Mit anderen Worten: Wir teilen durch Gesten nicht wesentlich mehr Informationen über Gefühlszustände mit, als Affen es mit Hilfe ihrer Lautäußerungen (und natürlich manchmal ebenfalls mit Gesten) tun.

Das eigentliche Problem der Theorie, Sprache sei aus Gesten entstanden, liegt aber darin, daß sie einfach nicht praktikabel ist: Man muß dabei zu der Person, mit der man redet, einen engen Blickkontakt haben. Wie die Kinder tauber Eltern sehr schnell lernen, kann man über die Eltern herziehen, wie man will, solange sie einem den Rücken zuwenden. Noch bedeutsamer ist vielleicht, daß in den Tropen die Tage genau zur Hälfte dunkel sind. Die ersten sprachlich aktiven Menschen hätten sich also von der Abenddämmerung bis zum Morgen in selbstauferlegtes »Schweigen« hüllen müssen. Sie wären nicht in der Lage gewesen, Geschichten über alte Zeiten zu erzählen, und erst recht hätten sie nicht darüber diskutieren können, wo sie am nächsten Tag jagen wollten. Der einzige Zeitvertreib, dessen sie sich abends hätten erfreuen können, wären demnach Kraulen und Sex gewesen.

Das Sprechen befreit andererseits von diesen Beschränkungen. Wir können über der verlöschenden Glut des Lagerfeuers Erinnerungen wecken und Geschichten erzählen; wir können Anweisungen rufen oder Fragen über einen halben Kilometer und mehr hinweg stellen, und zwar auch dann, wenn wir die Person, mit der wir uns unterhalten, gar nicht sehen.

Und noch auf eine andere Frage kommt auch niemand: Warum wurde die Steuerung des Werfens gerade in der linken Gehirnhälfte angesiedelt? Warum nicht rechts (mit linkshändigem Werfen)? Die einzige – recht unbefriedigende – Erklärung lautet: Es war ein historischer Zufall. Nun gibt es historische Zufälle in der Biologie tatsächlich; ein klassischer Fall ist die Tatsache, daß ein bestimmtes genetisches Geschlecht bei der Fortpflanzung die »weibliche« Rolle (das heißt die Produktion der Eizellen) übernimmt.[1] Bei der Asymmetrie des Gehirns sind die Verhältnisse verzwickter, denn es ist nicht ohne weiteres zu erkennen, warum überhaupt eine Gehirnhälfte bevorzugt werden mußte: Warum konnten die Menschen sich nicht wie alle anderen Primaten zu beidhändigen Werfern entwickeln?

Die Antwort, die ich vorschlagen möchte, ist wirklich nicht mehr als eine Spekulation: Vielleicht war die rechte Gehirnhälfte bereits mit etwas viel Wichtigerem ausgelastet. Danach siedelte sich die entstehende Sprachfähigkeit auf der linken Seite an, weil dort mehr Platz frei war. Und nachdem sich die Sprache entwickelt hatte, entstand dort auch das feinmotorische Zentrum für das Werfen, entweder aus dem gleichen Grund oder weil die linke Hemisphäre bereits dabei war, sich auf das bewußte Denken zu spezialisieren, das für genaues, gezieltes Werfen notwendig ist. Mit anderen Worten: Die Ereignisse liefen genau in der umgekehrten Reihenfolge ab, wie es die Gestentheorien fordern.

Ich vermute das aus einem einfachen Grund: Wie wir heute wissen, ist die rechte Gehirnhälfte auf die Verarbeitung emotionaler Informationen spezialisiert. Manchen Befunden zufolge werden gefühlsmäßige Hinweise schneller wahrgenommen, wenn sie in der linken Hälfte des Gesichtsfeldes auftauchen (und in die rechte Gehirnhälfte weitergeleitet werden[2]) als solche auf der rechten Seite. Diese Eigenschaft ist im Tierreich weit verbreitet; ihren Ursprung hat sie offenbar in einer sehr alten Tendenz, derzufolge sich auf einer Seite eine größere Empfindlichkeit für visuelle Zeichen entwickelt. Fossile Trilobiten aus der Zeit vor zweihundertfünfzig Millionen Jahren haben zum Beispiel im Durchschnitt rechts mehr Narben, was darauf schließen läßt, daß natürliche Feinde sie häufiger von der linken Seite (des Räubers) angriffen. Das gleiche Muster zeigen 20 Millionen Jahre alte Delphinskelette mit den Narben von Haien – ebenfalls ein Hinweis, daß der Räuber seine Beute bevorzugt im linken Teil des Gesichtsfeldes wahrnahm.

Die Befunde an heute lebenden Arten lassen darauf schließen, daß diese Tendenz sich zu einer allgemein größeren Empfindlichkeit der linken Körperhälfte für visuelle und emotionale Reize weiterentwickelte. Wie Julia Caspard und ich zeigen konnten, halten Dscheladamännchen den Gegner bei Kämpfen auf der linken Seite ihres Gesichtsfeldes. In der Frühphase solcher Begegnungen tauschen die Tiere mit Hilfe von Gesichtsausdrücken Drohungen aus; unterwirft sich keines von beiden, eskaliert die Konfrontation schließlich in Form eines körperlichen Angriffs. Für die Männchen ist es dabei offensichtlich wichtig, jeden unabsichtlichen Fingerzeig des Gegners auf dessen wahre Absichten aufzunehmen. Blufft er, wenn er heftig droht? Verraten die kurzfristig abschweifenden Blicke, daß er den Angriff nur widerwillig durchziehen wird, wenn man ihn bis an die Schmerzgrenze treibt? Wegen der größeren Empfindlichkeit der rechten Gehirnhemisphäre muß man den Gegner im linken Teil des Gesichtsfeldes haben (wobei sein Bild auf die rechte Hälfte der beiden Netzhäute fällt[3]), um die weniger augenfälligen Hinweise wahrzunehmen.

Genauso ist es auch bei uns Menschen. Haben Sie schon einmal bemerkt, daß Menschen, die fotografiert werden, dazu neigen, die linke Gesichtshälfte in Richtung Kamera zu halten? Man braucht sich nur ein Familienalbum anzusehen. Nur auf ganz offiziellen Fotos, zum Beispiel Gruppenfotos, blicken die Menschen gerade in die Linse; in zwanglosen Situationen, bei denen die Betroffenen wissen, daß sie fotografiert werden, wenden sie den Kopf in der

Regel leicht nach rechts, um die Kamera mit der linken Hälfte des Gesichtsfeldes wahrzunehmen.

Mit einem besonderen Gerät, Tachistoskop genannt, kann man Bilder der Gesichter von Schauspielern auf bestimmte Teile der Netzhaut projizieren. Auf diese Weise zeigten Jim Denman und John Manning, daß Menschen die von dem Schauspieler ausgedrückten Gefühle viel eher richtig erkennen, wenn man das Bild auf die rechte Hälfte der Netzhaut wirft (bei Linkshändern ist es umgekehrt). In einer anderen Studie zeigte Catherine Lowe, eine meiner Studentinnen, daß Mütter, die ihr Baby herumtragen, eine stumme Grimasse des Kindes viel eher wahrnehmen, wenn es sich auf der linken Körperseite befindet. (Das ist die Erklärung, warum die meisten Menschen und insbesondere Mütter ihre Kinder auf der linken Seite halten. Die Alternativbegründung, daß die Herzgeräusche der Mutter das Baby trösten und an seine Zeit im Mutterleib erinnern, kann nicht stimmen: Das Herz liegt in der Mitte des Brustkorbs und nicht links, wie häufig angenommen wird.)

Diese Asymmetrie der emotionalen Reize ist sicher sehr frühen Ursprungs, denn man findet sie auch bei den Klein- und Menschenaffen. Wie Mark Hauser nachwies, reagiert die linke Gesichtshälfte bei Affen, die Grimassen schneiden und andere Signale mit dem Gesicht geben, früher als die rechte. Und die linke Gesichtshälfte wird natürlich von der rechten Gehirnhemisphäre gesteuert. Die asymmetrische Empfindlichkeit gab es also schon, bevor die Hominiden auftauchten, von den sprachbegabten Menschen ganz zu schweigen; vielleicht ist sie sogar älter als die Primaten. Das alles läßt darauf schließen, daß die rechte Gehirnhälfte bereits vollauf mit der Beobachtung und Kontrolle emotionaler Reaktionen beschäftigt war. Und da andere Tiere uns mit ihren Emotionen ihre wahren Absichten mitteilen, ist das kaum verwunderlich: Im gesamten Sozialleben der Primaten geht es darum, diese Signale richtig zu interpretieren und darauf mit einer ebenso emotionell gesteuerten Antwort zu reagieren. Hier liegt also der Anfang der Intensionalitätshierarchie, die uns in Kapitel 5 begegnet ist.

Vor diesem Hintergrund erscheint es nur natürlich, daß die Sprache in der linken Gehirnhemisphäre angesiedelt ist. Dort war einfach mehr Platz frei für den Aufbau der erforderlichen Nervenzentren. Nach meiner Vermutung sind wir so überwiegend Rechtshänder, weil die Sprache in der linken Gehirnhälfte die Entwicklung einer ganz bestimmten Art denkenden Bewußtseins ermöglichte. Das wiederum erlaubte beim Werfen mit der rechten Hand eine bessere Kontrolle als mit der linken, so daß die rechte Seite bevorzugt wurde.

Ähnlich argumentiert der Psychologe Julian Jaynes in seinem zukunftsträchtigen Buch *Der Ursprung des Bewußtseins*. Darin äußert er zum Beispiel aufgrund von Literaturdenkmälern aus dem Nahen Osten die Vermutung, die Person, die im alten Griechenland ungefähr um 1200 v. Chr. die Epen Homers schrieb, habe kein umfassendes Bewußtsein besessen. Jaynes weist auf den verblüffenden Mangel an Introspektion in allen Schriften aus dieser Zeit hin: Sie beschreiben keine Gefühle, sondern berichten nur über die Tatsachen. Das Bewußtsein, so seine Vermutung, entwickelte sich erst gegen Anfang des ersten Jahrhunderts v. Chr., als die linke (sprachbegabte) Gehirnhälfte allmählich die Vorherrschaft über die eher ungestüme rechte erlangte. Nach meiner Ansicht ist Jaynes auf der richtigen Spur, aber mit seiner Chronologie bringt er zwei verschiedene Vorgänge durcheinander: die wachsende Dominanz der bewußten linken Hemisphäre (die sich mit der Evolution der Sprache entwickelt haben muß) und die Fähigkeit der Menschen, ihrem eigenen inneren Zustand Ausdruck zu verleihen.

Aus diesem Gegensatz zwischen den Steuerungszentren für Sprache und emotionales Verhalten ergibt sich eine interessante und ziemlich unerwartete Folgerung. Obwohl die Sprachfähigkeit in der linken Gehirnhälfte angesiedelt ist, liegen Musik und Dichtung rechts. Thomas Bever und Robert Chiarello konnten vor einigen Jahren in einer sehr hübschen Studie zeigen, daß ungeübte Musiker (Personen, die in ihrem Leben weniger als drei Jahre Musikunterricht hatten) eine Melodie schneller erkennen, wenn sie über die linke Seite eines Kopfhörers eingespielt wird (so daß sie von der rechten Gehirnhälfte wahrgenommen wird). Bei geübten Musikern dagegen war dies weniger deutlich zu erkennen, wie man es vielleicht erwartet, da sie dazu ausgebildet wurden, Musikstücke beim Hören in ihre Bestandteile zu zerlegen und die Melodie nicht als Ganzes aufzunehmen.

Demnach, so kann man annehmen, spielt sich die bewußte Handhabung der Musik (wie die Sprache und andere »bewußte« Tätigkeiten) in der linken Gehirnhälfte ab, während die emotionale Reaktion auf Melodienreichtum und Rhythmus in der rechten angesiedelt ist. Ähnlichen Befunden zufolge wird auch der Klang von Gedichten in der rechten Hemisphäre aufgenommen, während die Verarbeitung ihres sprachlichen Inhalts – der Worte – auf der linken Seite stattfindet. Das ist der Grund, warum man Patienten, die durch einen linksseitigen Schlaganfall die Sprache verloren haben, mit Kinderreimen wieder zum Sprechen ermutigt; solche einfachen Formen von Dichtung und Lied werden eher in der unversehrten rechten Hemisphäre gespeichert.

Außerdem ist die Tatsache, daß Musik in der rechten Hemisphäre lokalisiert ist, ein gutes Argument gegen die andere Vermutung, Sprache habe sich aus dem Gesang entwickelt. Natürlich werden Wörter in Liedern verwendet, aber Wörter werden in der linken Hemisphäre verarbeitet. Lieder (und Musik im allgemeinen) wecken unsere Gefühle auf eine Art, wie Worte allein es kaum vermögen, und man kann mit einem Lied sehr wirksam die kollektive Gemütserregung einer ganzen Gruppe ausdrücken. Es ist aber nur schwer einzusehen, wie etwas, das in der rechten Hemisphäre angesiedelt ist, etwas hervorbringen soll, das in der linken seinen Ort hat. Plausibler ist die Vermutung, daß die Sprache während ihrer Entwicklung von den emotional sehr mächtigen Musikzentren zur Hervorhebung von Gesang vereinnahmt wurde, denn Musik und Gesang sind sehr wirksame Mittel, den Gefühlszustand einer Gruppe auszudrücken.

Alles in allem erscheinen Theorien, nach denen die Sprache sich aus Gesten entwickelt hat, nicht sehr plausibel. Jedenfalls können wir bei den Lautäußerungen der Altwelt- und Menschenaffen Vorläufer für fast alle Merkmale unserer eigenen sprachlichen Kommunikation finden. Schon deshalb sind Theorien der Sprachevolution aus Lauten von vornherein viel glaubwürdiger.

Erinnern wir uns noch einmal an die Meerkatzen, die uns in einem früheren Kapitel begegnet sind. Wie Dorothy Cheney und Robert Seyfarth nachwiesen, sind ihre Lautäußerungen nicht nur der Ausdruck emotionaler Zustände, sondern sie übermitteln auch Inhalte. Die Alarmrufe bezeichnen den jeweiligen natürlichen Feind, und der Hörer weiß allein aufgrund der akustischen Information, welchen Verfolger der Rufende meint; die Kontaktlaute sagen viel über die augenblickliche Situation aus. Wir können dazu die Verständigungsmuster der Dscheladas beitragen. Alle, die sich mit Dscheladas beschäftigt haben, kommentieren ihre außergewöhnlichen »Ruf-Konferenzen«. Wie Bruce Richman zeigen konnte, sind die Rufe in diesen Fällen zeitlich sehr genau auf die der anderen abgestimmt. Richman schloß daraus, daß die Tiere den Zeitpunkt ihrer Rufe im voraus planen und nicht einfach auf vorangegangene Rufe reagieren. Das gleiche ist ein charakteristisches Kennzeichen menschlicher Gespräche: Zwei Sprecher stimmen ihre Redebeiträge und die eingestreuten Kommentare (»Oh!«, »Nein, so was!«) so aufeinander ab, daß (meistens) nur einer spricht. Die Unterhaltung fließt dabei fast ununterbrochen. Dies erreichen die Beteiligten, indem sie beim anderen das Ende einer Äußerung oder eines Satzes vorhersehen. Oft helfen dabei Hinweise, die der Sprechende gibt, wie ein leichtes Heben der Stimme am Ende eines Satzes oder die Neigung, den Zuhörer, kurz bevor er zu sprechen aufhören will, anzusehen.

Eine andere Bastion der Einzigartigkeit menschlicher Sprache ist das Hervorbringen von Vokalen. Ohne sie wäre Sprache unmöglich; nur mit Hilfe der Vokale können wir den Strom der Laute in leicht unterscheidbare Abschnitte (Silben) zerlegen und auf diese Weise Wörter bilden. Lange Zeit behauptete man, Affen könnten diese Laute nicht hervorbringen, weil ihre Mund- und

Rachenhöhle dafür nicht die geeignete Form hat. In neueren Studien zur Lautbildung bei Affen wie Dscheladas und Makaken stellte sich jedoch heraus, daß sie in Wirklichkeit durchaus vokalähnliche Laute erzeugen. Demnach war der Apparat zur Produktion der menschlichen Sprachlaute schon vorhanden, lange bevor die Menschen auch nur ansatzweise in der Evolution auftauchten. Das Problem liegt weniger in der Mechanik der Lautproduktion als vielmehr in ihrer Steuerung und in den kognitiven Fähigkeiten, mit denen den Lauten eine Bedeutung beigelegt wird (angesichts der Studien an den Meerkatzen bleibt der letzte Punkt allerdings fraglich).

Mit anderen Worten: Viele Kennzeichen der menschlichen Sprache sind bereits bei den Altweltaffen zu erkennen. Die Rufe der Meerkatzen sind eine archetypische Protosprache. Laute werden gezielt zur Benennung bestimmter Objekte eingesetzt und übermitteln Informationen darüber, wer gerade was tut (oder tun wird).

Außerdem können diese Rufe ganz ähnlich wie unsere eigenen sprachlichen Äußerungen in unterschiedlichem Umfang mit emotionalen Untertönen versehen werden. Eine Phase der Gesten ist nicht notwendig. Alles kann durch die Stimme geschehen. Von hier aus ist es nur noch ein kleiner Schritt zur Formalisierung der Lautmuster, die dadurch mehr an Information übermitteln können, und mit einem weiteren kleinen Schritt sind wir bei der Sprachproduktion.

Das alles läßt vermuten, daß die Sprachfähigkeit sich entwickelte, weil allmählich und über lange Zeit hinweg mehrere anfangs beziehungslose anatomische und neurologische Bestandteile zusammenkamen. Keiner davon löste allein die Evolution der Sprache aus, aber alle waren unentbehrlich. Hätte einer davon sich nicht entwickelt, würden die Menschen heute nicht miteinander reden, und Sie würden dieses Buch nicht lesen.

Wir können also annehmen, daß Sprache anfangs aus den üblichen Lautäußerungen nach Art der Affen bestand. Was aber den nächsten Schritt angeht, gibt es unterschiedliche Ansichten. Eine davon besagt, die Sprache habe sich als eine Art Gesang entwickelt und Tanzrituale untermalt, die den emotionalen Zustand aller Gruppenmitglieder koordinieren sollten. Einer anderen Theorie zufolge entstand sie zum Informationsaustausch über die übrigen Individuen in der Gruppe. Ich neigte bisher immer zu der Annahme, daß die zweite Vorstellung allein zutrifft und daß Sprache sich entwickelte, um den Austausch sozialer Kenntnisse zu ermöglichen. Aber Gesang spielt in unserem Leben eindeutig eine wichtige Rolle, und deshalb sollten wir auch untersuchen, was für die erste Idee spricht.

Ein besonders reizvolles Merkmal des menschlichen Verhaltens ist der hohe Stellenwert, den Gesang und Tanz in unserem Sozialleben haben. Beide Phänomene fehlen in keinem der bekannten Kulturkreise. Aber wenn man einmal innehält und darüber nachdenkt, sind beide eigentlich sehr seltsame Tätigkeiten. Den Gesang bringen wir natürlich mit vielen Tierarten in Verbindung, so mit Vögeln und Primaten wie den Gibbons, deren morgendliche Lautäußerungen wir ohne weiteres als Lieder bezeichnen können. In den meisten Fällen sind die »Gesänge« der Vögel und Primaten aber Mechanismen, die entweder der Revierverteidigung oder der Partnerwerbung dienen.

Sicher, auch die Menschen nutzen den Gesang zu solchen Zwecken. Die Krieger der Massai singen und tanzen, um vor den versammelten jungen Mädchen ihre Stärke zur Schau zu stellen. Und die Lieder der Männer preisen in diesem Zusammenhang stets die vielen Vorzüge des Sängers an. Daß wir Anspruch auf Land erheben, kündigen wir in der Regel nicht durch Singen an, aber daß Männer singend in den Krieg ziehen, ist nichts Ungewöhnliches. Die neuseeländischen Maori und viele polynesische Völker schüchterten ihre Feinde vor der Schlacht mit rituellen

Gesängen und Tänzen ein, eine Tradition, die von den All Blacks, der neuseeländischen Rugby-Nationalmannschaft, noch heute gepflegt wird. An der Spitze der schottischen Regimenter zogen immer die Dudelsackpfeifer in den Kampf – dieses alte Ritual konnte man noch 1944 bei der Landung der Alliierten in der Normandie beobachten. Und auf Sportplätzen singen wir unsere National- und Vereinshymnen mit einer Inbrunst, wie wir sie sonst für kaum etwas aufbringen.

Aber nicht immer haben Gesang und Tanz in der menschlichen Gesellschaft solche Funktionen. Wir singen in der Kirche und am Lagerfeuer, in Kneipen und Theatern, also unter Bedingungen, die kaum etwas mit Nationalismus, Kampf oder dem Spiel der Partnersuche zu tun haben. Warum tun wir das? Es mag paradox erscheinen: Wenn wir diese Frage beantworten, finden wir eine Begründung für ein Verhaltensmerkmal der Menschen, das *wirklich* schwer zu erklären ist: für unsere außerordentlich große Bereitschaft, uns dem Willen anderer zu unterwerfen. Der Herdentrieb ist die bizarrste und zugleich beängstigendste Seite des menschlichen Verhaltens.

Schon in den sechziger Jahren erkannten die Psychologen ein Phänomen, das als »riskante Verschiebung« bekannt wurde: Wenn man jemanden bittet, seine Meinung zu äußern oder etwas zu tun, was recht extrem ist (wie beispielsweise das Eintreten für die Todesstrafe), wird er in der Regel eine ziemlich gemäßigte Ansicht äußern. Läßt man das Thema aber zuerst in einer Gruppe diskutieren, kommt regelmäßig eine eher extreme Meinung heraus. Den gleichen Effekt beobachtet man in der Religion: Auf sich allein gestellt, bleiben die Menschen gemäßigt und tolerant, aber in der Gruppe neigt ihre Einstellung gegenüber Abweichlern oder Andersdenkenden viel stärker zu Extremen. Das Ergebnis ist in vielen Fällen ein *Dschihad*, ein heiliger Krieg gegen die Ungläubigen. Diesem außergewöhnlichen Phänomen verdanken wir die Kreuzzüge, Nordirland, Ruanda, Jugoslawien und die ganze Palette der ethnischen Kriege, Rassenfehden und nationalistischen Rachefeldzüge, die die Geschichte unserer Spezies seit undenklichen Zeiten besudeln, ganz zu schweigen von der bizarren *Fathwa* gegen den Schriftsteller Salman Rushdie.

Indirekt liegt die Erklärung meines Erachtens in einem wenig beachteten Aspekt von Gesang und Tanz: Beide sind sehr anstrengende Tätigkeiten. Intuitiv sind wir alle uns dessen natürlich bewußt. Wir oft sind wir von der Tanzfläche gewankt, unfähig, auch nur noch einen einzigen Schritt zu tun. Nicht anders ergeht es Sängern und Musikern: Sie sind nach einem Auftritt schweißgebadet. Singen ist, wie jede angehende Operndiva weiß, harte Arbeit: Um es gut zu machen, muß man Atmung und Artikulation genau kontrollieren, und dazu braucht man eine Menge Übung. Nach meiner Vermutung ist es kein Zufall, daß die bedeutungsschwersten und aufwühlendsten Gesänge sich häufig in den tiefsten Stimmlagen bewegen wie der Baßgesang der christlich-orthodoxen Liturgie. Tiefe Töne sind schwer hervorzubringen und erfordern in der Regel im Körper große Resonanzräume. Im Tierreich gibt es gut untersuchte Fälle, in denen tiefe Töne einen Gegner abschrecken, weil sie signalisieren, daß ein großes Tier sie erzeugt; Beispiele sind so unterschiedliche Arten wie Kröten und Rothirsche. Diese tiefen Töne wirken, weil sie schwer hervorzubringen sind. Nur die größten Tiere können die tiefsten Laute erzeugen und die dazu erforderliche Kraft aufbringen. Eine tiefe Stimme ist ein Zeichen für einen großen, kräftigen Körper.

Auch wir Menschen lassen denen, die wir für größer halten, ohne langes Zögern den Vortritt. Auf der Straße machen wir größeren Menschen Platz, kleineren treten wir in den Weg. Das ist vor allem für Frauen mit ihrer geringeren Größe ein Problem; manchmal wurde es fälschlicherweise einer »natürlichen« Aggressivität der Männer gegenüber den Frauen zugeschrieben, aber große Männer verhalten sich kleinen Männern gegenüber genauso, und das gleiche gilt für große und kleine Frauen.

Diese ungeschriebenen Verhaltensregeln treten in unserem Leben auf seltsame, unerwartete Weise in Erscheinung: So hat beispielsweise seit dem Zweiten Weltkrieg in keiner US-Präsidentschaftswahl der kleinere Kandidat gewonnen. Als Dukakis

1988 gegen Bush antrat, bestanden seine Wahlkampfmanager darauf, daß die beiden bei einer Fernsehdiskussion nicht an demselben Rednerpult sprachen; ein Pult, das für den über 1,80 Meter großen Bush auf Brusthöhe stand, hätte Dukakis fast bis zum Kinn gereicht, und seine Helfer fürchteten, er werde allein deshalb die Wahl verlieren. Statt dessen wurde das Rednerpult jedesmal, nachdem einer der Kandidaten gesprochen hatte, abgesenkt und wieder erhöht, so daß es relativ zur Körpergröße immer gleich hoch zu schein schien. Wahlkampfhelfer achten heute sehr sorgfältig darauf, daß die Kandidaten bei solchen Gelegenheiten nie unmittelbar nebeneinander stehen.

Wenn wir mit unseren Idolen zusammentreffen, sind wir oft überrascht, wie klein sie sind. Wer die britische Königin persönlich gesehen hat, sagt in der Regel anschließend: »Ist die aber klein! Ich hatte sie mir viel größer vorgestellt!« Wir rechnen damit, daß die Erfolgreichen und Mächtigen groß sind. Wenn man Menschen bittet, Adjektive für erfolgreiche und erfolglose Personen, Führungspersönlichkeiten und Untergebene zu nennen, wählen sie für die Erfolgreichen eher Attribute wie »groß«, »intelligent« und »attraktiv«. Und wie sich herausstellt, ist das nicht ganz falsch. In wissenschaftlichen Untersuchungen hat sich gezeigt, daß erfolgreiche Menschen im Durchschnitt tatsächlich größer sind. In einer deutschen Studie von A. Schumacher stellte sich bei der Abwägung von gesellschaftlicher Stellung und Ausbildungsstand heraus, daß Stationsschwestern größer sind als einfache Krankenschwestern, gelernte Zimmerleute sind größer als ungelernte, erfolgreiche Anwälte sind größer als erfolglose, und leitende Angestellte in der Industrie sind größer als solche aus dem mittleren Managemant. Ob es daran liegt, daß größere Menschen intelligenter sind, oder ob wir ihnen nur eher den Vortritt lassen, bleibt noch zu entscheiden. Tatsache ist, daß große Menschen für ihren Erfolg offenbar weniger hart arbeiten müssen. Wer kleiner ist als der Durchschnitt, muß oftmals besonders hartnäckig sein, um das gleiche zu erreichen – das Napoleon-Syndrom.

Den Rückgriff auf tiefe, kehlige Laute findet man fast in allen menschlichen Kulturen in Situationen, in denen jemand einen bleibenden Eindruck hervorrufen möchte. Die Krieger der Maori und Massai summen und grunzen ihre Kriegsgesänge in der tiefsten Stimmlage. Erfolgreiche Redner quieken und trillern nicht im Falsett, sondern sie senken die Stimme. Adolf Hitler knurrte geradezu bei seinen außergewöhnlichen aufpeitschenden Reden. Und Margaret Thatcher wurde von ihren Imageberatern mit gutem Grund darauf trainiert, ihre Sprechstimme um fast eine halbe Oktave unter die normale Höhe zu senken, als sie 1975 Vorsitzende der britischen Konservativen wurde. Wäre sie dieser Forderung nicht gefolgt, könnte man sich durchaus vorstellen, daß sie 1979 nicht einen solchen Erdrutschsieg errungen hätte.

Eigentlich wollten Mrs. Thatchers Berater, daß sie sich mehr wie ein Mann anhörte. Das sollte uns daran erinnern, daß Jungen in der Pubertät einen »Stimmbruch« durchmachen und dann eine tiefere, vollere Stimme als Frauen haben. Warum das geschieht, war eigentlich immer ein Rätsel. Immerhin kommen Jungen und Mädchen mit ihrer hellen Diskantstimme gut zurecht, und bei Frauen bleibt das während des gesamten Erwachsenenlebens so. Eine Antwort liefert möglicherweise das Grunzen im Tierreich: Männer unterlagen einem starken Selektionsdruck, in den sexuell aktiven Jahren eine tiefere Stimme zu entwickeln. Sie müssen untereinander um den Zugang zu den Frauen und die Paarung konkurrieren, und Schlachtrufe waren (und sind) immer ein Teil der Mechanismen, mit denen Konkurrenzkämpfe beigelegt werden. Frauen brauchen keine tiefe Stimme, denn sie konkurrieren nicht auf die gleiche Weise untereinander oder mit den Männern. Mit ziemlicher Sicherheit gossen sie aber Öl in das Feuer der sexuellen Selektion, indem sie besonders empfindlich auf die tiefen Männerstimmen reagierten und so die Konkurrenz zwischen den Männern die Auswahl durch die Frauen hinzufügten (mehr über sexuelle Selektion im Kapitel 9).

Aber zu Gesang und Tanz gehört mehr als eine tiefe Stimme. Wenn wir singen und tanzen, fühlen wir uns wohl. Beides schafft eine euphorische Stimmung, aber auch Gefühle von Glück und

Wärme. Beide Tätigkeiten sind anstrengend und eignen sich in idealer Weise dazu, im Gehirn Opiatwellen auszulösen – das ist mit ziemlicher Sicherheit der Grund, warum es uns anschließend so gut geht. Aber weshalb haben wir diesen seltsamen Effekt entdeckt, und warum betreiben wir diese Tätigkeiten mit soviel Begeisterung? Die Antwort ergibt sich nach meiner Vermutung aus der Tatsache, daß die Menschen in sehr großen Gruppen zusammenleben, und große Gruppen sind über längere Zeit nur schwer zusammenzuhalten. Immer besteht die Gefahr, daß sie durch die Interessenkonflikte der vielen Individuen auseinanderbrechen, von der Ausnutzung durch Nassauer ganz zu schweigen. Mit zunehmender Gruppengröße entstehen Cliquen mit entgegengesetzten Ansichten, und wir ergreifen Partei.

Die großen Gruppen zusammenzuhalten, auf die die ersten Menschen zum Überleben angewiesen waren, muß eine anstrengende Tätigkeit gewesen sein. Noch heute ist es schwierig genug. Man stelle sich einmal vor, man hätte vor einer Viertelmillion Jahren das Leben von 150 Menschen in der afrikanischen Savanne koordinieren müssen. Worte allein reichen dazu nicht aus. Auf sorgfältig durchdachte Argumente achtet niemand. Was uns anspricht, sind die aufregenden Reden, die uns so in Wallung bringen, daß wir der Welt beim geringsten Anlaß die Stirn bieten, ohne an unseren persönlichen Tribut zu denken. Dabei spielen Gesang und Tanz eine wichtige Rolle: Sie stacheln die Gefühle an und sorgen mehr als alles andere für die Produktion der Opiate, die einen Zustand der gehobenen Stimmung und Euphorie erzeugen.

Nach Ansicht des Anthropologen Chris Knight sind Rituale, die den emotionalen Zustand in einer Gruppe angleichen und sie auf diese Weise koordinieren, ein sehr altes Verhaltensmerkmal der Menschen, dessen Entstehung mit dem Aufstieg der menschlichen Kultur und Sprache zusammenfällt. Damit das Verhalten innerhalb der Gruppe durch Rituale koordiniert werden kann, ist nach dieser Theorie Sprache erforderlich, und das dürfte der letzte Anstoß zu ihrer Evolution gewesen sein. Damit man wie die südafrikanischen Buschmänner sagen kann: »Jetzt tun wir so, als wären wir Antilopen, und tanzen den Antilopentanz« (mit diesem Tanz werden die erste Menstruation eines jungen Mädchens und ihre Aufnahme in den Kreis der Frauen gefeiert), muß man über eine Sprache verfügen.

Was die Verwendung der Sprache zur Formalisierung und Handhabung der Rituale angeht, hat Knight sicherlich recht. Weniger überzeugt bin ich von der Behauptung, die Sprache habe sich gezielt entwickelt, um Rituale möglich zu machen. Nach meiner Ansicht entstand sie, um durch den Austausch sozialer Informationen die Bindungen zu erleichtern, und erst später wurde sie für die Verwendung in diesem halbreligiösen Zusammenhang vereinnahmt, so daß sie Praktiken, die vielleicht schon vorhanden waren, formalisierte. Die Antilopentänze des späten Pleistozän galten demnach nicht als etwas Offizielles, beziehungsweise waren sie nicht an bestimmte Ereignisse gebunden, sondern es handelte sich wahrscheinlich um zwanglose, spontane Betätigungen, vergleichbar mit denen am Samstagnachmittag auf den Rängen eines örtlichen Fußballklubs. Ich halte diese Tänze tatsächlich für sehr alte Rituale. Mit Hilfe der Sprache können wir ihre Spontaneität in eine Form fassen und sie einheitlicher gestalten, indem wir ihnen eine religiöse oder metaphysische Bedeutung beilegen. Aber das muß meines Erachtens in der Revolution des oberen Paläolithikums geschehen sein, als die ersten Anzeichen für religiöse Überzeugungen und symbolisches Denken auftauchten.

Damit sind wir ganz unerwartet bei einem der seltsamsten Aspekte der Sprache angelangt: Sie ist auf der emotionalen Ebene ganz und gar unzureichend. Zur Übermittlung nüchterner Informationen ist sie eine wunderbare Erfindung, aber sie läßt die meisten von uns völlig im Stich, wenn wir dem tiefsten Bereich unseres Inneren Ausdruck verleihen wollen. In solchen Situationen »fehlen uns nur allzuoft die Worte«. Sprache ist ein wunderbarer Anfang für eine zukünftige Beziehung: Wir können mit ihrer Hilfe eine Menge über eine Person in Erfahrung bringen, mit der wir vielleicht eine Beziehung oder ein Bündnis eingehen wollen. Aber wenn eine solche Beziehung ihre größte Innigkeit erreicht, lassen wir die Sprache beiseite und kehren zu den uralten Ritualen gegenseitiger Berührung und Reizung zurück. An diesem entscheidenden Punkt in unserem Leben taucht das Kraulen – von allem, was wir von unseren Primatenvorfahren geerbt haben, ausgerechnet dieses – als Mittel zur Festigung unserer Bindungen wieder auf. Wir tun es, weil Körperkontakt zutiefst bewegt und Geborgenheit gibt, wie Sprache es nicht vermag. Und das liegt daran, daß gleichmäßiges Streicheln und Reiben die Opiatproduktion wirksamer anregen als alle Worte.

Es erscheint paradox: Gerade als wir alle Vorteile der Sprache in Anspruch nehmen konnten, mußten wir, was das Verwerfen der alten Mechanismen angeht, einen Rückzieher machen. Gerade als wir die Fähigkeit zum Argumentieren und Rationalisieren erlangt hatten, brauchten wir einen primitiveren emotionalen Mechanismus, um unsere großen Gruppen zusammenzuhalten und effektiv zu gestalten. Mit der Sprache konnten wir uns kennenlernen; wir konnten fragen, wer was mit wem tut, und diese Fragen beantworten. Aber allein bindet sie die Gruppenmitglieder nicht aneinander. Etwas Tieferes, mehr Emotionales war notwendig, das stärker war als die kalte Logik der verbalen Argumente. Und dazu brauchten wir offenbar die Musik und den Körperkontakt. Wir verfügen in der gesamten Natur über den leistungsfähigsten Apparat zur Informationsverarbeitung, das ausgefeilteste Kommunikationssystem, den am höchsten entwickelten Geist, aber wenn wir sicherstellen wollen, daß unsere Gruppen zusammenbleiben und sich auf das gemeinsame Ziel konzentrieren, das wir für unser Überleben und eine wirksame Fortpflanzung brauchen, sind wir letztlich immer noch auf grobe hormonelle Kunstgriffe angewiesen.

Jungfräuliche Sprache

Das alles wirft eine interessante Frage auf: Wenn die Sprache sich entwickelte, um den Gruppenzusammenhalt zu vereinfachen, wer sprach dann als erstes? Entsprechend der Vorstellung, man habe über den Büffel unten am See geredet, waren es natürlich die Männer, die ihre Jagdtätigkeit koordinieren wollten. Bei den meisten Primatenarten bilden aber die Weibchen den Kern des Soziallebens: Sie schaffen die Gruppe und geben ihr über längere Zeit hinweg Bestand. Die Männchen dagegen haben weniger konstante soziale Vorlieben und wandern oft von einer Gruppe zur anderen, um nach besseren Paarungsgelegenheiten zu suchen. Bei den meisten Affen (zu den wenigen Ausnahmen gehören die Schimpansen) bleiben die Weibchen bei der Gruppe, in der sie geboren wurden, während die Männchen sie meist in der Pubertät verlassen und sich einem anderen Rudel anschließen. Manche Männchen wechseln sogar während ihres ganzen Lebens von Gruppe zu Gruppe.

Wenn die Frauen den Kern der ersten Menschengruppen bildeten und wenn die Sprache sich entwickelte, um diese Gruppen zusammenzuhalten, dann folgt daraus natürlich, daß die Frauen als erste sprachen. Das verstärkt die Vermutung, daß Sprache anfangs dazu diente, zwischen Verbündeten ein Zusammengehörigkeitsgefühl zu schaffen. Chris Knight vertrat sehr leidenschaftlich die Theorie, daß die Sprache ursprünglich entstand, damit die Weibchen in diesen frühen Gruppen sich verbünden und die Männer zwingen konnten, in sie und ihre Nachkommen zu investieren, vor allem indem sie auf die Jagd gingen und Fleisch beschafften. Das würde auch mit der Tatsache übereinstimmen, daß Frauen heute allgemein über bessere sprachliche Fähigkeiten verfügen als Männer und auch im sozialen Bereich gewandter sind.

Derzeit herrscht aber unter den Evolutionsforschern und Anthropologen die einhellige Meinung, daß die menschliche Gesellschaft nicht in diesem Sinn durch Bindungen zwischen Frauen charakterisiert war. Dies wird dadurch belegt, daß in fast allen traditionellen Kulturen die Braut in das Dorf des Bräutigams zieht. Das könnte seine Ursache allerdings darin haben, daß die Männer in den meisten Kulturen die Ressourcen (Land, Jagdreviere) kontrollieren, die die Frauen für die Fortpflanzung brauchen. In eher gleichberechtigten Gesellschaftsformen (zum Beispiel bei den

Sammlern und Jägern oder in der modernen Industriegesellschaft) sind Verwandtschaftsbeziehungen und Bündnisse zwischen Frauen manchen Belegen zufolge wesentlich enger, und die Männer müssen ebensooft in das Dorf ihrer Frau ziehen wie umgekehrt.

Diese Vermutung wird durch mehrere Indizien gestützt. Bei den zentralafrikanischen Pygmäen sind beispielsweise die Gene des Y-Chromosoms viel weiträumiger verbreitet als die des X-Chromosoms, die eher gehäuft in einer Gegend vorkommen. Das läßt vermuten, daß die Frauen näher bei ihren Verwandten blieben, während die Männer sich zur Paarung über größere Entfernungen fortbewegten (so daß sich die Gene auf ihren Y-Chromosomen weiter verbreiteten). Ähnliche Befunde ergaben sich in sozialwissenschaftlichen Studien aus den fünfziger Jahren, die man in den Slums im Osten Londons durchführte: Dort waren enge weibliche Verwandte (Mütter, Töchter, Schwestern, Tanten und Nichten) nicht nur von entscheidender Bedeutung, damit eine Frau leben und sich in der ärmlichen Umgebung fortpflanzen konnte, sondern verheiratete Frauen wohnten auch deutlich näher bei der Wohnung ihrer eigenen Eltern als bei der ihrer Schwiegereltern.

Ähnliches entdeckten wir auch bei unseren Forschungsarbeiten. Matt Spoors und ich stellten in einer Untersuchung über soziale Beziehungsgeflechte fest, daß Frauen nicht nur ein geringfügig dichteres Netz sozialer Kontakte (Personen, zu denen sie mindestens einmal im Monat Kontakt haben) besitzen als Männer, sondern zu diesem Kreis gehörten auch ein höherer Anteil ihrer gleichgeschlechtlichen Verwandten (die Grenze wurde bei den Cousinen gezogen). Noch stichhaltigere Belege stammen aus einer Studie, die wir in Zusammenarbeit mit Henry Plotkin, Jean-Marie Richards und George Fieldman durchführten. Wie wir feststellten, sind Frauen bereit, für ihre beste Freundin fast ebenso viele körperliche Beschwernisse auf sich zu nehmen wie für sich selbst, wenn eine finanzielle Belohnung winkt; Männer dagegen sind ihrem besten Freund gegenüber bei weitem nicht so altruistisch.

Alles in allem legen solche Befunde die Vermutung nahe, daß Bindungen zwischen Frauen in der Evolution des Menschen eine viel stärkere Kraft waren, als man manchmal annimmt. Wenn das stimmt, könnte der Druck der Evolution der Sprache ohne weiteres durch die Notwendigkeit entstanden sein, Bündnisse zwischen Frauen zu bilden und zu pflegen, wie Chris Knight behauptet, und nicht durch die Bindungen und Jagdaktivitäten der Männer, wie es nach der herkömmlichen Lehre immer angenommen wurde.

Unklar bleibt bisher, ob der erste Anreiz zur Entstehung der Sprache von dem Hochgefühl des griechischen Chores ausging oder aber von der Notwendigkeit, Informationen über andere Angehörige des Bündnisses oder der Gruppe auszutauschen. Als einen Beleg für die Gesangshypothese kann man vielleicht die Tatsache ansehen, daß Kleinaffen wie die Dscheladas ihre Kontaktrufe in der Regel im Chor anstimmen, so daß sie sich zu einem bemerkenswerten emotionalen Crescendo steigern. In den Paarungsgruppen der Dscheladas sind in der Regel nur ein oder zwei Tiere an den Kontaktrufen beteiligt. Ab und zu versammelt sich aber auch die ganze Gruppe zu einem immer lauter werdenden Chor von Grunz- und Stöhnlauten, und gekrönt wird das Ganze am Ende von einem dramatischen Vibrato des Harembesitzers, das wie der Punkt am Ende eines gemeinsamen Satzes wirkt. In Gang gesetzt wird der ganze Vorgang aber von den Weibchen, die den Ruf ihrer Kraulpartner in der Gruppe erwidern und für die er auch am wichtigsten zu sein schient.

Dieser Übergang von einfachen Kontaktrufen, wie man sie bei den Pavianen in der Savanne beobachtet, zu dem gefühlsgeladenen Chor der Dscheladas war offenbar auch bei unseren Vorfahren eine natürliche Entwicklung, nachdem die erforderliche Kraulzeit mit dem Anwachsen der Gruppen im Pleistozän eindeutig die Grenzen der tatsächlich verfügbaren Zeit überschritt. Wenn das zuträfe, dann waren es vermutlich die Weibchen, die den Anstoß gaben, diesen Weg einzuschlagen.

Zwar bilden auch Affenmännchen Koalitionen, aber die Bindung scheint bei ihnen viel schwächer zu sein als bei den Weibchen. Sehr deutlich zeigte sich dies in den Untersuchungen von Frans de Waal im Zoo von Arnheim mit seiner Schimpansenkolonie. Wie er feststellte, bildeten die Weibchen langfristigere, auf Verwandtschaft gegründete Bündnisse; die Allianzen der Männchen waren dagegen von kürzerer Dauer und eher von Zweckmäßigkeit und den Erfordernissen des Augenblicks geprägt. Beziehungen der letzteren Art erfordern nur, daß alle Beteiligten die Lage erkennen und wissen, was der Verbündete wirklich vorhat. Langfristige Allianzen dagegen sind von tieferen Bindungen abhängig, und das heißt mit ziemlicher Sicherheit, daß sie eine emotionale Grundlage haben.

Aber irgendwann muß dieses rein emotionale Verhalten einer echten Sprache und wirklichem Informationsaustausch Platz gemacht haben. Man kann sich nur schwer vorstellen, wie die großen Gruppen, die sich gegen Ende des Pleistozäns bildeten, ohne den Austausch sozialer Informationen zusammengehalten haben sollen. So wichtig emotionale Bindungen für das Beziehungsgeflecht in dem kleinen Kreis enger Freunde auch sind, gibt es doch eine Grenze für die Zahl der Personen, mit denen wir solche Bindungen unterhalten können (die sogenannte »Sympathiegruppe« von zehn bis 15 Menschen). Um die Beziehungen im größeren Kreis der Bekannten aufrechtzuerhalten, sind wir viel stärker auf zwischenmenschliche Kenntnisse als auf emotionale Zuneigung angewiesen.

ANMERKUNGEN

1 Bei Säugetieren übernimmt das Geschlecht mit zwei X-Chromosomen diese Funktion, bei Vögeln und Schmetterlingen das mit einem X- und einem Y-Chromosom. Welches Geschlecht die Ei- und welches die Samenzellen hervorbringt, wird bei diesen drei sehr unterschiedlichen Gruppen durch rein zufällige Entscheidungen bestimmt.

2 Das Sehvermögen ist im Gegensatz zu allen anderen Körpersystemen zweigeteilt: Die Nerven von der linken Hälfte jedes Auges führen zur rechten Gehirnhälfte und umgekehrt.

3 Ein Gegenstand, der sich auf der linken Körperseite (das heißt im linken Teil des Gesichtsfeldes) befindet, wird auf der rechten Seite der Netzhaut im Augenhintergrund abgebildet. Ein Bild, das durch die Augenlinse fällt, wird umgedreht: Eigentlich sehen wir die Welt auf dem Kopf stehend und seitenverkehrt.

Das Vermächtnis von Babel

Das seltsamste Merkmal der menschlichen Sprache ist ihre Angewohnheit, mit erstaunlicher Geschwindigkeit verschiedene Sprachen hervorzubringen, deren jeweilige Sprecher einander nicht verstehen. Nur knapp zwei Jahrtausende trennen das Italienische und Französische von ihrem gemeinsamen Vorläufer, dem Latein, und dennoch können die meisten, die eine dieser beiden Sprachen als Muttersprache haben, einander gegenseitig ebensowenig verstehen, wie sie das Lateinische beherrschen. Das Dänische und Schwedische stammen von verschiedenen lokalen Dialekten des Skandinavischen ab, und doch verstehen sich ihre Sprecher heute, nach knapp tausend Jahren, gegenseitig fast nicht mehr. Und wer Chaucers *Canterbury Tales* im Original liest, dem wird nur allzu deutlich, wie stark sich das Englische in sechshundert Jahren verändert hat; die Hälfte der Wörter ist nicht mehr zu erkennen. Selbst Shakespeare, von dem uns nur vierhundert Jahre trennen, ist an manchen Stellen beunruhigend unverständlich.

In dem nun folgenden Kapitel möchte ich versuchen, dieses Phänomen zu erklären.

Zurück nach Babel

Die Mythologien vieler Völker rund um die Erde teilen gleichermaßen den Glauben an einen gemeinsamen Ursprung der Menschheit. Die meisten derartigen Geschichten deuten an (auch wenn sie es nur selten so ausdrücklich sagen), daß die Menschen einstmals alle eine gemeinsame Sprache hatten. Die biblische Geschichte des Turmbaus zu Babel betont sogar expressis verbis, alle Menschen hätten einst die gleiche Sprache gesprochen. Der Bericht steht im Kapitel 11 des Ersten Buches Mose:

> Es hatte aber alle Welt einerlei Zunge und Sprache. Als sie nun nach Osten zogen, fanden sie eine Ebene im Lande Schinar und wohnten daselbst... Und [sie] sprachen: Wohlauf, laßt uns eine Stadt und einen Turm bauen, dessen Spitze bis an den Himmel reiche, damit wir uns einen Namen machen; denn wir werden sonst zerstreut in alle Länder. Da fuhr der HERR hernieder, daß er sähe die Stadt und den Turm, die die Menschenkinder bauten. Und der HERR sprach: Siehe, es ist einerlei Volk und einerlei Sprache unter ihnen allen, und dies ist der Anfang ihres Tuns; nun wird ihnen nichts mehr verwehrt werden können von allem, was sie sich vorgenommen haben zu tun. Wohlauf, laßt uns herniederfahren und dort ihre Sprache verwirren, daß keiner des anderen Sprache verstehe! So zerstreute sie der HERR von dort in alle Länder, daß sie aufhören mußten, die Stadt zu bauen. Daher heißt der Name Babel, weil der HERR daselbst verwirrt hat aller Länder Sprache und sie von dort zerstreut hat in alle Länder.

Der Turm von Babel war kein Mythos. Es gab ihn tatsächlich. In Wirklichkeit hieß er Etemenanki (»Tempel auf der Plattform zwischen Himmel und Erde«), und er wurde irgendwann im sechsten oder siebten Jahrhundert v. Chr. während der zweiten Blütezeit des babylonischen Reiches gebaut. Es war eine siebenstöckige Stufenpyramide (Ziggurat), und ganz oben stand ein prachtvoller, blau glänzender Tempel des Gottes Marduk, damals das mächtigste Mitglied der örtlichen assyrischen Götterwelt. Etwa ein Jahrhundert später, nämlich um 450 v. Chr., kletterte der griechische Historiker Herodot mühsam die steilen Treppen und Rampen hinauf, weil er hoffte, er werde auf der Spitze ein Götterbild finden. Aber leider war dort nichts außer einem leeren Thron.

Aber die Urheber der Mythen im alten Israel hatten offenbar etwas bemerkt. Nach den Erkenntnissen der heutigen Linguisten haben die Sprachen der Welt tatsächlich einen gemeinsamen Ursprung, aber erst in jüngster Zeit konnte man, was die Geschichte der Sprache angeht, mehr tun als nur spekulieren. Die Phase der gemeinsamen Sprache liegt allerdings viel weiter zurück als der Turmbau zu Babel, und es ist nur schwer zu verstehen, wie die Autoren des Ersten Buches Mose die wirklichen Vorgänge im Babylon des sechsten Jahrhunderts v. Chr. mit den vermutlich echten volkstümlichen Erinnerungen an eine Zeit, als alle die gleiche Sprache hatten, in Verbindung bringen konnten.[1] Zu der Zeit, als die Babylonier ihren Turm bauten, waren die meisten großen Sprachgruppen auf der Erde bereits gut ausgebildet.

Die Rekonstruktion der Sprachentwicklung geht auf Sir William Jones zurück, einen gelehrten, neugierigen Mann, der Ende des 18. Jahrhunderts in Kalkutta zum Richter ernannt wurde. In der Überzeugung, er könne nur dann gerechte Urteile fällen, wenn er die juristischen Autoritäten der Hindus im Original las, lernte er Sanskrit, die alte, damals aber bereits tote Sprache Nordindiens. Je mehr Fortschritte er dabei machte, desto stärker fielen ihm die Ähnlichkeiten zwischen dem Sanskrit und den alten europäischen Sprachen Griechisch und Latein auf, die er so gut kannte. Bei geeigneter Berücksichtigung der Lautverschiebungen konnte er so viele Übereinstimmungen zwischen den Wörtern dieser drei Sprachen feststellen, daß er schließlich behauptete, sie stammten von einer gemeinsamen Ursprungssprache ab.

Zu den klassischen Beispielen gehören Wörter wie »Bruder« – mit klaren Ähnlichkeiten zum griechischen *phrater*, dem lateinischen *frater*, dem altirischen *brathir*, dem altslawischen *bratre* und dem Sanskritwort *bhrater* – und die Formen des Hilfsverbs »sein« mit *is* im Englischen und Altirischen, *esti* im Griechischen, *est* im Lateinischen, *yeste* im Altslawischen und *asti* im Sanskrit. Die geringfügigen Unterschiede zwischen diesen gemeinsamen

Wörtern sind in den meisten Fällen durch die gleichen Veränderungen in der Aussprache entstanden, eine Tatsache, die den Sprachforschern Jakob und Wilhelm Grimm erstmals auffiel. Beispiele für solche Verschiebungen sind die Veränderungen des lateinischen *f* und *ph* zu *b* im Englischen und den anderen germanischen Sprachen sowie die *p*- und *t*-Laute der alten Sprachen (z. B. Sanskrit *piter*, lateinisch *pater*), die in den späteren germanischen Sprachen zu *f* (oder *v*) und *th* wurden (deutsch *Vater*, englisch *father*).

Von solchen Vermutungen angeregt, verwendeten die Gelehrten des 19. Jahrhunderts viel Zeit auf die Rekonstruktion gemeinsamer Vorläufer für die verschiedenen Sprachgruppen. Das geschah in einem solchen Ausmaß, daß es den Mitgliedern der Pariser Société de Linguistique um die Jahrhundertwende zuviel wurde und sie sprachgeschichtliche Spekulationen aus ihren Tagungen verbannten. Aber zu dieser Zeit, als die historische Sprachforschung aus der Mode kam, hatte man bereits die Verwandtschaftsbeziehungen zwischen den meisten bekannteren europäischen und asiatischen Sprachen rekonstruiert. Wie man beispielsweise schon bald erkannt hatte, gehören die meisten europäischen Sprachen (mit Ausnahme des Baskischen und der finnisch-ugrischen Sprachen mit Ungarisch, Finnisch, Estnisch) und die Sprachen Südasiens bis nach Osten zu den indischen Ebenen (einschließlich des Persischen und der modernen Abkömmlinge des Sanskrit) zu derselben Gruppe, die man heute als das Indogermanische bezeichnet.

Diese alte Sprache entstand wahrscheinlich zwischen 5000 und 6000 v. Chr. irgendwo nördlich des Donaubeckens. Die indogermanischen Sprachen haben die gleichen Wörter für Winter, Pferde und Haustiere wie Schafe, Schweine und Rinder, aber auch für Begriffe, die mit der Lederverarbeitung, dem Pflügen und Getreideanbau zu tun haben. Das läßt insgesamt darauf schließen, daß die ursprünglichen Indogermanen ein halbnomadisches Leben führten, in dem die Landwirtschaft eine wichtige Rolle spielte. Ihre Götter waren eindeutig die Vorläufer der indischen, mittelmeerischen und keltischen Gottheiten. Und sie verfügten auch über eine ausgeprägte Sozialstruktur, denn die von ihnen abstammenden Sprachen haben viele gemeinsame Begriffe für Verwandtschaft und Familienstruktur. Was ihnen jedoch fehlt, ist ein gemeinsames Wort für »Meer«: Offensichtlich lebten die Indogermanen also nicht in der Nähe eines großen Ozeans oder an Seeufern.

In den letzten Jahrzehnten erwachte das Interesse an Sprachstammbäumen aufs neue. Nach heute offenbar einhelliger Meinung sind die anderen Sprachgruppen in Europa (baskisch, ugrisch usw.) und Asien (die semitischen Sprachen Nordafrikas und des Nahen Ostens, die altaischen Sprachen der Turkvölker und Mongolen sowie die elemo-drawidischen Sprachen Südindiens) die Abkömmlinge einer Überfamilie, die man heute als das Nostratische bezeichnet und die vermutlich um 13 000 v. Chr. entstand.

Dank umfangreicher Bemühungen einer russischen Linguistengruppe waren Versuche zur Rekonstruktion des Nostratischen recht erfolgreich, zumindest insofern, als man einen Wortschatz von mehreren tausend Wörtern zusammenstellen konnte, die als plausible gemeinsame Vorfahren für die entsprechenden Wörter der heutigen eurasischen Sprachen dieser Familie in Frage kommen. Dazu gehören Wörter wie *tik* für Finger (oder eins), von dem das heutige englische *digit*, das französische *doigt* und das lateinische *digitus* ebenso abstammen sollen wie das Hindiwort *ek'* (eins). Das proto-indogermanische *melg* (»melken«) hat Ähnlichkeit mit dem ugrischen *malge* (»Brust«) und dem modernen arabischen *mlg* (»saugen«), was wiederum auf einen gemeinsamen Ursprung hindeutet. Besonders interessant ist dabei, daß diese Sprachen die Wörter für bestimmte Dinge gemeinsam haben, für andere aber nicht. Es gibt Wörter für Hund – *kujna*, von dem neben dem deutschen Wort auch das englische *hound* abstammt – und für Dinge, die mit dem Leben im Freien zu tun haben, wie *marja* (»Beere«). Dagegen fehlen Wörter, die mit dem Ackerbau zusammenhängen. Das läßt vermuten, daß die Menschen, die das Nostratische sprachen, Jäger und Sammler waren; sie lebten offenbar, bevor vor etwa zehntausend Jahren die Landwirtschaft erfunden wurde.

Neben dem Nostratischen hat man vier weitere nichtafrikanische Überfamilien identifiziert: das Dene-Kaukasische (die Sprachen der arktischen und subarktischen Gebiete Asiens und Nordamerikas), das Amerindische (die meisten Eingeborenensprachen Amerikas südlich von Kanada), das Proto-Australische (die Sprachen des australischen Kontinents) und das Austro-Asiatische (die Sprachen Südostasiens). Verwirrender sind die Sprachen in Afrika südlich der Sahara, und ihre Stellung im Verhältnis zu den fünf Überfamilien ist nach wie vor unklar. Man hat aber drei Hauptfamilien identifiziert; das Khoisische (die Sprachen der südafrikanischen Buschmänner und verwandter Völker), das Niger-Kordofanische (die Bantusprachen, die im größten Teil West-, Zentral- und Ostafrikas vorherrschen) und das Nilo-Saharische (die Sprachen der meist nomadisch lebenden Völker an der Südgrenze der Sahara).

Man hat sogar Versuche unternommen, den gemeinsamen Ursprung dieser acht Überfamilien zu rekonstruieren, die sogenannte »Proto-Weltsprache«. Linguisten wie der Russe Vitaly Scheworoschkin, der heute an der University of Michigan arbeitet, haben eigenen Behauptungen zufolge etwa zweihundert Wörter dieser Ursprache identifiziert. Dazu gehören *nigi* (oder *gini*) für »Zahn« mit seinen Abkömmlingen, dem kongo-saharischen *nigi*, dem austro-asiatischen *gini*, dem sino-kaukasischen *gin* und dem nostratischen *nigi*, von dem die heutigen englischen Wörter *nag* und *gnaw* abstammen könnten. In ähnlicher Weise hat man das Wort *tal* (oder *dal*) für »Zunge« der Proto-Weltsprache mit dem englischen Wort *tell* (»erzählen«) in Verbindung gebracht, und Erzählen ist ja auch eine wichtige Tätigkeit für die *tal*.

Die Rekonstruktion längst ausgestorbener Sprachen ist natürlich ein riskantes Geschäft, und Versuche, wie ich sie hier beschrieben habe, fanden auch ihre Kritiker. Oft wurden sie sogar als reine Phantasiegebilde verurteilt. Wie manche Sprachforscher betonen, verläuft der natürliche Wandel der Sprachen so schnell, daß man nach etwa sechstausend Jahren praktisch keine gemeinsamen Begriffe mehr identifizieren kann. Ob wir die Ursprachen jemals rekonstruieren können, ist vielleicht weniger wichtig als die Tatsache, daß sich viele von ihnen auf gemeinsame Vorläufer zurückverfolgen lassen. Es mag zwar Spaß machen, sich auf nostratisch zu unterhalten (was die russischen Sprachwissenschaftler regelmäßig taten), aber bedeutsamer ist die Frage, *warum* die Sprachen sich auseinanderentwickelten, so daß aus einem gemeinsamen Ursprung viele tausend einander unverständliche Sprachen hervorgingen.

Die Dynamik des Chaos

Die Zahl der heute auf der Welt gesprochenen Sprachen schätzt man auf etwa fünftausend, je nachdem, welche man als Dialekte bezeichnet und was man als eigenständige Sprachen betrachtet. Dazu kommt vielleicht noch eine Handvoll »tote« Sprachen, die an Schulen gelehrt werden (Altgriechisch, Latein) oder religiösen Zwecken dienen (Sanskrit, Ge'es, Hebräisch). Die Sprachforscher nehmen an, daß die Hälfte davon in den kommenden fünfzig Jahren aussterben wird, das heißt, niemand wird sie mehr als Muttersprache haben. Meist handelt es sich dabei um Sprachen, die schon heute von weniger als tausend Menschen gesprochen werden, die meisten davon bereits in vorgerücktem Alter. Manchen Vermutungen zufolge wird sogar eine Zeit kommen, in der die Welt nur noch von zwei Sprachen beherrscht wird – nach dem derzeitigen Stand der Dinge vom Englischen und Chinesischen. Das Verschwinden all dieser Sprachen wäre natürlich zu bedauern. Wir verlieren mit ihnen auch Bruchstücke unserer Vergangenheit, denn Sprache spiegelt die Geschichte der Völker wider, ihre gesammelten Erfahrungen, ihre Wanderungen und die Invasionen, die sie erlitten haben.

Aber bei dieser Beobachtung übersieht man ein seltsames

Merkmal des menschlichen Verhaltens: unsere Neigung, neue Dialekte fast ebenso schnell zu schaffen, wie wir andere verlieren. Das Englische hat sich über die ganze Welt verbreitet und ist zur *lingua franca* von Handel, Politik und Wissenschaft geworden, aber auch zur Amtssprache von Ländern aller Kontinente; gleichzeitig hat es sich auseinanderentwickelt und lokale Dialekte herausgebildet, die wechselseitig nahezu unverständlich sind. Die meisten Linguisten unterscheiden heute Pison (das »Pidginenglisch« Neuguineas), Black English Vernacular (BEV, eine Form des Englischen, die von den Farbigen in den Großstädten im Nordosten der USA gesprochen wird), »nation language« (das Englisch der einzelnen Karibikinseln), Krio (das Pidgin von Sierra Leone in Westafrika) und sogar Scots (das Englisch im Süden Schottlands) als eigenständige Sprachen. In tausend Jahren wird irgendein Sprachforscher ihren Ursprung vielleicht zu einer seltsamen Insel vor der Nordwestküste Europas zurückverfolgen und sich fragen, wie ein relativ unbedeutendes Mitglied der weitläufigen indogermanischen Sprachfamilie alle anderen Sprachen überflügeln konnte.

Die Dialektbildung ist noch nicht einmal ein einzigartiges Merkmal der menschlichen Sprachen. Wie wir heute wissen, gibt es Dialekte auch in den »Sprachen« anderer Arten. Die osteuropäischen Krähen bringen ein deutlich anderes Krächzen hervor als ihre Vettern im Westen des Kontinents, und die japanischen Makaken sprechen ihre Kontaktrufe *kuu* im Norden ihres Verbreitungsgebietes anders aus als im Süden. Natürlich ist das Spektrum im Vergleich zu Ausmaß und Geschwindigkeit der Dialektentwicklung in den menschlichen Sprachen sehr beschränkt, aber das Prinzip zeigt enge Analogien. Die Wandelbarkeit ist so auffällig und so allgemein verbreitet, daß es sich nicht einfach um einen Zufall der Evolution handeln kann: Sie muß vielmehr einem Zweck dienen. Einen Hinweis, was das für ein Zweck sein könnte, liefert vielleicht der Verlauf der Sprachentwicklung selbst.

Der Archäologe Colin Renfrew erklärte, die heutigen Sprachgruppen hätten sich durch vier große Wanderungen in der

Menschheitsgeschichte entwickelt. Die Sprachgruppen Australiens und die amerindischen Sprachen der Neuen Welt verdankten demnach ihre Entstehung der ersten Wanderung, bei der die Menschen vor etwa hunderttausend Jahren Afrika erstmals verließen. Die Grenze ihres Verbreitungsgebietes verschob sich immer weiter nach Osten und übersprang vor ungefähr vierzigtausend Jahren fast gleichzeitig die Beringstraße nach Nordamerika und die Arafurasee, die Australien von den Inseln des Sundaschelfs trennt, einer Fortsetzung der Indochinesischen Halbinsel. Andere Überreste dieser ersten Ausbreitungsbewegung sind nach seiner Annahme das Khoisische (die Sprache der südafrikanischen Buschleute und ihrer Verwandten), das Baskische (die Basken sind nachweislich Nachkommen der europäischen Ureinwohner – der Himmel möge verhüten, daß sie ihren rechtmäßigen Landbesitz zurückfordern!), das Kaukasische (die Sprachen in dem Gebiet zwischen Kaspischem und Schwarzem Meer), die indo-pazifischen Sprachen Neuguineas und die austrische Sprachgruppe (altertümliche Sprachen, die noch von Bergstämmen in Teilen Vietnams, Kambodschas und Thailands gesprochen werden).

Die zweite große Wanderung fand vor etwa zehntausend Jahren statt, nachdem sich an mehreren Stellen in der Alten und Neuen Welt mehr oder weniger gleichzeitig die Landwirtschaft entwickelt hatte. Die Entdeckung, daß man manche Pflanzen gezielt anbauen kann, befreite die betreffenden Völker von der unausweichlichen Notwendigkeit, sich nach den Wanderungen des Wildes und den Vegetationszyklen der Bäume in den Savannen zu richten. Mit der Landwirtschaft konnten die Gruppen länger an ein und demselben Ort bleiben, und mit den dabei erzeugten Überschüssen konnte ihre Bevölkerung schneller wachsen. Als diese Völker sich auf der Suche nach neuem Land für ihre gedeihenden Familien über die Grenzen ihrer ursprünglichen Siedlungsgebiete ausbreiteten, verdrängten sie die Kulturen der Jäger und Sammler, auf die sie trafen (oder integrierten sie in selteneren Fällen). Ganz ähnliche Beispiele der Verdrängung haben wir auch in historischer Zeit erlebt:

im fünften und sechsten Jahrhundert n. Chr. die Wanderungen der Sachsenvölker nach Westeuropa, wo sie die Kelten allmählich in die Gebirgsgegenden am Nord- und Westrand der britischen Inseln abdrängten, und im 19. Jahrhundert die Einwanderung der Europäer nach Nordamerika und Australien.

Die wichtigsten dieser Wanderungen standen im Zusammenhang mit dem Getreideanbau im Nahen Osten – sie ließen die afroasiatische Sprachgruppe, die sich südwestlich nach Arabien und Nordafrika ausbreitete, und die indogermanischen Sprachen Europas entstehen – und mit dem Reisanbau in Ostasien, wo sie die sino-tibetanischen Sprachen Südchinas und indirekt die austronesischen Sprachen des Pazifikraums hervorbrachten, letztere mit Sonderentwicklungen wie den Sprachen des weit entfernten Neuseelands und Madagaskars.[2]

Die dritte Serie von Wanderungen spielte sich ungefähr vor achttausend Jahren ab. Die globale Erwärmung, die das Ende der letzten Eiszeit kennzeichnete, eröffnete einer Völkergruppe die Möglichkeit, in arktische Gebiete einzuwandern; sie verbreitete sich im Westen bis nach Nordskandinavien und ist dort heute durch die rentierzüchtenden Lappen vertreten; im Osten wanderten die Menschen über die Beringstraße bis nach Nordkanada, wo sie die dort ansässigen Indianer nach Süden in die heutigen USA abdrängten. Diese Wanderung ist offensichtlich in zwei Wellen erfolgt: Eine erste Gruppe ist heute durch die Na-Dene-Sprachgruppe der (vorwiegend) kanadischen Indianervölker repräsentiert; beträchtlich später kamen die Eskimos (oder richtiger: Inuit) hinzu, die heute die arktischen Gebiete von Alaska bis Grönland bewohnen.

Und schließlich kam es in historischer Zeit durch eine Reihe von Wanderungen zu einem Vorgang, den Renfrew als »Dominanz der Elite« bezeichnet. Die Bildung komplizierter Gesellschaftsformen – in Verbindung mit dem Gebrauch des Pferdes als Mittel der Fortbewegung und Kriegführung – führte zu einer schnellen ostwärts gerichteten Wanderung indogermanischer Völker in den Nahen Osten und nach Nordindien, sowie der mongolischen Völker der altaischen Sprachgruppe von Zentralasien aus nach Nordchina, Sibirien und Japan. Die letztgenannte Gruppe war im 12. Jahrhundert n. Chr. für eine zweite große Ausdehnungswelle verantwortlich, diesmal in westlicher Richtung bis nach Osteuropa, der Antrieb war das Großmachtstreben des gefürchteten Mongolenhäuptlings Dschingis Khan. In den meisten Fällen wurde die einheimische Bevölkerung in den eroberten Gebieten nicht vertrieben, sondern versklavt oder assimiliert. Entsprechend zwangen die Sieger den Unterlegenen auch ihre Sprache auf (ähnlich wie die Spanier und Portugiesen, die den Indianern in Süd- und Mittelamerika ihre Sprache aufoktroyierten).

Das alles scheint die Vermutung nahezulegen – zumindest bis vor kurzer Zeit –, daß im wesentlichen die Wanderungen ganzer Völker die Ursache für die Ausbreitung und Auseinanderentwicklung der Sprachen war. Die Dominanz der Elite ist ein Phänomen aus jüngster Zeit, das die Entwicklungen von Verkehr und Technik widerspiegelt; häufiger scheint die Verdrängung ganzer Völker durch andere, die ihre eigene Sprache und Kultur mitbrachten, der Normalfall gewesen zu sein. Spektakuläre Unterstützung für diese Annahme kommt aus einer unerwarteten Richtung.

Nachdem man in der Lage war, die Reihenfolge (Sequenz) der Basenpaare in einem DNS-Abschnitt zu ermitteln, konnte man Ende der achtziger Jahre die genetische Information verschiedener Arten von Lebewesen genau vergleichen. Ein verblüffender Durchbruch gelang Rachel Cann, dem verstorbenen John Wilson und ihren Kollegen an der kalifornischen Stanford University: Sie klärten die Basenpaarsequenz in einem Abschnitt der Mitochondrien-DNS von etwa hundertzwanzig Frauen auf, die in örtlichen Krankenhäusern entbunden hatten. Mitochondrien[3] haben eine wichtige Eigenschaft: Sie werden ausschließlich in der weiblichen Linie weitervererbt, so daß sich in einem Stammbaum ihrer Ähnlichkeiten unmittelbar die entsprechende Mutter-Tochter-Abstammungslinie widerspiegelt. Durch den Vergleich der

Sequenzen verschiedener Personen konnten sie die genetischen Verwandtschaftsverhältnisse zwischen ihnen rekonstruieren. Damit hatte man auch die Verwandtschaft zwischen den verschiedenen Rassengruppen, zu denen die untersuchten Frauen gehörten.

Wie sich in diesen Untersuchungen herausstellte, ist die Variationsbreite der Mitochondrien-DNS in Afrika viel größer als in allen anderen Kontinenten. Alle Menschen in Europa, Asien, Australien und Amerika sowie einige nordafrikanische Völker gehören offenbar zu einer einzigen, eng verwandten Gruppe, die ihrerseits ein Teil der großen Familie afrikanischer Völker ist. Cann und Wilson arbeiteten sich durch die Hierarchie der Verwandtschaftsbeziehungen immer weiter in die Vergangenheit vor und gelangten schließlich zu einer einzigen weiblichen Urahnin, die zwangsläufig den Namen »afrikanische Eva« erhielt. Indem sie die Zahl der Mutationen in den einzelnen Abstammungslinien ermittelten, konnten sie die natürliche Mutationsrate für die Mitochondriengene bestimmen, und mit dieser »molekularen Uhr« schätzten sie, daß die Vorfahrin vor hundertfünfzigtausend bis zweihunderttausend Jahren gelebt haben muß.

In der Frage, ob die Rekonstruktion richtig durchgeführt wurde, und auch über die Methoden, mit denen die Wissenschaftler das Alter der Ureva bestimmt hatten, gab es zwar einige Diskussionen, aber die eigentliche Hypothese wurde durch spätere Analysen mit einer größeren Zahl von Frauen bestätigt. Und was vielleicht noch wichtiger ist: Sie stimmt gut mit den Fossilfunden überein. Die einzigen Fossilien, die Vorläufer des heutigen Menschen sein können, stammen aus Afrika und sind hundertfünfzigtausend bis zweihunderttausend Jahre alt.

Strenggenommen weisen diese Analysen nicht auf eine einzige gemeinsame Vorfahrin hin. Sie besagen nur, daß die Mitochondrien-DNS aller heute lebenden Menschen – auch Männer erben sie von der Mutter – von sehr wenigen Frauen abstammt, die zu einer bestimmten Zeit lebten. Nach anderen Berechnungen gehörte(n) die Vorfahrin(nen) aller heutigen Menschen zu einer

Population, die nur ungefähr fünftausend Personen beider Geschlechter und aller Altersstufen umfaßte. Sie waren demnach nicht nur die einzigen Angehörigen ihrer (und unserer) Spezies, die zu jener Zeit lebten, sondern auch die einzigen, deren Abstammungslinie(n) bis auf den heutigen Tag überlebt haben.

Aber für die eigentliche Überraschung sorgte der Genetiker Luigi Cavalli-Sforza. Er zeichnete über Canns Stammbaum der genetischen Verwandtschaftsbeziehungen zwischen den Rassengruppen den Stammbaum der Sprachgruppen, und beide stimmten erstaunlich gut überein. In der Ausbreitung und Aufspaltung der großen Sprachgruppen spiegelten sich ganz offensichtlich Ausbreitung und Aufspaltung der zugehörigen Rassengruppen wider. Demnach steht zu vermuten, daß die Menschen auf ihren Wanderungen sowohl ihre Gene als auch ihre Sprache mitnahmen und andere Bevölkerungsgruppen, die ihnen unterwegs begegneten, völlig verdrängten. Und so wie sich später die genetische Ausstattung durch die Anhäufung von Mutationen veränderte, wandelten sich auch die Sprachen durch die Bildung neuer Dialekte.

Damit sind wir wieder bei der Frage, warum menschliche Dialekte so leicht entstehen. Einer der Mechanismen, die zu der heutigen außerordentlichen Sprachenvielfalt geführt haben, war die Veränderung der Aussprache im Laufe der Zeit, wie sie von den Gebrüdern Grimm und anderen Sprachforschern belegt wurde. Damit stellte sich die grundlegende Frage, warum sich Dialekte entwickeln.

Mein Bruder und ich

Allgemein weiß man, daß Dialekte eng an örtliche Subkulturen gekoppelt sind. Der Dialekt ist das Kennzeichen für eine bestimmte Gruppenzugehörigkeit. Er zeigt, wohin wir gehören. Aber warum ist es uns so wichtig, die Zugehörigkeit zu einer Gruppe deutlich zu machen? Und warum erfüllen Dialekte diesen

Zweck so gut? Die Antwort auf die erste Frage hat mit dem von Enquist und Leimar behandelten Problem der Nassauer zu tun. Aber die zweite – warum Dialekte dieses Problem so wirksam beseitigen – beruht auf einem wichtigen Aspekt der Evolutionsbiologie, von dem bisher noch nicht die Rede war: auf der Theorie der Verwandtenselektion.

Daß Paarung und Fortpflanzung aus der Sicht der Evolution wichtig sind, ist offenkundig. Sie sind der Weg, auf dem Gene an die nächste Generation weitergegeben werden. Aber sie sind nicht der einzige Weg. Wie der neuseeländische Insektenforscher Bill Hamilton (der damals ein junger Doktorand am Londoner Imperial College war und heute Professor an der Universität Oxford ist) Mitte der sechziger Jahre deutlich machte, kann ein Individuum auf zweierlei Weise dafür sorgen, daß seine Gene in die Folgegeneration gelangen: entweder indem es sich selbst fortpflanzt oder aber indem es dazu beiträgt, daß ein Verwandter, der die gleichen Gene trägt, sich erfolgreicher fortpflanzen kann.

Wenn der Aufwand, einem Verwandten bei der Fortpflanzung zu helfen (gemessen als entgangene Fortpflanzungsgelegenheiten für den Helfenden), geringer ist als der Nutzen für den Verwandten (vermindert um den Grad der Verwandtschaft), zahlt es sich für ein Individuum aus, wenn es als Helfer tätig wird. In der Evolutionsbiologie ist dieses Prinzip als »Hamilton-Regel« bekannt: Es besagt, unter welchen Bedingungen man in einer Tierpopulation mit der Evolution hilfreichen Verhaltens rechnen kann. Den Mechanismus bezeichnet man als Verwandtenselektion; er ist nicht der einzige darwinistische Vorgang, durch den sich altruistisches Verhalten ausbreiten kann, aber aus ihm ergeben sich wichtige allgemeine Folgerungen für das Verhalten der Lebewesen.

Entscheidend für die Hamilton-Regel ist die Frage, ob die beiden Individuen ein bestimmtes Gen gemeinsam haben. Je enger sie verwandt sind, desto größer ist die Wahrscheinlichkeit, daß sie von einem gemeinsamen Vorfahren das gleiche Gen geerbt haben, und desto mehr lohnt es sich, wenn eines von beiden dem anderen hilft. Hier geht es vor allem darum, daß es unter sonst gleichen Bedingungen nützlicher ist, einem engeren Verwandten zu helfen als einem entfernteren, weil engere Verwandte eher bestimmte Gene gemeinsam haben als entfernt oder gar nicht verwandte Individuen.

Für unser Thema ist das alles von Bedeutung, weil die meisten höheren Lebewesen einschließlich des Menschen eine starke Vorliebe für Verwandte haben. Menschen leben ganz allgemein lieber in der Nähe von Angehörigen als bei nicht-verwandten Personen – auch wenn man natürlich aushandeln muß, bei *welcher* Verwandtengruppe ein Ehepaar lebt. So kommt es zum Beispiel in den vormodernen Gesellschaften nur relativ selten vor, daß ein frisch verheiratetes Paar von beiden Familien getrennt wohnt. Und selbst in der heutigen postindustriellen Gesellschaft, in der viele Menschen aufgrund der Marktkräfte weit vom Elternhaus entfernt einen Arbeitsplatz suchen müssen, lebt eine beträchtliche Zahl von ihnen nahe bei den Verwandten, wenn es möglich ist; und wer weggezogen ist, hält den Kontakt mit den Angehörigen länger aufrecht als mit nicht-verwandten Freunden. Außerdem helfen Menschen ihren nächsten Angehörigen entschieden lieber als weniger eng verwandten Personen. »Blut ist dicker als Wasser«; dieses Gefühl findet man in fast allen Kulturen der Menschen. Das veranschaulicht auch das arabische Sprichwort »Ich gegen meinen Bruder; mein Bruder und ich gegen meinen Vetter; ich, mein Bruder und mein Vetter gegen [unseren gemeinsamen Feind].«

Zahlreiche Indizien weisen darauf hin, daß Menschen die Verwandtschaftsverhältnisse in ihrem Umgang mit anderen in Rechnung stellen, insbesondere wenn das altruistische Verhalten mit großem Aufwand verbunden ist. Das heißt nicht, daß die Menschen anderen gegenüber nie selbstlos wären. Oft sind sie das, aber meist nur dann, wenn es möglichst wenig Mühe erfordert. Menschen wie Sydney Carton in Charks Dickens' aufwühlender Geschichte *Zwei Städte*, die von der Selbstlosigkeit handelt, sind im wirklichen Leben recht selten. Wäre altruistisches Verhalten gegenüber jedermann wirklich »natürlich«, müßte man uns nicht so oft ausdrücklich dazu ermahnen, denn dann wäre solches Verhalten schlicht selbstverständlich. Und jeder von uns würde bereitwillig und pünktlich seine Steuern bezahlen.

Henry Plotkin, Jean-Marie Richards, George Fieldman und ich wollten untersuchen, wie die Hamilton-Regel beim Menschen funktioniert. Dazu machten wir ein einfaches Experiment, das der Biologe David McFarland ursprünglich bereits einige Jahre früher vorgeschlagen hatte. Versuchspersonen sollten eine isometrische Übung aus der Skigymnastik ausführen, bei der sie an einer Wand ohne Sitzfläche eine sitzende Stellung einnehmen mußten. Die Oberschenkel waren also parallel zum Boden, Unterschenkel und Rücken im rechten Winkel dazu. Anfangs ist es angenehm, diese Stellung einzunehmen, aber sie belastet die Beinmuskeln stark, und nach etwa einer Minute wird sie zunehmend schmerzhaft. Die meisten Menschen können sie höchstens zwei Minuten lang beibehalten und lassen sich dann auf den Boden fallen.

Wir boten den Versuchspersonen 75 Pence für jede 20 Sekunden, die sie in dieser Position ausharren konnten. Der Trick dabei war aber, daß das Geld in den meisten Fällen direkt an eine andere Person ging. Wer der Empfänger sein sollte, wurde jeweils am Anfang der Übung festgelegt, so daß die Versuchspersonen es wußten. Jede von ihnen führte die Übung sechsmal aus, wobei jedesmal ein anderer Empfänger für den Lohn der Mühe benannt wurde. Einer davon war immer die Versuchsperson selbst, und ein anderer war eine bekannte soziale Einrichtung für Kinder. Bei den restlichen vier Empfängern handelte es sich um Personen mit abgestuftem Verwandtschaftsgrad – ein Elternteil oder Geschwister (Verwandtschaft 50 Prozent), Tante oder Onkel (25 Prozent), Cousin oder Cousine (12,5 Prozent) – und um den besten Freund oder die beste Freundin gleichen Geschlechts (0 Prozent).

Die Ergebnisse waren verblüffend: Für enge Angehörige (Eltern, Geschwister) und sich selbst gaben die Versuchspersonen sich viel mehr Mühe als für entfernte Verwandte oder die Sozialeinrichtung.

Natürlich handelt es sich hier um eine sehr einfache Situation. Sie fängt aber das Wesen des echten Altruismus ein, bei dem man zum Nutzen anderer einen Tribut zahlt, und vermutlich ist sie mit vielen kleinen altruistischen Handlungen in unserem Alltagsleben vergleichbar, beispielsweise wenn wir geringfügige Geldbeträge verleihen oder uns Zeit nehmen, um anderen zu helfen.

In einer weiteren Studie untersuchten Amanda Clark, Nicola Hurst und ich Wikingersagen aus dem 13. Jahrhundert. Die Geschichten über die Wikingergemeinschaften Islands und Schottlands berichten von Fehden und Blutrache, die sich Jahrzehnt für Jahrzehnt fortsetzten. Nach unseren Feststellungen waren die Wikinger bei engen Angehörigen viel weniger zum Mord bereit als bei entfernten Verwandten, wenn man das Zahlenverhältnis dieser Kategorien in der Gesamtpopulation berücksichtigt. Nur wenn es um einen sehr hohen Preis ging, beispielsweise um die Vererbung von Titeln oder Ländereien, waren sie willens, auch nahe Verwandte umzubringen. Und die Angehörigen des Opfers beharrten auch viel eher auf ihrem Recht, Rache für den Mord zu üben, wenn es sich um einen engen Verwandten handelte (bei entfernteren Familienmitgliedern wurde oft auch Blutgeld angenommen) – es sei denn, der Mörder war ein besonders gewalttätiger Mensch; in diesem Fall bestand offensichtlich eine größere Gefahr für einen Rachemord. Die gleiche Tendenz zeigt sich, wie Martin Daly und Margot Wilson deutlich gemacht haben, auch in der heutigen Mordstatistik. Wie sich herausstellte, werden Mordopfer in den USA und Kanada zwanzigmal häufiger von nichtverwandten Personen getötet, mit denen sie leben, als von genetischen Verwandten.

Die Daten aus Kanada zeigen es noch drastischer: Wenn Kinder unter zwei Jahren umgebracht werden, handelt es sich bei dem Mörder sechzigmal häufiger um Stiefvater oder -mutter als um einen biologischen Elternteil. Das bedeutet natürlich nicht, daß alle Stiefeltern Scheusale sind. Um die Verhältnisse zurechtzurücken: Wir sprechen hier von etwa sechshundert Morden auf hunderttausend geborene Kinder. Es zeigt aber, daß für Stiefkinder ein erheblich größeres Risiko besteht als für Kinder, die bei ihren biologischen Eltern leben. Irgend etwas hindert uns daran, unsere Frustration an anderen auszulassen, wenn der Verursacher der Frustration genetisch mit uns verwandt ist.

Der Einfluß der Verwandtschaftsverhältnisse zeigt sich auch in anderen Bereichen des zwischenmenschlichen Umgangs. Bündnisse mit Verwandten waren zum Beispiel bei den Wikingern stabiler als solche mit nicht-verwandten Personen, und man ging sie leichter freiwillig ein, ohne etwas dafür zu fordern. Nicht-verwandte Verbündete verlangten oft eine Gunst oder Güter als Vorleistung, Verwandte dagegen liehen bereitwillig ein Schiff für eine Expedition oder beteiligten sich allein aus Pflichtgefühl an einem Rachefeldzug. Die gleiche Bereitschaft, Verwandte zu unterstützen, erkennt man auch heute. Wie Catherine Panter-Brick von der Universität Durham feststellte, helfen die Frauen nepalesischer Bergbauern ihren Verwandten ohne Gegenforderung bei der Ernte auf den Feldern, aber wenn sie die gleiche Hilfe den nicht mit ihnen verwandten Mitgliedern der Gemeinschaft leisten, erwarten (und verlangen) sie strikt eine Gegenleistung.

In der Tatsache, daß wir bevorzugt bei Angehörigen leben und ihnen helfen, spiegelt sich nach meiner Überzeugung nicht einfach der Wunsch wider, den Verwandten zu erfolgreicher Fortpflanzung zu verhelfen wie die unfruchtbaren Arbeiterbienen, die der Königin helfen, immer mehr Schwestern für sie zu produzieren. Diese Neigung ergibt sich vielmehr aus der Tatsache, daß Verwandte sich nicht nur bei kleinen Alltäglichkeiten helfen, sondern auch eher in Bündnissen kooperieren, weil von der erfolgreichen Fortpflanzung der anderen auch für sie einiges abhängt. Wenn man Hilfe braucht, bekommt man sie mit größerer Wahrscheinlichkeit von einem verwandten als von einem nicht-verwandten Menschen.

Verwandtschaftsverhältnisse sind offenbar für uns von so überragender Bedeutung, daß wir die entsprechende Sprache auch dann zur Verstärkung des Gruppengefühls benutzen, wenn die anderen in Wirklichkeit nicht mit uns verwandt sind. Wenn wir das tun, dann immer deshalb, weil diese anderen in irgendeiner Form nützliche Verbündete sind. Angehörige der gleichen Religionsgemeinschaft ziehen wir zum Beispiel häufig unseren Geschwistern vor, insbesondere wenn wir zu einer verfolgten Minderheit gehören. Die Briefe der Apostel im Neuen Testament enthalten viele liebevolle Anreden. »An meinen lieben Sohn Timotheus« schreibt Paulus an seinen überhaupt nicht mit ihm verwandten Kollegen, und seinen Brief an die Kolosser beginnt er mit den Worten: »Paulus, ein Apostel Jesu Christi durch den Willen Gottes, und Bruder Timotheus«. Der Apostel Johannes schreibt im zweiten Kapitel seines ersten Briefes: »Meine Kinder, dies schreibe ich euch, damit ihr nicht sündigt.« Das Christentum ist ganz besonders von diesem Gefühl der Familienzusammengehörigkeit durchdrungen. Das wichtigste Gebet dieser Religion beginnt mit den Worten »Vater unser, der du bist im Himmel«, und im eher irdischen Bereich wird der ehrenvolle Titel »Vater« den Geistlichen der römisch-katholischen und orthodoxen Kirche verliehen.

Derselben Taktik bedienen wir uns interessanterweise auch, wenn wir unsere Mitbürger zur Landesverteidigung aufstacheln wollen. Begriffe, die mit Verwandtschaft und dem Appell zum Schutz unserer Nächsten und Liebsten zu tun haben, sind in diesem Zusammenhang so verbreitet, daß wir sie kaum wahrnehmen: »Das Vaterland braucht dich!« – »Wir müssen Mütterchen Rußland verteidigen!« – »Sie werden eure Töchter und Schwestern vergewaltigen!« Wenn wir andere zum Mitmachen überreden wollen, nehmen wir beträchtliche Mühe auf uns, um sie zu überzeugen, daß verwandtschaftliche Bindungen bestehen, auch wenn diese Bindungen im besten Fall nebulös sind.

Unter anderem stehen die Menschen mit ihren großen, diffusen Gruppen vor dem Problem, daß Nassauer das System leicht betrügerisch ausnutzen können, indem sie sich einfach als Verwandte bezeichnen, um einen Gefallen zu erbitten. Diese Schwierigkeit ließe sich vielleicht mit einem auf die Stirn gestempelten DNS-Fingerabdruck umgehen, ganz ähnlich wie bei Rimmer, einer Gestalt in der Science-fiction-Fernsehkomödie *Red Dwarf*, der ein H auf der Stirn trägt, weil er ein Hologramm ist. Das wäre, wie ich wohl nicht ausdrücklich zu betonen brauche, schwierig zu verwirklichen; zwar bleibt festzuhalten, daß die Kastenzeichen der Hindus eine solche Markierung darstellen – und die Kastenzugehörigkeit ist natürlich erblich. Wenn man sichergehen will, daß man es bei einer Begegnung wirklich mit einem Verwandten zu tun hat, kann man unter anderem verlangen, daß er ein Kennzeichen der Gruppenzugehörigkeit vorweist, also eine Art Etikett. Natürlich läßt sich mit den meisten Etiketten nur allzu leicht Schwindel treiben. Damit ein solches Kennzeichen seinen Zweck erfüllt, muß sein Besitz entweder mit hohen Kosten verbunden sein (wie bei einem teuren Auto), oder es muß schwierig zu erwerben sein (zum Beispiel weil es von jungen Jahren an viel Übung erfordert).

Tatsächlich sind die meisten Tiere auf Familienbeziehungen angewiesen. Statistisch gesehen, sind die meisten Menschen, mit denen man aufwächst, Verwandte. Von Zeit zu Zeit kommen zwar ganz offensichtlich Fehler vor, aber Erkennungsfehler haben nur dann schwerwiegende Auswirkungen auf die Hamilton-Regel, wenn sie sich sehr häufig ereignen. Die Evolution verträgt ein erstaunlich hohes Maß an Fehlern, weil es bei ihr nicht um absolute Werte geht, sondern um den *relativen* Nutzen.

Ein offensichtliches Etikett ist der Dialekt, denn die Sprache erlernt man in einer entscheidenden, frühen Lebensphase. Wer genauso spricht wie wir selbst und gleiche Wörter mit gleichem Akzent benutzt, ist mit ziemlicher Sicherheit in unserer Nähe aufgewachsen, und zumindest im Zusammenhang der vorindustriellen Gesellschaft ist es dann wahrscheinlich ein Verwandter. Das ist natürlich keine hundertprozentige Garantie, aber immer noch viel besser als reines Raten.

Aber der Dialekt hat noch einen anderen Vorteil: Er kann sich, zumindest wenn man nach Generationen mißt, relativ schnell verändern. Das schafft die Möglichkeit, die Bewegungsmuster einzelner Menschen über längere Zeit zu verfolgen. Eine Auswanderergruppe entwickelt im Laufe von ungefähr einer Generation einen eigenen Akzent und Sprechstil, auch wenn sie noch die gleichen Wörter benutzt. Man braucht sich nur anzusehen, wie stark sich heute das australische und das britische Englisch unterscheiden, und das, obwohl die meisten Auswanderer erst in den letzten hundert Jahren nach Australien kamen. Demnach liegt die Vermutung nahe, daß Dialekte ein Mittel waren, besser mit dem Problem der Schmarotzer fertig zu werden. Indem eine Gruppe ständig neue Sprechweisen entwickelt, neue Arten, alte Dinge zu sagen, sorgt sie dafür, daß ihre Mitglieder sich untereinander leicht erkennen. Und das dazu verwendete Kennzeichen ist schwer zu fälschen, weil man es schon in jungen Jahren lernen muß. Man kann den Akzent oder die Sprechweise einer Gruppe kaum annehmen, ohne längere Zeit in dieser Gruppe zu leben.

Zur Überprüfung dieser Idee entwickelte Dan Nettle ein Computermodell, in dem verschiedene Strategien miteinander konkurrierten, und zwar in einer »Welt«, in der sie sich nur fortpflanzen konnten, wenn sie eine bestimmte Menge an Reserven besaßen (das heißt, nachdem sie genug gegessen hatten, um mehr zu tun als nur Leib und Seele zusammenzuhalten). Um sich diese Reserven zu verschaffen, konnten die Individuen kooperieren, und oft waren sie dazu gezwungen, um die Voraussetzung für die Fortpflanzung zu erfüllen. Manche Individuen waren zur Zusammenarbeit bereit, aber andere waren Schwindler, die Hilfe annahmen und sich dann weigerten, eine Gegenleistung zu erbringen. Von den kooperativen Individuen halfen manche nur denen, die einen ähnlichen Dialekt besaßen wie sie selbst. Es gab aber auch eine Sorte von Nassauern, die sehr schnell lernten, die Dialekte, die ihnen begegneten, nachzuahmen. Solange die Dialekte im Laufe der Zeit gleich blieben, war die Strategie des Nachahmens, wie sich in dem Modell zeigte, durchaus erfolgreich, und die Schwindler ließen es sich auf Kosten der anderen gutgehen. Änderten sich die Dialekte aber mäßig schnell (das heißt in der Größenordnung von Generationen), konnten die Schwindler mit ihrer Strategie fast nie unter den kooperativen Individuen Fuß fassen – vorausgesetzt, die Individuen können sich erinnern, gegen wen sie früher schon einmal angetreten sind. Ein Dialekt, der sich weiterentwickelt, ist ein ziemlich sicherer Schutz gegen räuberische Nassauer.

Höchstwahrscheinlich entstanden die Dialekte also als Versuch, Schäden durch jene, welche die natürliche Kooperationsbereitschaft der anderen ausnutzten, zu vermindern. Sobald jemand den Mund aufmacht, wissen wir, ob er einer von uns ist. In der Geschichte wurden zum Beispiel die Zukurzgekommenen bei vielen Gelegenheiten daran erkannt, daß sie Wörter nicht richtig aussprechen konnten. Das biblische Buch der Richter erzählt in Kapitel 12:

> Und die Gileaditer besetzten die Furten des Jordans vor Ephraim. Wenn nun einer von den Flüchtlingen Ephraims sprach: Laß mich hinübergehen!, so sprachen die Männer von Gilead zu ihm: Bist du ein Ephraimiter? Wenn er dann antwortete: Nein!, ließen sie ihn sprechen: Schibbolet. Sprach er aber: Sibbolet, weil er's nicht richtig aussprechen konnte, dann ergriffen sie ihn und erschlugen ihn an den Furten des Jordans, so daß zu der Zeit des Ephraim fielen zweiundvierzigtausend.

Ein anderer berühmter Vorfall ereignete sich vor dem Haus des Hohenpriesters Kaiphas in Jerusalem: Dort wurde der Jünger Petrus schnell als Außenseiter aus Galiläa erkannt. Der Evangelist Markus berichtet:

> Und nach einer kleinen Weile sprachen die, die dabeistanden, abermals zu Petrus: Wahrhaftig, du bist auch einer von denen [ein Jünger Jesu, den man gerade festgenommen hatte]; denn du bist auch ein Galiläer. Er aber fing an, sich zu verfluchen und zu schwören: Ich kenne den Menschen nicht, von dem ihr redet.

Solche Beispiele gibt es nicht nur in der weit zurückliegenden Vergangenheit. In den Niederlanden versuchten gegen Ende des Zweiten Weltkriegs nicht wenige deutsche Soldaten, in dem Durcheinander der flüchtenden Zivilisten zu entkommen, aber sie wurden schnell enttarnt, als holländische Widerstandskämpfer sie aufforderten, komplizierte niederländische Ortsnamen auszusprechen.

Sprache ist also ein wirksames soziales Hilfsmittel. Sie ermöglicht uns nicht nur den Austausch von Informationen, die für unser Überleben in einem komplexen, sich ständig wandelnden Sozialgefüge von Bedeutung sind, sondern wir können andere mit ihrer Hilfe auch als Freund oder Feind erkennen. Darin liegen wahrscheinlich die Ursprünge der historischen Sprachevolution, von der in Kapitel 7 die Rede war. Sprachen spalten sich zunächst in lokale Dialekte auf, und diese werden einander schließlich unverständlich, weil die örtlichen Gruppen ihre Identität gegenüber konkurrierenden Gruppen wahren müssen. Manchen Befunden zufolge ist die Sprachenvielfalt zumindest in Westafrika in dichtbevölkerten Gebieten am Äquator größer (das heißt, es gibt pro Quadratkilometer mehr Sprachen, die jeweils von weniger Muttersprachlern gesprochen werden) als in dünnbesiedelten Gebieten weiter nördlich, wo die Nähe der Nachbarn weniger zum Problem wird.

Wenn sich diese Beobachtung bestätigt (Dan Nettle ist gerade dabei, sie zu überprüfen), liegt die Vermutung nahe, daß Dialekte sich nicht immer mit der gleichen Geschwindigkeit entwickeln, sondern in direkter Abhängigkeit von der Bevölkerungsdichte. Je mehr Menschen eng zusammenleben, desto schneller wandeln sich ihre Dialekte. Die Erfindung der Landwirtschaft vor nur zehntausend Jahren war ein Wendepunkt in der Ökologie der Menschen. Sie wirkte sich dramatisch auf das Bevölkerungswachstum aus, denn mit ihrer Hilfe konnten die Menschen in viel höherer Dichte leben als die wandernden Jäger und Sammler. Und vor diesem Hintergrund erscheint auch die Annahme plausibel, daß Dialekte relativ jungen Ursprungs sind. Vor der landwirtschaftlichen Revolution sprachen die Menschen möglicherweise in großen Gebieten die gleiche Sprache, und Dialekte entwickelten sich langsam durch allmähliche Verschiebungen. Vielleicht liegt Babel tatsächlich noch gar nicht so lange zurück.

ANMERKUNGEN:

1 Daß Ereignisse aus weit entfernter Vergangenheit durch volkstümliche mündliche Überlieferung in Erinnerung bleiben können, zeigt sich unter anderem an einer Tatsache, über die die Archäologin Josephine Flood berichtet: In den Ursprungsmythen mancher Stämme der australischen Ureinwohner gibt es überraschend genaue Beschreibungen der Landflächen, die heute in der Tasmanischen See vor der Küste Südaustraliens liegen. Außerdem gibt es dort Berichte darüber, wie das Meer die Landbrücken zwischen dem Festland und vielen Inseln vor der Nord- und Südküste überflutete. Während der vorangegangenen Eiszeiten war der Meeresboden dieser Bereiche trockenes Land. Das letzte Mal konnten die Vorfahren der Aborigines vor etwa 10 000 Jahren trockenen Fußes darübergehen; danach versanken sie im Meer, weil am Ende der letzten Eiszeit die Polareiskappen abtauten und der Meeresspiegel anstieg. Und die australischen Ureinwohner scheinen in dieser Hinsicht nicht die einzigen zu sein. Die skandinavische Legende *Ragnarök* berichtet über eine Zeit namens *fibulvinter*, in der mehrere harte Winter ohne dazwischenliegende Sommer aufeinanderfolgten; manchen Vermutungen zufolge handelt es sich dabei um eine volkstümliche Erinnerung an die »kleine Eiszeit«, die Nordeuropa ungefähr um 1000 v. Chr. heimsuchte.

2 Obwohl die Insel Madagaskar vor der südöstlichen Küste Afrikas liegt, wurde sie erstmals vor etwa 2000 Jahren vom pazifischen Raum aus besiedelt. Ihre Sprache, das Madegassische, ist eng mit einigen heutigen Sprachen Borneos verwandt; die ersten Siedler gelangten wahrscheinlich auf Handelsreisen in das bis dahin unbesiedelte Madagaskar.

3 Mitochondrien sind die mikroskopisch kleinen Kraftwerke, die den Zellen ihre Energie liefern. Nach unserer heutigen Kenntnis waren sie ursprünglich Bakterien, die irgendwann in sehr urtümliche Einzeller einwanderten und mit der DNS im Zellkern eine symbiontische Beziehung eingingen.

Die kleinen Rituale des Lebens

Oft unterschätzen wir einfach, wie stark es bei der menschlichen Sprache auf die Interpretation der Absicht eines Sprechers ankommt. Ohne Theorie des Geistes und die Intensionalität höherer Ordnung (siehe Kapitel 5) könnten wir in dem, was andere sagen, nur den ganz buchstäblichen Sinn erkennen. Unterhaltungen würden nur von Tatsachen handeln und wären langweilig; sie hätten die gleiche Wärme und Poesie wie ein Gespräch mit Mr. Spock aus *Raumschiff Enterprise*. Wir hätten nicht einmal ansatzweise eine Literatur; das Höchste, wonach wir streben könnten, wäre eine ziemlich eintönige erzählende Dichtung. In Wirklichkeit aber bedienen wir uns täglich der Sprache, um das Leben der Menschen in unserer Umgebung zu beeinflussen, und zwar letztlich zu unserem eigenen Nutzen.

Und darin liegt das große Rätsel der Sprache: Was wir zum Guten verwenden, läßt sich ebenso einfach auch zum Bösen benutzen. Mit Hilfe des Machiavellismus und einer tief verwurzelten Theorie des Geistes können wir uns der Sprache bedienen, um andere auszustechen und hinters Licht zu führen, um falsche Propagandaspuren zu legen oder um zu verführen und zu schmeicheln. Bisher habe ich es vermieden, diese ziemlich verrufenen Eigenschaften der Sprache zu untersuchen; statt dessen habe ich mich lieber auf den umfassenden Nutzen konzentriert, den sie in Form der Gruppenbindung mit sich bringt. Aber jetzt ist der Zeitpunkt gekommen, da ich mich auch mit diesen Aspekten menschlichen Verhaltens ein wenig genauer befassen muß.

In den großen, weitverzweigten Gruppen, die für den heutigen Menschen typisch sind, stellen Schmarotzer, wie wir gesehen haben, ein besonders akutes Problem dar. Der Versuch, ihnen das Handwerk zu legen, ist vor allem dann entscheidend wichtig, wenn das Überleben in der harten Realität von der Aufrechterhaltung großer, einheitlicher Gruppen abhängt. Nach dem Postulat von Enquist und Leimar hat sich der Tratsch möglicherweise entwickelt, weil man damit das Treiben der Nassauer unter Kontrolle halten kann. Indem die Menschen Informationen über ihre Tätigkeit austauschen, können sie sich mit Hilfe der Sprache einerseits frühzeitig vor sozialen Schwindlern warnen und sie andererseits durch Beschämung dazu veranlassen, sich nach einem Fehlverhalten den anerkannten Gemeinschaftsregeln zu unterwerfen. Das ist ein sehr wirkungsvoller Mechanismus zur Abschreckung von Betrügern: Wie Enquist und Leimar mathematisch nachweisen konnten, haben Nassauer in einer Gemeinschaft tratschender, kooperierender Individuen kaum Erfolg. Vielleicht entwickelte sich die Sprache weniger zu dem Zweck, über unsere Freunde und Bekannten Erkundigungen einzuziehen, als vielmehr dazu, Nassauer aufzuspüren und zu regelgerechtem Verhalten zu zwingen.

Tatsächlich wird diese Annahme durch experimentelle Befunde gestützt. Lida Cosmides von der University of California in Santa Barbara postulierte, der menschliche Geist verfüge über ein besonderes Modul zum Aufspüren von Personen, die in bezug auf anerkannte soziale Maßstäbe täuschen. Dies zeigte sie mit einem alten psychologischen Test, der sogenannten Wason-Auswahlaufgabe. In der ursprünglichen Form dieses Versuchs legt man den Versuchspersonen vier Karten vor, die mit vier Symbolen gekennzeichnet sind – beispielsweise mit A, D, 3 und 6. Man sagt der Versuchsperson, auf der Rückseite jeder Karte stehe ebenfalls ein Symbol, und außerdem gebe es eine Regel, wonach eine Karte mit einem Vokal auf der Rückseite immer eine gerade Zahl habe. Welche Karte(n) muß man umdrehen, um den Wahrheitsgehalt dieser Regel zu überprüfen?

Die logisch richtige Antwort lautet: die Karten mit dem A und mit der 3. Die Karte mit dem A muß auf der Rückseite eine gerade Zahl tragen, und auf der Rückseite der 3 darf kein Vokal stehen. Etwa drei Viertel der Testpersonen machen es falsch (ungefähr mit diesem Anteil rechnet man, wenn sie die Karten zufällig umdrehen). Die meisten wählen entweder die Karte mit dem A oder das A und die 6, aber die vorgegebene Regel besagt nicht, daß eine Karte mit einer geraden Zahl auf der anderen Seite einen Vokal tragen muß, sondern nur daß bei einem Vokal auf der Rückseite eine gerade Zahl steht. Eine Karte, auf deren Vorderseite eine gerade Zahl steht, kann auf der Rückseite mit einem Konsonanten oder einem Vokal versehen sein, ohne daß die Regel verletzt würde.

Wie Cosmides zeigen konnte, lösen die meisten Testpersonen dieselbe *logische* Aufgabe ohne Schwierigkeiten, wenn man sie ihnen in Gestalt einer gesellschaftlichen Vereinbarung vorlegt. Eine solche von ihr benutzte Vereinbarung war das Alkoholverbot für Minderjährige. Dabei benutzt man keine Karten, sondern man sagt der Versuchsperson, es säßen vier Menschen am Tisch; einer ist sechzehn, einer ist zwanzig, einer trinkt Coca-Cola, und einer trinkt Bier. Die gesellschaftliche Vereinbarung besagt, daß nur Personen über achtzehn Jahre Alkohol trinken dürfen. Welche Personen muß man überprüfen, um sicherzustellen, daß diese Regel nicht verletzt wird? Die Antwort liegt auf der Hand: den Sechzehnjährigen (denn Sechzehnjährige dürfen keinen Alkohol trinken) und den Biertrinker (der über achtzehn sein muß). Zwanzigjährige dürfen trinken, was sie wollen, und Cola kann auch jeder trinken. In dieser Form lösen fast alle Versuchspersonen die Aufgabe richtig, auch wenn sie bei ihrer abstrakten Version völlig versagt haben.

Nach Cosmides' Ansicht besitzen wir einen geistigen Apparat, mit dem wir soziale Übereinkünfte erkennen und Übertretungen aufspüren. Ohne ihn würden die Sozialgruppen der Menschen zusammenbrechen und in das schwarze Loch des Eigennutzes stürzen, das Enquist und Leimar erkannten. Da Kooperationsbereitschaft für unser Überleben unentbehrlich ist (man könnte darin sogar *die* entscheidende Evolutionsstrategie der Menschen sehen), brauchen wir Mechanismen, mit denen wir die Einhaltung der für das Gemeinwohl als gut erkannten Regeln überwachen (wobei »Gemeinwohl« eigentlich bedeutet: das langfristige Wohl des einzelnen).

Diese übermächtige Sorge um sozialen Betrug zwingt uns zur Berücksichtigung der Tatsache, daß Sprache auf mehrere Arten als soziales Instrument dienen kann. Bisher neigte ich vor allem zu der Annahme, daß die soziale Funktion der Sprache ganz allgemein in dem Informationsaustausch über Freunde und Bekannte besteht. Wenn sie aber ein Mittel zur Aufrechterhaltung der Stabilität in großen Gruppen ist, kann sie ihre Bindungswirkung möglicherweise auf verschiedene Arten ausüben. Zu verfolgen, was Freunde und Verbündete tun, ist eine dieser Möglichkeiten. Eine andere ist eindeutig der Informationsaustausch über Nassauer. Und drittens ist Sprache ein Instrument, mit dem wir die Meinung anderer über uns beeinflussen können.

Der Psychologe Nick Emler vertrat beispielsweise die Ansicht, daß unser täglicher Sprachgebrauch tatsächlich zu einem großen Teil der Beeinflussung unseres Rufes dient. Ich kann etwas über mich selbst mitteilen, um zu beeinflussen, wie der Zuhörer mich wahrnimmt. Ich kann ihm etwas darüber sagen, was ich mag und was ich nicht mag, wie ich mich unter bestimmten Umständen verhalte (oder wie ich mich nach meiner eigenen Ansicht verhalten *sollte*), woran ich glaube und wie stark dieser Glaube ist, was ich verurteile und so weiter. Ich kann absichtlich unhöflich oder kriecherisch freundlich sein; ich kann den anderen beleidigen oder ihm schmeicheln. Auf diese Weise kann man sehr schnell die Spreu vom Weizen trennen, indem man diejenigen vergrault, mit denen man, wie man genau weiß, ohnehin nie zurechtkommen würde; andere, für die man sich interessiert, kann man zum Bleiben und zur Fortsetzung des Kontakts ermutigen. Und natürlich kann man auch schwarze Propaganda betreiben, den Samen des Zweifels an Gegnern in den Geist der Menschen einpflanzen oder einen zweifelhaften Freund so in den Himmel heben, daß diese Person ihr Ziel erreicht.

Nachdem wir also verschiedene Nutzeffekte der Sprache erkennen können, erhebt sich die Frage, ob einer davon den entscheidenden Selektionsdruck für ihre Evolution darstellte. (Die anderen wären dann nur sozusagen der Zuckerguß auf der Evolutionstorte – sie brachten zusätzlichen Nutzen, aber nicht in so großem Umfang, daß sie allein die Evolution der Sprache hätten vorantreiben können). Um diese Frage eindeutig zu beantworten, müßte man nachweisen, daß die Sprache auch dann überlebt, wenn alle anderen nützlichen Wirkungen völlig wegfallen, so daß beispielsweise nur ihre Überwachungsfunktion noch erhalten bleibt. Bei etwas so Komplexem wie der Sprache lassen sich die verschiedenen Funktionen, die sie heute erfüllen kann, nur schwer auseinanderdividieren. Aber die einfache Frage, ob eine Funktion häufiger vorkommt als andere, dürfte uns zumindest einen Hinweis auf eine mögliche Antwort geben.

Einen Versuch, dieses Problem etwas zu erhellen, unternahm Anna Mariott in meinem Auftrag mit einer detaillierten Untersuchung zu den Themen, über die die Menschen sprechen. Nach ihren Feststellungen nehmen Kritik und negativer Klatsch nur fünf Prozent der Gesprächszeit in Anspruch, und ein ähnlicher Anteil ist den Bitten um Rat und dem Geben von Ratschlägen für bestimmte zwischenmenschliche Situationen gewidmet. Weitaus am häufigsten ging es aber in den Gesprächen darum, wer was mit wem tut, und um eigene zwischenmenschliche Erfahrungen. Ungefähr die Hälfte der Zeit nahmen die Handlungen anderer und die andere Hälfte die Tätigkeit der sprechenden Person und ihrer unmittelbaren Zuhörer in Anspruch. Was dabei auch sonst noch zur Sprache kommen mag, in jedem Fall legt dies die Vermutung nahe, daß die Überwachung von Nassauern und Schwindlern nicht das wichtigste Einsatzgebiet für unsere sprachlichen Fähigkeiten darstellt.

Natürlich wäre es möglich, daß die wichtigste Funktion der Sprache nur gelegentlich benötigt wird. Ermahnungen an einen Missetäter können unentbehrlich sein, damit eine Gruppe reibungslos funktioniert, aber sie sind unter Umständen nur alle Jubeljahre einmal notwendig. Daß das Hilfsmittel während der restlichen Zeit ungenutzt bleibt, kann man in Kauf nehmen, wenn der Nutzen groß genug ist. Das würde bedeuten, daß unser ganzes Geschwätz, der ganze zwischenmenschliche Klatsch und Tratsch, einfach nur dazu dient, die Sprachmaschinerie in Schwung zu halten, gut geölt und bereit für den unvorhergesehenen Augenblick, wenn sie plötzlich lebensnotwendig wird.

Diese Vermutung hört sich plausibel an, aber der Aufwand zur Erhaltung des ganzen Apparats scheint übermäßig groß zu sein. In der Regel geht die Evolution nicht so verschwenderisch mit den Ressourcen um, von der Zeit ganz zu schweigen. Wie gesagt: Das Gehirn verbraucht im Organismus ein Fünftel der gesamten Energie, etwa das Zehnfache dessen, womit man allein aufgrund seiner Größe rechnen würde. Außerdem gibt es für das Problem der Nassauer viel einfachere, weniger aufwendige Lösungen. Warum greifen wir nicht einfach auf die Taktik zurück, die bei Klein- und Menschenaffen offenbar hervorragend funktioniert, und versetzen Missetätern einen tüchtigen Schlag? Das wäre, was die Gehirngröße angeht, mit wesentlich weniger Aufwand verbunden. Oder kurz gesagt: So nützlich die Überwachungsfunktion auch sein mag, sie ist höchstwahrscheinlich nicht die entscheidende Ursache für die Evolution des großen Gehirns oder der Sprache. Diese Vermutung scheint sogar logisch falsch zu sein: Das Nassauerproblem ist eine Folge der Tatsache, daß wir in großen Gruppen leben, und das Leben in großen Gruppen ist offenbar ohne großes Gehirn und Sprache nicht möglich.

Stichhaltiger ist die Vermutung, daß die Selbstdarstellung ein wichtiger Zweck ist. Aus unseren Analysen geht sogar eindeutig hervor, daß wir manchmal die Möglichkeiten der Sprache nutzen, um Werbung für uns selbst zu machen. Insbesondere zwei Befunde aus unseren Untersuchungen weisen stark in diese Richtung.

So stellten wir unter anderem überraschenderweise fest, daß es bei den Gesprächsthemen kaum Unterschiede zwischen Männern und Frauen gibt. Beide Geschlechter verwenden gleich viel Zeit darauf, über persönliche Beziehungen und Erlebnisse zu reden, und entgegen einer volkstümlichen Ansicht geht es bei beiden häufig um Beziehungen und Verhalten anderer. Und die Männer in unserer Stichprobe diskutierten auch nicht häufiger über Politik und hohe Kunst (oder auch niedere Kunst) als die Frauen. Einen auffälligen Unterschied gab es aber: Der Anteil der Zeit, in der über Beruf, wissenschaftliche Themen, Religion und Ethik gesprochen wurde, nahm drastisch zu, wenn es sich um gemischtgeschlechtliche Gruppen handelte. Der Anteil der gesamten Gesprächszeit, der diesen Themen gewidmet war, wuchs in allen Fällen von 0 bis 5 Prozent in reinen Männergruppen, auf 15 bis 20 Prozent in Gruppen mit Männern und Frauen, wobei die Zunahme bei den Männern wesentlich stärker war als bei den Frauen.

Dieser Befund läßt sich so interpretieren, daß Unterhaltungen oft als eine Art vokaler Balzplatz fungieren. Auf dem Balzplatz sammeln sich die Männchen und preisen den Weibchen ihre Qualitäten als potentielle Paarungspartner an. Solche Stellen haben viele Tiere, beispielsweise Antilopen und Vögel; allerdings handelt es sich dabei in der Regel um Arten, bei denen die Männchen nicht an der Aufzucht der Jungen mitwirken (und es oft auch gar nicht können). Ein typisches Beispiel sind die Balzplätze der Pfauen. Die Männchen verteidigen kleine Reviere in einem Bereich, den die Weibchen häufig aufsuchen, und wenn ein Weibchen in ihre Nähe kommt, zeigen sie sich von ihrer besten Seite. Die Weibchen wandern von einem Männchen zum anderen und begutachten die angebotenen Qualitäten. Nachdem es seine Wahl getroffen hat – die unter Umständen nur das kleinste Übel darstellt –, paart sich jedes Weibchen mit dem ausgesuchten Männchen, und dann entfernt es sich, um an einer anderen Stelle allein die Eier abzulegen und die Jungen nach eigenem Gutdünken aufzuziehen.

Zusätzliches Gewicht erhielt die Vermutung, man könne vieles an den Unterhaltungen der Menschen als Balzplatzverhalten erklären, durch einen zweiten Befund unserer Gesprächsstudien. Was den Anteil der Gesprächszeit angeht, die zwischenmenschlichen Themen gewidmet ist, hatten wir zwischen Männern und Frauen keinen Unterschied festgestellt: In beiden Fällen ging es in etwa 65 Prozent der Zeit um diese oder jene zwischenmenschlichen Erfahrungen. In einer Hinsicht gab es aber Abweichungen, und zwar in der Frage, über *wessen* soziale Erfahrungen am meisten gesprochen wurde. Zumindest in der jüngeren Gruppe von Versuchspersonen widmeten die Frauen etwa zwei Drittel der Zeit, die solchen Themen vorbehalten war, den zwischenmenschlichen Erlebnissen und Handlungen anderer (und etwa ein Drittel den eigenen), die Männer dagegen sprachen in zwei Dritteln der Zeit über sich selbst (und nur zu einem Drittel über andere).

Aus diesem Geschlechterunterschied ergeben sich wichtige Folgerungen für unsere Vermutungen über die eigentlichen Vorgänge in einer Unterhaltung. Am plausibelsten ist die Erklärung, daß die Frauen ein Beziehungsgeflecht aufbauen, während die Männer Selbstdarstellung betreiben.

Wenn es darum geht, das richtige Umfeld für die erfolgreiche Aufzucht der Nachkommen zu schaffen, ist der Aufbau eines Beziehungsgeflechts wahrscheinlich die wichtigste Tätigkeit der Frauen. Die von ihnen hergestellten Verbindungen erlauben den Informationsaustausch über Geburt und Kinderpflege, helfen bei Nahrungsbeschaffung und Ackerbau, bieten seelische Unterstützung in emotionalen Krisen und helfen in einem Dutzend weiteren großen und kleinen Dingen.

Die Männerwelt dagegen ist viel stärker von Konkurrenz und weniger von Kooperation geprägt. Das Schwergewicht liegt direkt oder indirekt in vielen Fällen auf der Paarung oder auf der Beschaffung von Ressourcen oder Ansehen, die die Voraussetzung für spätere Paarungschancen darstellen. Dabei ist die Selbstdarstellung ein entscheidender Faktor.

Im intellektuellen Umfeld einer Universität ist es unter Umständen ein durchaus anerkanntes Zeichen für Kompetenz und

Rang, wenn man seine geistigen Fähigkeiten demonstriert, indem man sein Wissen über Kant oder die Dichter der Romantik ausbreitet oder die Vorlesung vom Vortage über den zweiten Hauptsatz der Thermodynamik erklärt. Man zeigt damit, daß man über den anderen steht, daß man eindeutig die erste Wahl im Paarungswettbewerb ist. In einer solchen Umgebung sind intellektuelle Leistungen für die zukünftige Stellung oder den Machtgewinn ein ebenso geeignetes Kriterium wie der Status des besten Kartenspielers in einem Bridgeclub oder des besten Musikers in einem Musikverein. Wissen ist, wie man so schön sagt, Macht.

Der Blick ist ausschlaggebend

Man hat gesagt, der Sinn in den von uns geäußerten Sätzen werde in Wirklichkeit zu zwei Dritteln durch nichtverbale Signale vermittelt, die das Sprechen begleiten. Mit unserer lautlosen Körpersprache geben wir vieles zu verstehen, manchmal absichtlich, manchmal ohne es zu wollen, und offenbar sind wir für solche Anzeichen sehr empfänglich.

Besonders beeindruckte mich die Sensibilität der Menschen für diese Art von Umweltreizen, als ich in einer Studie das Wachsamkeitsverhalten untersuchte. Es ging dabei um die Frage, wie aufmerksam Menschen die Umgebung im Auge behalten, während sie sich unterhalten. Dazu mußten wir eine Versuchsperson auswählen und jeden ihrer Blicke in die Umgebung festhalten. Dieses Abschweifen der Blicke fällt oft kaum auf, und um nichts zu verpassen, mußten wir der betreffenden Person bis zu fünf Minuten lang ins Gesicht starren und jedes Aufblicken mitzählen. Wie wir schnell feststellten, merken die Leute vielfach, daß man sie anstarrt, selbst wenn sie sich auf der gegenüberliegenden Seite eines großen Saales befinden. Die Menschen achten ständig darauf, was um sie herum vorgeht, manchmal indem sie sich schnell im Raum umsehen, oft aber auch einfach aus den Augenwinkeln. Deshalb mußten wir unsere Daten auf andere Weise gewinnen, weil wir sonst die Versuchspersonen geärgert oder die natürliche Folge der Blickbewegungen gestört hätten, denn wenn man weiß, daß man beobachtet wird, blickt man häufiger auf.

Tatsächlich steht es außer Frage, daß wir solche Hinweise im täglichen Leben ständig nutzen und darauf achten. Insbesondere der Blickkontakt scheint als Zeichen der Ehrlichkeit und des Interesses am Gegenüber wichtig zu sein. Die Country-Sängerin Helen Darling zeigt sich in ihrem Lied »The Butterflies Have Gone Away« besorgt, weil die einsamen Blicke ihres Geliebten »don't follow me no more«, und darin erkennt sie das erste kleine Anzeichen für das Erlöschen der Liebe. Bei Prinz Charles und Prinzessin Diana bemerkte die Sensationspresse als eines der ersten Anzeichen für den bevorstehenden Bruch der Beziehung, daß die beiden sich bei öffentlichen Auftritten weder berührten noch in die Augen sahen. Wir legen großen Wert auf den Blickkontakt. Oder wie man so sagt: Trau keinem, der dir nicht in die Augen sehen kann.

Besonders wichtig ist der Blickkontakt beim Knüpfen neuer Beziehungen, insbesondere für Frauen. Für viele von ihnen ist die Kontrolle von Situationen, aus denen sich unerwünschte Folgen ergeben können, eine lebenswichtige Aufgabe. Wie sich bei Verhaltensstudien in Single-Lokalen gezeigt hat, haben Frauen die Vorgänge bei Werbung und Partnerwahl zumindest in diesem Umfeld überraschend stark unter Kontrolle. Von ein paar offenkundigen Ausnahmen abgesehen (und wenn nicht gerade sehr viel Alkohol im Spiel ist), sind Männer in ihren Interaktionen mit Frauen erstaunlich zögerlich, solange sie nicht durch Blickkontakte und andere Signale dazu ermutigt werden. Die beiden wichtigsten Signale in diesem Zusammenhang sind längerer, entschlossener Blickkontakt und das sogenannte »Schüchternheitssignal«, bei dem der Blickkontakt nur sehr kurz besteht, gefolgt von einem schnellen Blick zur Seite in Verbindung mit einem leichten Lächeln oder Erröten (und oft einen Augenblick später mit einem weiteren Blick aus dem Augenwinkel).

Die Deutung von Signalen ist tatsächlich eine sehr alte Gewohnheit der Primaten. Dies zeigte sich sehr deutlich in einer Studie der Schweizer Zoologen Hans Kummer und Christian Bachmann an Mantelpavianen. Ihre Männchen halten sich, was für Paviane ungewöhnlich ist, kleine Harems. Der Zugang zu ihnen zum Zweck der Paarung wird vom Harembesitzer eifersüchtig überwacht, und die anderen Männchen machen sich in der Regel nicht die Mühe, seine Vorherrschaft in Frage zu stellen. Im Gegenteil: Mögliche Rivalen, die in die Nähe eines Harems kommen, machen gewöhnlich einen Bogen, um auch nicht den leisesten Verdacht aufkommen zu lassen, sie könnten sich für die Weibchen interessieren. Sie sitzen da und starren angestrengt in die Ferne, spielen mit Grashalmen und vermeiden jeden Blickkontakt mit dem Harembesitzer und seinen Weibchen.

Wenn der Rivale allerdings sehr viel stärker ist als der Harembesitzer und aus früheren Erfahrungen weiß, daß er diesen besiegen kann, versucht er nach den Feststellungen von Bachmann und Kummer manchmal, dem Harembesitzer ein Weibchen wegzunehmen. Das geschieht aber nur, wenn das Weibchen zuvor eindeutig signalisiert hat, daß es an dem derzeitigen Männchen nicht allzusehr interessiert ist. Die wichtigsten Signale sind dabei offenbar die Bereitwilligkeit, mit der ein Weibchen dem Harembesitzer auf seinen Wegen folgt, und die Häufigkeit, mit der sie ihn ansieht. Normalerweise folgen Mantelpavianweibchen ihrem Männchen auf dem Fuße. Aber durch kurzfristiges Zögern, durch eine Saumseligkeit, die das Männchen zwingt, sich umzusehen, weil sie ihm nicht folgt, gibt sie unterschwellige Hinweise, und die männlichen Rivalen lesen daraus ab, daß sie an ihrem Herrn weniger Interesse hat, als es die Konventionen der Mantelpaviangesellschaft normalerweise verlangen. Etwas ganz Ähnliches beobachtete die Primatenforscherin Barbara Smuts bei Grünen Pavianen in Kenia. Diese Spezies ist zwar promiskuitiver und in ihren Beziehungen weniger förmlich als die Mantelpaviane, aber ihre Männchen sind offenbar auf die gleichen subtilen Signale angewiesen, wenn sie feststellen wollen, ob ein Weibchen wirklich an seinem derzeitigen männlichen Begleiter hängt.

Aber einem Rivalen die Partnerin auszuspannen, ist nicht einfach. Dazu muß man die Partnerin erst einmal davon überzeugen, daß es sich lohnt, das Männchen zu wechseln: Unter sonst gleichen Voraussetzungen ist der bekannte Teufel immer besser als der unbekannte. Man muß das Weibchen also mit den eigenen Fähigkeiten beeindrucken, um sein Partner zu werden. Die Partnerwahl besteht beim Menschen wie bei anderen Säugetieren zu einem großen Teil darin, daß die Männer ihre Vorzüge zur Schau stellen und die Frauen zwischen den verschiedenen Angeboten wählen. Die Partnerwahl ist im Grunde eine Frage der Reklame.

Die amerikanische Anthropologin Kristin Hawkes hat die Ansicht vertreten, in traditionellen Jäger- und Sammlerkulturen sei die Jagd eine solche Form des »Zurschaustellens«. Sie berechnete den Energiegewinn bei der Jagd auf Großwild wie Antilopen und gelangte zu dem Schluß, daß sie die aufgewendete Zeit und Energie nicht wert ist. Wenn die Männer tatsächlich etwas erlegen, bringen sie es sofort ins Lager und teilen es demonstrativ mit allen anderen. Eigentlich könnten sie viel mehr Erfolg haben, wenn sie ein Dutzend Fallen auslegen würden, die sie jeden zweiten Tag fünf Minuten lang besichtigen. Aber die Männer beharren auf der großen Bedeutung der Jagd und widmen ihr eine Menge Zeit und Energie, obwohl es wirtschaftlich sinnlos ist.

Nach Hawkes' Ansicht ist es ein Fehler, die Jagd für eine wirtschaftliche Tätigkeit zu halten, welche mit den elterlichen Investitionen zusammenhängt – wie in dem alten Bild vom prähistorischen Mann, der auf die Jagd geht, um Frau und Kinder zu ernähren. In Wirklichkeit gehört die Jagd nach ihrer Auffassung zum Spiel der Partnerwahl. Die Großwildjagd ist schwierig und riskant, und um die Beute erfolgreich zu erlegen, braucht man viel Geschicklichkeit. Ein männlicher Jäger – und in den meisten Jäger-Sammler-Kulturen jagen die Männer allein oder in Gruppen zu zweit oder zu dritt – setzt sich zwangsläufig der Gefahr aus, von Löwen und anderen Raubtieren angefallen zu werden, und Gefahr droht beispielsweise auch von Schlangen und Elefanten. Bei den Eskimos herrschte früher, als die Jagd noch nicht durch

Schneemobile ungefährlicher geworden war, unter den Männern im winterlichen Eis eine sehr hohe Sterblichkeit: In manchen Extremlebensräumen der Arktis war die Lebenserwartung für Männer nur halb so hoch wie für Frauen. Und ein jagender Mann nimmt nicht nur diese persönlichen Risiken auf sich, sondern er muß auch eine beträchtliche Geschicklichkeit entwickeln, um Beutetiere zu verfolgen und zu stellen, damit er sie anschließend erlegen kann. Als Prüfung für Mut, Ausdauer und Geschicklichkeit ist die Jagd ein untrügliches Zeichen dafür, was für gute Gene man besitzt.

Die Jagd hat in jeder Hinsicht die gleichen Eigenschaften wie die Prüfungen, die angehenden jungen Rittern in den Heldensagen des europäischen Mittelalters auferlegt werden. In diesen Geschichten werden die Kräfte des jungen Ritters mit einer übermenschlichen Aufgabe geprüft – er soll eine gepeinigte junge Maid retten, das Dornröschen wecken, den Drachen töten, der das Dorf terrorisiert, den heiligen Gral finden, den bisher unbesiegbaren Ritter schlagen oder das Schwert aus dem Stein ziehen. Solche Aufgaben kommen keineswegs nur in den europäischen Märchen vor. Junge Massaikrieger werfen freiwillig den Speer weg und stellen sich als Köder für einen in die Enge getriebenen Löwen zur Verfügung. Der Krieger geht mit vorgehaltenem Schild auf den Löwen zu und zwingt das Tier, über ihn hinwegzuspringen, so daß seine Kameraden es relativ gefahrlos erlegen können. Bis es aber soweit ist, haben die Hinterpranken des Löwen in dem Versuch, unter dem Schild des jungen Mannes Halt zu finden, alles darangesetzt, ihm die Därme aus dem Leib zu reißen. Überlebt er, wird er im ganzen Dorf als Held gefeiert, und für die Mädchen, die einen Mann suchen, ist er eine gute Partie.

Ein recht spektakuläres Beispiel für das gleiche Prinzip lieferte der junge Captain Ewart Grogan: Er ging 1899 zu Fuß über siebentausend Kilometer durch Afrika vom Kap der guten Hoffnung bis nach Kairo, um die Hand der Geliebten zu erringen. Ihre Familie hielt ihn für einen Taugenichts, der ihrer Tochter nicht das

Leben bieten konnte, das sie gewohnt war. Grogan setzte auf die Ehre (vielleicht auch auf den Reichtum), die ihm das Abenteuer einbringen würde und mit deren Hilfe er sie zum Umdenken veranlassen wollte. Und tatsächlich waren sie gebührend beeindruckt.

In unserer Kultur begeben junge Männer sich in Gefahr, indem sie Rennautos mit übermäßiger Geschwindigkeit fahren und Sport mit einer Hingabe und Entschlossenheit treiben, die nur die wenigsten Frauen als lohnend betrachten würden. Und obwohl die Frauen viel weniger Interesse an solchen Unternehmungen haben, lassen sie sich nach wie vor von den Leistungen der Männer beeindrucken und konkurrieren mit kaum weniger Energie darum, sich mit dem Gewinner des Spiels zusammenzutun. Der amerikanische Basketballspieler Earvin »Magic« Johnson war nicht der einzige, mit dem zahllose Frauen schlafen wollten. Und die Tatsache, daß es sich bei solchen Aktivitäten um männliche Paarungswerbung handelt, dürfte auch erklären, warum sie viel weniger Aufmerksamkeit erregen, wenn Frauen sich daran versuchen (zum Beispiel vom Kap nach Kairo zu wandern oder einhändig um die Welt zu segeln, um zwei Fälle aus neuerer Zeit zu nennen).

Alle derartigen »Heldentaten« haben eines gemeinsam: Sie lassen sich schwer fälschen. Sie trennen den erwachsenen Mann vom Knaben – sie lassen erkennen, wer nur ein großes Mundwerk hat und wer wirklich etwas tut. Als Prüfstein, ob jemand sich als Vater für die Kinder einer Frau eignet und – was vielleicht noch wichtiger ist – ob er in einer launischen, unberechenbaren Welt für sie sorgen kann, kann man sich kaum etwas Besseres vorstellen als die Jagd in der Umwelt unserer Vorfahren.

Einen weiteren Beitrag zu diesem Thema leistete der Kognitionsforscher Geoff Miller mit seiner These, die Evolution des menschlichen Gehirns sei vor allem durch die Erfordernisse der sexuellen Selbstdarstellung vorangetrieben worden. Eine mögliche Partnerin unterhalten, sie mit Dichtung und Gesang verwöhnen oder zum Lachen bringen – zu solchen Zwecken ist das menschliche Gehirn nach seiner Auffassung ausgebildet. Und es geht nicht nur darum, die Beute einzufangen, denn immer kann er oder sie sich auch stärker von jemand anderem beeindrucken lassen. Wie die Rote Königin, der Alice in *Alice im Spiegelland* begegnete, muß man ständig laufen, nur um an derselben Stelle zu bleiben. Wie der Jäger, der stets aufs neue jagen muß, um zu beweisen, daß er noch die beste Partie in der Gemeinschaft ist, muß auch der heutige Mann seine Partnerin ständig bei Laune halten.

Was dieser Idee den besonderen Reiz gibt, ist die Tatsache, daß Lachen und Lächeln eine Eigenschaft haben, die kaum jemand kennt: Beide regen besonders stark die Produktion der körpereigenen Opiate an. Beide sind mit ungewöhnlichen Muskelbewegungen verbunden, und insbesondere das Lachen erfordert einen erstaunlich hohen Energieaufwand. Nach einem Ausbruch schallenden Gelächters sind wir erschöpft und schnappen nach Luft. Das Stakkato, mit dem die Luft dabei durch die Luftröhre gepreßt wird, erfordert viel Kontrolle und große Anstrengung. Wer mürrisch ist und die Mundwinkel hängen läßt, wird unglücklicher. Das beste Rezept für Lebensglück besteht also darin, so oft wie möglich zu lächeln – dank der Opiatwelle, die dabei durch unsere Adern fließt, fühlen wir uns wohl und zufrieden. Und nach dem gleichen Prinzip wird auch eine potentielle Partnerin von einem Gefühl betäubender Sicherheit eingelullt, wenn wir sie zum Lachen bringen.

Lächeln und Lachen haben ihre eigene spannende Naturgeschichte. Der amerikanische Psychologe Bob Provine hielt fest, wie oft Sprecher und Zuhörer bei Unterhaltungen lachen. Nach seinen Feststellungen lächeln und lachen Frauen häufiger als Männer, und zwar vor allem dann, wenn sie nicht selbst sprechen, sondern zuhören; außerdem lachen sie, wenn sie einem Mann zuhören, öfter, als wenn eine Frau spricht. Männer dagegen reagieren auf Äußerungen von Frauen seltener mit Lachen als auf solche von Männern.

Diese Befunde sind aus mehreren Gründen interessant. Unter

anderem besagen sie, daß Frauen mit witzigen Äußerungen nicht so leicht Erfolg haben wie Männer, weil sie sowohl männliche als auch weibliche Zuhörer damit seltener zum Lachen bringen. Wenn Frauen witzig sind, müssen sie demnach stärker übertreiben und die konventionellen Verhaltensnormen für Männer und Frauen stärker durchbrechen.

In solchen Geschlechtsunterschieden beim Lächeln und Lachen hat man einen Ausdruck der männlichen Vorherrschaft in der Gesellschaft gesehen: Frauen lächeln und lachen die Männer an, weil beides ein Ausdruck von Unterordnung ist. Demnach sind solche Verhaltensmuster das menschliche Pendant zu dem Besänftigungsverhalten der Tiere, die dabei zum Beispiel den Schwanz zwischen die Beine ziehen.

Bestimmte Formen des »falschen« Lächelns oder Lachens dürften in manchen Fällen tatsächlich ein Ausdruck der Beschwichtigung sein. Wie sich beispielsweise in einer Untersuchung an Krankenhausärzten zeigte, lächeln jüngere Ärzte ihre älteren Kollegen viel öfter an als umgekehrt, und sie lachten auch häufiger über die Scherze ihrer Vorgesetzten. Aber es gibt viele verschiedene Formen des Lächelns und Lachens, und nicht alle sind Besänftigungsgesten. Immerhin lächeln wir häufig und lange hilflose Babys und auch unsere Freunde an, ohne daß wir uns dabei in irgendeiner Form unterlegen fühlen.

Nach einer viel plausibleren Erklärung lächeln Frauen die Männer an, um ihr Interesse zu wecken. Sie spielen ein ständiges Beurteilungsspiel und vergleichen den derzeitigen Partner mit anderen Männern, die in ihr Blickfeld treten. Meist bleiben sie mit Vergnügen bei dem, was sie bereits haben, aber es ist wichtig, weiterhin alle Möglichkeiten zu prüfen (denn niemand ist vollkommen, und man weiß nie, wann man vom derzeitigen Partner verlassen wird). Der Test, ob ein Mann eine Frau zum Lachen bringen kann, ist als Methode der heimlichen Beurteilung seiner Qualitäten so gut wie jede andere.

Die überragende Bedeutung von Partnerwahl und sexueller Selektion für unser Leben zeigt sich auch an einer gut belegten, aber dennoch überraschenden Beobachtung: Zwischen Männern und Frauen gibt es auffällige Unterschiede beim Lernen der Aussprache. Heranwachsende Jungen übernehmen in der Regel die Aussprache der Arbeiterklasse ihrer Region, Mädchen dagegen machen sich eher eine neutrale Mittelschichtsform des Englischen, die sogenannte Standardaussprache zu eigen. Diese seltsame Tatsache war den Sozialwissenschaftlern jahrelang ein Rätsel, denn es gibt keinen naheliegenden Grund, warum die Geschlechter sich in dieser Hinsicht unterscheiden sollten. Nach der herkömmlichen Erklärung stehen Mädchen stärker unter dem gesellschaftlichen Druck, »schön zu sprechen«: Man sagt ihnen häufiger als den Jungen, sie sprächen »vulgär«. Offenbar haben wir hier ein weiteres Beispiel für das zweierlei Maß, das Jungen mit Missetaten davonkommen läßt, während Mädchen den Preis dafür bezahlen müssen.

Aber das ist bestenfalls die halbe Erklärung: Wir erfahren nicht, *warum* auf die Geschlechter so unterschiedlich Druck ausgeübt wird. Was ist hier los? Die Antwort liegt auf der Hand, wenn man davon ausgeht, daß viele unserer Tätigkeiten (insbesondere in den ersten Jahren des Erwachsenenalters) von Partnersuche und Partnerwahl bestimmt werden. In dem Unterschied zwischen den Geschlechtern spiegeln sich ihre verschiedenen Fortpflanzungsstrategien wider.

Die wichtigste Beschränkung für die Fortpflanzungsfähigkeit eines weiblichen Säugetiers sind die Ressourcen, die ihr zur Aufzucht der Nachkommen zur Verfügung stehen. Bei den Menschen ist es nicht anders, und die Frauen zeigen in allen Kulturen eine auffällige Vorliebe für Ehen mit relativ wohlhabenden Männern (oder mit Männern von hohem gesellschaftlichen Rang, was im Hinblick auf die Möglichkeiten im Leben auf das gleiche herauskommt). Sehr anschaulich wird das in den Romanen von Jane Austen, die das gesellschaftliche Leben in den ersten Jahren des

19. Jahrhunderts beschreiben und deutlich machen, wie die jungen Frauen aus der Mittelschicht damals nach der besten Partie Ausschau hielten. Die Söhne des Ortsgeistlichen waren kaum einmal das Objekt ihrer Begierde, aber die schneidigen jungen Offiziere (die Armee gab nach der üblichen Vorstellung jungen Adligen den letzten Schliff und war für die Mittelschicht das Sprungbrett zu Reichtum und Erfolg) und die Sprößlinge des Landadels waren sehr begehrt. Leider gab es natürlich nie genug von ihnen, und die Mädchen konnten aus Angst vor einem Mauerblümchendasein nicht ewig warten. Schließlich mußten manche von ihnen sich mit dem »Zweitbesten« zufriedengeben – zum Glück für die Pfarrerssöhne.

Die meisten Menschen sind überrascht, wenn sie feststellen, daß man das gleiche Prinzip auch in der modernen Industriegesellschaft findet. Wir untersuchten in drei Studien (eine in den USA in Zusammenarbeit mit David Wayneforth, die beiden anderen in England) die Vorlieben bei der Partnerwahl in der modernen Gesellschaft. Dazu analysierten wir die Bekanntschaftsanzeigen in Zeitungen und Zeitschriften, denn sie zeigen sehr anschaulich und komprimiert, was die Menschen sich bei ihrem Idealpartner wünschen. Etwa ein Viertel der Frauen nennt Zeichen für Reichtum und gesellschaftlichen Rang – »Geistesarbeiter«, »Besitzer eines Eigenheims«, »Akademiker«, »finanziell unabhängig« – als wünschenswerte Eigenschaften des Partners, und sechzig bis siebzig Prozent der Männer geben solche Hinweise, wenn sie über sich selbst schreiben; Frauen dagegen beschreiben sich selbst nur selten auf diese Weise, und Männer suchen bei Frauen nur selten danach.

Angesichts der Tatsache, daß Reichtum und Ansehen auf den oberen Stufen der gesellschaftlichen Leiter zunehmen, verbessern Frauen natürlich ihre Aussichten bei der Partnerwahl, wenn sie so sprechen, daß sie besser zu den höheren Schichten passen. Die Hypergamie (Eheschließung mit einem Partner aus einer höheren sozialen Schicht) ist in allen Kulturkreisen weit verbreitet, und die Verhaltensmuster, die Jane Austen in ihren Romanen beschreibt, findet man bei weitem nicht nur in der Gesellschaft der englischen Grafschaften. In ländlichen Gebieten Frieslands analysierten Eckart Voland (der heute an der Universität Gießen arbeitet) und seine Kollegin Claudia Engel sehr eingehend die Kirchenbücher mit den Eheschließungen der letzten zwei Jahrhunderte. Wie sich herausstellte, heirateten Frauen, wenn immer möglich, Männer von höherem Stand; dieses Einheiraten in höhere Kreise war weitaus häufiger als Verbindungen mit Partner aus niedrigeren Schichten.

Die wohlhabenderen Kleinbauern waren offenbar gesuchte Partien – und das mit gutem Grund: Ihr Vermögen (auch wenn es nach absoluten Maßstäben gering war) sicherte ihren Kindern deutlich bessere Überlebenschancen. Außerdem heirateten Frauen, die dadurch gesellschaftlich aufstiegen, in der Regel in jüngeren Jahren als solche, die Männer aus der eigenen Schicht ehelichten. Obwohl die meisten jungen Mädchen letztlich gezwungen waren, in ihrer eigenen Schicht zu bleiben, lohnte es sich immer, noch ein wenig länger zu warten, ob sich nicht doch noch eine gute Partie bot. Andererseits konnten sie es sich nicht leisten, ewig zu zögern, denn sonst hätten sie die Möglichkeit zum Heiraten ganz und gar verpaßt. Man bedenke, daß wir hier nicht über Jane Austens Oberschicht sprechen, sondern im wesentlichen über eine bäuerliche Gesellschaft.

Das Einheiraten in höhere gesellschaftliche (oder finanzielle) Schichten ist auch heute noch sehr verbreitet. Das heißt nicht, daß jedes Mädchen aus der Arbeiterklasse einen Jungen aus der Oberschicht heiratet, aber Frauen heiraten tatsächlich häufiger in eine höhere Schicht als Männer und häufiger nach oben als nach unten. Die Tochter eines Grafen, die den Arbeiter der örtlichen Müllabfuhr ehelicht, erregt viel mehr Aufsehen als der Sohn und Erbe des Grafen, der die Tochter des Müllkutschers zum Traualtar führt. Deshalb lohnt sich für Mädchen eine Allzweck-Aussprache, mit deren Hilfe sie in der Gesellschaft leichter aufsteigen können, wenn sich die Gelegenheit ergibt – oder zumindest zahlt es sich für Eltern aus, wenn sie für diese Aussprache sorgen.

Die jungen Männer dagegen stehen vor einem ganz anderen Problem. Wenn sie aus der Mittel- und Oberschicht stammen, sind sie gefragt, denn sie bieten die besten Aussichten auf ausreichende Ressourcen für das Großziehen von Kindern; deshalb brauchen sie sich bei der Wahl einer Partnerin oft keine besondere Mühe zu geben. Jungen aus den unteren Schichten haben in dieser Hinsicht weniger zu bieten. Da sie viel stärker auf die Unterstützung durch die Beziehungen in ihrem Umfeld angewiesen sind, müssen sie dafür sorgen, daß man sie als Angehörige dieser Gemeinschaft sieht: Sie müssen sich durch die richtige Aussprache oder den richtigen Dialekt als Mitglieder der Gruppe zu erkennen geben, in der Freunde ihnen den Zugang zu Berufen oder Dienstleistungen verschaffen, die sie sich allein nicht besorgen könnten. Arm zu sein und den falschen Dialekt zu haben, ist fast ein Todesurteil, denn dann ist der Zugang zum System der gegenseitigen Hilfe verwehrt.

Die Betonung von Reichtum und Ansehen ergibt sich aus einfachen Nützlichkeitsüberlegungen. In allen vorindustriellen Gesellschaftsformen wird die Kindersterblichkeit durch einen einzigen Faktor bestimmt: durch das Vermögen des Ehemanns. Ob es sich dabei um Land, Rinder oder Geld handelt, scheint keine Rolle zu spielen. Der Zusammenhang zwischen Familienressourcen und Säuglingssterblichkeit wurde vielfach nachgewiesen: von Monique Borgerhoff Mulder bei dem Bauern- und Viehzüchterstamm der Kipsigis in Kenia, von Eckart Voland bei deutschen Bauern im 18. und 19. Jahrhundert, von Kim Hill und Hilly Kaplan bei dem südamerikanischen Jäger- und Sammlerstamm der Ache. Der amerikanische Psychologe David Buss untersuchte in einer Reihe von Studien die Vorlieben bei der Partnerwahl in etwa 37 Kulturen überall auf der Welt. In praktisch allen Kulturen waren Ansehen und zukünftige Aussichten auf Wohlstand die beiden wichtigsten Kriterien, auf die Frauen bei potentiellen Ehemännern achteten. Wer Zugang zu Reichtum und Ressourcen hat, kann die Kinder besser ernähren, und in der modernen Industriegesellschaft kann man Überschüsse erwirtschaften, um eine bessere medizinische Versorgung und eine höhere Ausbildung zu bezahlen.

Es gibt allerdings Hinweise, daß die Ansprüche der Frauen sich ändern: In unseren Stichprobenuntersuchungen von Bekanntschaftsanzeigen aus den USA und Großbritannien suchten Frauen ungefähr in der Hälfte der Fälle nicht nur Reichtum und Ansehen, sondern zusätzlich oder anstelle davon Engagement in der Familie. Das scheint darauf hinzudeuten, daß Frauen im gebärfähigen Alter in der heutigen wirtschaftlichen Situation etwas anderes brauchen, um sich erfolgreich fortzupflanzen. Waren es früher die Ressourcen, so ist es heute der zwischenmenschliche Beitrag zum Aufziehen von Kindern: Hilfe bei der Kinderbetreuung, ein Beitrag zu ihrer Sozialisierung. Der Unterschied zu der nach wie vor herrschenden Vorliebe für Reichtum und Ansehen in zahlreichen Untersuchungen traditionell geprägter Gesellschaftsformen ist so auffällig, daß es sich nicht um einen Zufall handeln kann.

Diese Veränderung ist relativ neuen Datums (und ein Viertel der Frauen in unseren Untersuchungen legten nach wie vor Wert auf Wohlstand und gesellschaftliche Stellung). Sie ist nach meiner Überzeugung auf zwei entscheidende Wandlungen zurückzuführen, die sich in den modernen Industriegesellschaften des 20. Jahrhunderts vollzogen haben. Erstens haben die erheblich verbesserte Hygiene und ein besseres Gesundheitswesen die Kindersterblichkeit fast beseitigt, so daß jedes Kind, das geboren wird, mit ziemlicher Sicherheit bis zum Erwachsenenalter überlebt. Und zweitens herrscht ganz allgemein größerer Wohlstand, so daß der Unterschied zwischen dem reichsten Mann in einer Gemeinde und einem Durchschnittsbürger nicht mehr gleichbedeutend ist mit dem Unterschied zwischen einem Leben in Armut und einem Leben, das den Unterhalt der Kinder garantiert. Hinzu kommen bei diesem zweiten Faktor natürlich die gewachsenen wirtschaftlichen Möglichkeiten der Frauen selbst: Sie sind nicht mehr darauf angewiesen, daß der Ehemann allein für das Haushaltseinkommen sorgt.

Die Männer, so scheint es, haben diesem Wandel der Einstellungen noch nicht Rechnung getragen: In den Anzeigen wird deutlich, daß sie nach wie vor eifrig die alten Vorzüge von Reichtum und Ansehen zur Schau stellen. Wirklicher Reichtum hat natürlich immer noch großes Gewicht – man braucht sich nur anzusehen, mit welcher offenkundigen Leichtigkeit Millionäre aller Altersstufen attraktive junge Frauen anziehen. Aber wir anderen täten wahrscheinlich besser daran, uns andere Einstellungen zu eigen zu machen. Das Verhalten der Männer wird sich zweifellos ändern, aber das braucht Zeit; wie Eckart Voland und ich nachweisen konnten, dauerte es bei der deutschen Landbevölkerung in den letzten zweihundert Jahren jeweils ungefähr eine Generation (dreißig Jahre), bis die Prinzipien der Kinderaufzucht sich änderten, nachdem wirtschaftliche Wandlungen diese Veränderung ausgelöst hatten.

Aus der Tatsache, daß Frauen weniger auf Reichtum und Ansehen angewiesen sind, um Kinder erfolgreich großzuziehen, ergibt sich außerdem die gesellschaftliche Folge, daß Hypergamie weniger notwendig ist; der Druck, in höhere Schichten einzuheiraten, wird geringer. Und wenn das stimmt, sollte man bei den Mädchen zunehmend die Neigung beobachten, den regionalen oder schichtspezifischen Dialekt anzunehmen und nicht die neutrale Hochsprache zu sprechen.

Natürlich sind diese gesellschaftlichen Veränderungen darin begründet, daß ständig ausreichender Wohlstand geschaffen wird, der allen Bereichen der Gesellschaft zugute kommt. Wenn wirtschaftliche Einbrüche die Vollbeschäftigung und einen allgemein verbreiteten Wohlstand verhindern, wird die Partnerwahl wieder nach den eingefahrenen Mustern von gestern erfolgen. Wirtschaftlicher Wandel ist der Motor gesellschaftlicher Veränderungen.

Dreh- und Angelpunkt der ganzen hektischen Aktivität ist der Evolutionsmechanismus der sexuellen Selektion. Dieses Prinzip wurde erstmals vor über hundertzwanzig Jahren von Charles Darwin diskutiert. Er wies darauf hin, daß manche Eigenschaften in der Natur für das Überleben offenbar keinerlei Nutzen haben – im Gegenteil. Mißt man sie ausschließlich an ihrem Nutzeffekt für das Überleben des Tieres, sind sie sogar häufig kontraproduktiv. Er dachte dabei an einen klassischen Fall: den Schwanz des Pfauen. Das Pfauenmännchen kann wegen seiner langen Schleppe nur schlecht und schwerfällig fliegen, so daß es natürlichen Feinden nur schwer entkommt. Warum also, so Darwins Frage, hat sich der Schwanz des Pfauen in der Evolution entwickelt? Die Ursache ist nach seiner Überlegung der intensive Selektionsdruck durch die Weibchen, die sich zur Paarung bevorzugt die Männchen mit dem längsten Schwanz aussuchen. Ist diese Auswahl durch die Weibchen streng genug, überwiegt sie gegenüber der Selektion durch natürliche Feinde und andere alltägliche Faktoren wie den Energieaufwand beim Fliegen mit einem solchen Ballast im Schlepptau.

Wie sich später herausstellte, ist die sexuelle Selektion eine weitaus stärke Evolutionskraft, als Darwin es sich jemals hätte träumen lassen. Für die Entstehung neuer Arten war sie vielleicht sogar wichtiger als der von Darwin zuerst beschriebene Mechanismus der umweltbedingten natürlichen Selektion. In den letzten dreißig Jahren hat man diesem bemerkenswerten Vorgang eine Menge experimenteller und theoretischer Forschungsarbeiten gewidmet, so daß wir heute viel darüber wissen. Die englische Biologin Marion Petrie wies beispielsweise nach, daß Pfauenweibchen gezielt die Männchen mit den meisten Pfauenaugen auf dem Schwanz als Paarungspartner wählen. Solche Männchen haben häufiger die Gelegenheit zur Kopulation, befruchten mehr Eizellen und haben mehr überlebende Nachkommen als solche mit weniger Pfauenaugen. Diese Befunde aus freier Wildbahn wurden später experimentell bestätigt, indem man bei manchen Männchen die Pfauenaugen künstlich entfernte und bei anderen solche Flecken hinzufügte. Die Männchen der ersten Gruppe paarten sich seltener als zuvor, bei denen aus der zweiten nahm die Zahl der Paarungen zu. In einer anderen Studie konnte der schwedische Biologe Malte Andersson den gleichen Effekt zeigen,

indem er bei männlichen Witwenvögeln in Kenia die Schwanz-
federn verkürzte oder verlängerte.

Als Ursache für diesen Effekt hat man mindestens zwei Mechanismen in Betracht gezogen. Den ersten nennt man »Zahavi-
Handikap-Prinzip« nach dem israelischen Biologen Amotz Zahavi, der es als erster formulierte. Nach seiner Auffassung sagen
die Männchen: »Sieh mich doch an! Ich bin so gut, daß ich es mir
leisten kann, mich mit diesem Ballast zu behängen, und ich fliege
dennoch den Räubern davon! Paare dich mit mir, wenn du Söhne
und Töchter haben willst, die so gut sind wie ich!« Das ist die von
Kristin Hawkes beschriebene Selbstdarstellung in einem anderen
Gewand.

Den zweiten Mechanismus bezeichnet man als »Fishers Sexy-
Söhne-Hypothese«. Der angesehene englische Genetiker und
Statistiker Ronald Fisher (einer der Architekten der modernen
neodarwinistischen Evolutionstheorie) äußerte die Vermutung,
die Vorliebe der Weibchen für recht beliebige Eigenschaften der
Männchen könne eine so intensive sexuelle Selektion bewirken,
daß nutzlose Merkmale wie der Schwanz des Pfauen entstehen.
Der Sinn ist ganz einfach: Wenn ein Weibchen zufällig ein Merkmal wie die Pfauenaugen ins Herz schließt, werden seine Töchter
wahrscheinlich die gleiche Neigung erben. Da es den Weibchen
nützt, wenn sie Söhne mit den von den Weibchen bevorzugten
Merkmalen zur Welt bringen, zahlt es sich für sie aus, vor allem
Männchen mit vielen Pfauenaugen als Partner zu wählen (oder
mit irgendeinem anderen Merkmal, um das es gerade geht). Das
führt zu starker Selektion zugunsten von Männchen mit vielen
Pfauenaugen und damit zu einer schnellen Evolution dieses
Merkmals in der Population der Männchen.

Geoff Millers Hypothese der poetischen Männchen ist eigent-
lich eine Spielart der Fisherschen Sexy-Söhne-Hypothese. Die
Söhne von Weibchen, deren männliche Paarungspartner diese
Merkmale tragen, werden wahrscheinlich die gleichen Merkmale
besitzen und sich dann ihrerseits paaren, so daß viele Enkel ihrer
Mutter entstehen. Ein Dichter oder guter Erzähler zu sein, hat für

sich betrachtet keine Bedeutung für das Überleben, sondern es ist einfach eine Eigenschaft, auf die die Weibchen sich eingeschossen haben. Nach Fishers Sexy-Söhne-Hypothese kann in relativ kurzer Zeit eine schnelle Evolution stattfinden. Und genau das beobachtet man natürlich bei der Evolution der Supergehirne der heutigen Menschen: Fast eineinhalb Millionen Jahre lang blieb das Gehirnvolumen mit 700 bis 800 Kubikzentimetern ungefähr gleich, um sich dann im Laufe von nur einer halben Million Jahre fast zu verdoppeln. Nach Geoff Millers Ansicht war das die Folge des starken Selektionsausdrucks zugunsten der Fähigkeit, den Partner bei Laune zu halten.

Es gibt aber noch eine andere Möglichkeit; sie wird durch die Tatsache nahegelegt, daß Lächeln und Lachen das Gehirn dazu veranlassen, den ganzen Organismus mit körpereigenen Opiaten zu überschwemmen. Wie wir in Kapitel 3 gesehen haben, regt auch das Kraulen die Produktion der Endorphine stark an. Man braucht sich nur einmal zu überlegen, wie sich das Kraulen auf das Zusammengehörigkeitsgefühl auswirkt, wenn man sich dabei sehr entspannt und leicht euphorisch fühlt. Wenn die Intensität einer Beziehung damit zusammenhängt, wieviel Energie man auf das Kraulen verwendet (und wieviel Opiate dadurch ausgeschüttet werden), standen unsere Vorfahren vor einem schwerwiegenden Problem, als sie versuchten, die Gruppen über die bei anderen Primaten übliche Größe anwachsen zu lassen. Leslie Aiello und ich schlugen vor, daß sie zu diesem Zweck anfangs Lautäußerungen als eine Art akustisches Kraulen verwendeten, so daß sie einen Freund auch dann »kraulen« konnten, wenn er ein Stück entfernt gerade mit Fressen beschäftigt war – genau wie die Dscheladas es heute noch tun.

Dabei stellt sich nur das Problem, daß Lautäußerungen, nun ja, einfach nur Lautäußerungen sind. Sie sorgen nicht wie das Kraulen für die Ausschüttung von Opiaten. Wenn diese Substanz ein entscheidender Bestandteil des Bindungsmechanismus sind, läßt sich die Gruppengröße mit Hilfe von Lautäußerunge wahrscheinlich nur in sehr begrenztem Maße über das bei Primaten mögliche

Maximum hinaus steigern. Schon bald stößt man dabei an eine Obergrenze, weil durch das geringe körperliche Kraulen nicht genügend Opiate freigesetzt werden, um die Verstärkung aufrechtzuerhalten.

Nehmen wir aber nun einmal an, daß während der Evolution der Sprache auf einmal auch andere, mit ihr zusammenhängende Signale die Opiatproduktion anregten. Genau diese Wirkung hat das Lächeln und insbesondere das Lachen, und das könnte durchaus eine Erklärung dafür sein, daß beide so wichtige Elemente in Gesprächen sind. Anfangs könnten sie durchaus als Signale der Unterwerfung gedient haben. Schimpansen geben mit dem Gesicht Signale, die in ihrer Struktur dem Lächeln oder Lachen sehr ähnlich sind. Offenbar wurden sie aber irgendwann zweckentfremdet und in den Mechanismus des Gruppenzusammenhalts eingebunden. Heute können wir buchstäblich auf Entfernung kraulen. Wenn wir Witze erzählen, regen wir bei unseren Kraulpartnern die Opiatausschüttung an, auch wenn wir keine Zeit haben, uns hinzusetzen und es körperlich zu vollziehen. Statt dessen können wir mit anderen, für das ökologische Überleben wichtigen Tätigkeiten fortfahren – zum Beispiel mit dem Wandern, Jagen und Sammeln oder mit der Zubereitung und dem Essen der Nahrung.

Wenn ich die in diesem Kapitel untersuchten Thesen noch einmal Revue passieren lasse, scheint es mir, als hätten wir nicht unbedingt Alternativhypothesen für die Evolution der Sprache und des großen Gehirns beim heutigen Menschen, sondern nützliche neue Bausteine, die während der Entwicklung in das System eingeführt wurden. Nachdem das große Gehirn und die Sprachfähigkeit sich als Mittel zum Zusammenhalten großer Gruppen gebildet hatten, eröffneten sich auch andere neue Möglichkeiten. Jetzt waren Täuschung und Selbstdarstellung auch da möglich, wo es sie vorher nicht geben konnte. Sie müssen die auf das große Gehirn und die Sprachfähigkeit einwirkende Selektion mit Sicherheit verstärkt haben, und vielleicht trieben sie diese Evolution sogar in einem Maß voran, wie es durch Gruppenbindungen allein nicht möglich gewesen wären. Aber ohne die Grundlage der herkömmlichen sozialen Bindungskräfte wären sie nicht so stark gewesen, daß sie für eine derart schnelle Evolution der Gehirngröße hätten sorgen können.

Die Narben der Evolution

Wir haben jetzt einen langen, schwierigen Weg zurückgelegt. Er umfaßte etwa fünf Millionen Jahre Evolutionsgeschichte, und wir haben dabei sehr unterschiedliche Gesichtspunkte der Biologie des Menschen angerissen: auf der einen Seite beispielsweise Neurobiologie und Endokrinologie, auf der anderen Psychologie und Anthropologie. Manches davon dürfte vertraute Saiten angeschlagen haben, anderes war wahrscheinlich neu und überraschend. Zu Beginn dieses letzten Kapitels möchte ich deshalb die Argumentation des vorliegenden Buches noch einmal zusammenfassen.

Das zentrale Argument dreht sich um vier maßgebende Aussagen. Erstens: Bei Primaten scheint die Größe der sozialen Gruppen durch die Größe des Neocortex der jeweiligen Spezies begrenzt zu sein. Zweitens: Für die Größe des Sozialgeflechts bei Menschen scheint aus ähnlichen Gründen eine Obergrenze von etwa 150 Personen zu bestehen. Drittens: Die Zeit, die Primaten dem Kraulen widmen, steht offenbar in umittelbarem Zusammenhang mit der Gruppengröße, denn sie spielt eine entscheidende Rolle für den Gruppenzusammenhalt. Und viertens: Nach meiner Vermutung entwickelte sich die Sprache bei den Menschen als Ersatz für das Kraulen, denn dieses hätte in unseren großen Gruppen einen unmöglichen Zeitaufwand erfordert. Die Sprache, so meine Argumentation, entstand in der Evolution, um diese Lücke zu füllen, denn mit ihrer Hilfe können wir die Zeit, die uns für zwischenmenschliche Interaktion zur Verfügung steht, effizienter nutzen.

Diese Funktion erfüllt die Sprache auf mehrere Arten. Wir können durch sie mehr Individuen gleichzeitig erreichen. Sie ermöglicht den Informationsaustausch über unser soziales Umfeld, so daß wir verfolgen können, was zwischen den Personen in unserem Beziehungsgeflecht vorgeht (und wir können auch Betrügereien erkennen). Sie macht eine Selbstdarstellung möglich, wie Affen sie nicht kennen. Und last but not least erlaubt sie uns offenbar, den Verstärkungseffekt des Kraulens (die Opiatausschüttung) über größere Entfernungen in Gang zu setzen. Damit die Sprache sich entwickeln konnte, mußte eine Reihe entscheidender Veränderungen stattfinden. Manche davon waren physiologischer Natur (Erzeugung der Energie für die Funktion eines großen Gehirns), andere gehörten in den kognitiven Bereich (Schaffung der Gehirnmoduln für die Theorie des Geistes und für die mechanischen Abläufe bei der Sprachproduktion).

In diesem letzten Kapitel möchte ich einige Folgerungen untersuchen, die sich aus solchen Befunden für unser Leben ergeben. Die Überschrift habe ich einem Buch von Elaine Morgan entliehen; sie beschreibt darin, wie viele Teile unseres Organismus Überbleibsel unserer Evolutionsgeschichte sind. Von unserem nutzlosen Blinddarm bis zu dem schwachen Rücken, den wir dem aufrechten Gang verdanken, sollte uns alles daran erinnern, daß die Evolution kein Prozeß der unausweichlichen Vervollkommnung ist. In Wirklichkeit ist sie ein Vorgang des ständigen Improvisierens, eine Abfolge von Kompromissen, mit denen wir aus mehreren unvereinbaren Zielen das Beste zu machen versuchen. Wir sind unvollkommene Geschöpfe, die an ihrem entwicklungsgeschichtlichen Erbe kleben, und wir sind weit entfernt von der Vollkommenheit des Entwurfs, in dem die Evolutionswissenschaftler des 18. Jahrhunderts einen Beleg für Gottes Wirken sahen.

Der menschliche Geist ist in keinem besseren Zustand als der menschliche Körper. Zwar bestehen wir nicht mehr völlig aus einem Eiszeitgeist in einem Körper des Weltraumzeitalters, aber manche Aspekte unseres Verhaltens spiegeln unsere Entwicklungsgeschichte wider, und wahrscheinlich ist unsere kulturelle Evolution tatsächlich – zumindest in einigen Fällen – unserer Fähigkeit, mit den Folgen fertig zu werden, davongelaufen.

In diesem Kapitel werde ich also keine allgemein als wahr erkannten Tatsachen darstellen, sondern statt dessen mehr darüber spekulieren, wie es sein könnte. Aus dem bisher Dargelegten ergeben sich eindeutige Folgerungen für vieles, was wir tun, aber diese Folgerungen sind noch im einzelnen zu untersuchen. Ich möchte hier einige Richtungen beleuchten, in die wir uns dabei vielleicht bewegen.

Je kleiner, desto besser

Die menschliche Sprache hat trotz ihres hohen Entwicklungsstandes engere Grenzen, als wir gemeinhin wahrhaben wollen. In entscheidenden Augenblicken fehlen uns die Worte; wir können das Durcheinander der Gedanken, das uns zu überwältigen droht, nicht ausdrücken, und deshalb greifen wir auf uralte Formen der körperlichen Nähe zurück, um das mitzuteilen, was wir nicht laut sagen können oder nicht zu sagen wagen. Dieser Grenzen sind wir uns schmerzlich bewußt. Aber auch in anderer Beziehung erlegt uns der Sprechapparat bei der Art, wie wir miteinander reden, starke Beschränkungen auf; sie sind uns vielleicht weniger vertraut, aber mit manchen davon müssen wir tagtäglich fertig werden.

Wie ich in Kapitel 6 erläutert habe, können wir in einem Gespräch nur die Aufmerksamkeit einer begrenzten Anzahl Personen wachhalten. Das scheint daran zu liegen, daß nicht mehr Menschen in einen Kreis passen, der so klein ist, daß alle den Sprechenden hören können. Daraus ergeben sich offenbar zwei interessante Aspekte unseres Verhaltens.

Erstens redet in einer Gesprächsgruppe immer nur eine Person zur Zeit. Sind es mehrere, kann niemand mehr die Unterhaltung verfolgen; entweder spaltet sich die Gruppe dann in zwei getrennte Gesprächskreise auf, oder der eine Sprecher gewinnt die Oberhand – indem er lauter spricht oder die anderen ausdrücklich um Ruhe bittet.

Wie sich in unseren Untersuchungen des Gesprächsverhaltens zeigte, gibt es bei Gesprächen, an denen Männer und Frauen beteiligt sind, auffällige Geschlechtsunterschiede in der Frage, wer die Sprecherrolle übernimmt. Schon oft wurde festgestellt, daß die Frauen in solchen gemischtgeschlechtlichen Gruppen eher zuhören, während die Männer sprechen; dies wurde vielfach als Dominanzstreben der Männer interpretiert, die die Frauen zur Unterwürfigkeit zwingen wollen. Aus unseren Arbeiten geht jedoch eindeutig hervor, daß diese Erklärung nicht stimmen kann (zumindest nicht ausschließlich), denn Frauen sind nicht in allen Situationen vorwiegend Zuhörer. In Zwiegesprächen zwischen einem Mann und einer Frau reden Frauen sogar genau die Hälfte der Zeit, wenn die Gruppe nur aus diesen zwei Personen besteht, aber ihr Anteil nimmt ab, wenn die Größe der Gruppe über das Paar hinaus zunimmt. In Gruppen von acht bis zwölf Personen spricht eine Frau, die ein »Privatgespräch« mit einem Mann führt, nur etwa ein Viertel der Zeit.

Dafür gibt es zwei mögliche Erklärungen. Erstens haben Frauen eine höhere Stimme als Männer, so daß sie sich schwerer Gehör verschaffen können, wenn der Geräuschpegel der Unterhaltung mit zunehmender Gesprächsgröße höher wird. Wenn die Bemühungen um Unterhaltung zu oft zu einem »Wie bitte? Ich habe Sie nicht recht verstanden« führen, lehnt man sich lieber zurück und hört zu. Da die tieferen Stimmen der Männer besser durchdringen, bleibt ihnen dann zwangsläufig die Rolle des Sprechenden.

Es gibt aber auch eine andere Möglichkeit. Bei jungen Erwachsenen tragen viele Unterhaltungen alle Merkmale von Balzverhalten (das heißt, die Männer zeigen ihre Qualitäten, so daß die Frauen unter ihnen wählen können), und deshalb leuchtet es ein, daß die Frauen sich zurückhalten und das Angebot prüfen, wenn viele Männer zu der Gruppe gehören. Wenn man selbst ständig redet, kann man die Konkurrenten nicht beurteilen: Da das Sprechen eine komplizierte Tätigkeit ist, hat man dabei wahrscheinlich nicht einmal Zeit, irgend etwas anderes außer der eigenen Leistung einzuschätzen. Unterhalten sich dagegen zwei Personen allein (also nicht im Verband einer größeren Gruppe), tun sie das meist aus gutem Grund: Die Angelegenheit geht über das reine »Verkaufsgespräch« hinaus und ist jetzt der Versuch, eine Beziehung aufzubauen.

Auch eine zweite Beschränkung, die der Mechanismus des Sprechenden unserem Gesprächsverhalten auferlegt, beeinflußt unseren Umgang mit ungewöhnlich großen Gruppen. Um in Gremien und Hörsälen eine babylonische Sprachverwirrung zu verhindern, müssen wir unser Verhalten in solchen Situationen sehr strengen sozialen Regeln unterwerfen. Bei Predigten oder Vorträgen muß die Mehrzahl der Anwesenden sich darin einig sein, das eigene Rederecht zugunsten einer bestimmten Person hintanzustellen. Diese Übereinkunft ist sehr störanfällig: Wenn aufgebrachte Zuhörer es wirklich wollen, können sie den Redner leicht am Weitermachen hindern. Im Extremfall kann es notwendig werden, Störenfriede aus dem Publikum hinauszuwerfen, wenn man die Veranstaltung überhaupt fortsetzen will.

Solche ausgehandelten Übereinkünfte setzen die natürlichen Verhaltensmuster außer Kraft, um gegenüber den störenden Folgen des unmittelbaren Eigennutzes einen größeren gemeinsamen Vorteil möglich zu machen. Eigentlich handelt es sich dabei um Fälle des von den Biologen so genannten reziproken Altruismus: Solche Arrangements nach dem Prinzip »eine Hand wäscht die andere« sind ein weiterer biologischer Mechanismus, durch den sich Altruismus in einer darwinistischen Welt entwickeln kann. Aber wie bei allen Formen der Kooperation können sich Betrüger einschleichen, die sich der Vorteile bedienen, ohne den Preis dafür zu bezahlen. Wer sich die allgemeine Bereitschaft zunutze macht, die Regeln zu beachten und zu schweigen, ein Nassauer also (denn nichts anderes ist er), kann sich einer Gruppe aufdrängen und sich Gehör verschaffen, indem er einfach lauter schreit als alle anderen oder sich energischer einmischt.

Formale Arrangements, in denen das Publikum auf sein Rederecht verzichtet, sind offensichtlich notwendig, damit bestimmte wichtige gesellschaftliche Funktionen überhaupt ablaufen können. Zu den vielen Vorgängen, die ansonsten völlig unmöglich wären, gehören in traditionellen Gesellschaften die religiöse Unterweisung, das Aufwiegeln der Massen, Gerichtsverhandlungen und formalisierte politische Entscheidungen. Schon so einfache Dinge wie das Aushandeln einer Eheschließung wären unmöglich, wenn alle Anwesenden darauf bestünden, gleichzeitig zu sprechen.

In besonders akuter Form begegnet uns dieses Problem in Gremien, wo jeder Anwesende damit rechnet, einen Beitrag leisten zu können. Solche Komitees brauchen einen Vorsitzenden, der alle Mitglieder wirksam kontrolliert, die einzelnen nacheinander zu Wort kommen läßt und unnötige Unterbrechungen verhindert. Wer schon einmal in einer Gremiensitzung gesessen hat, weiß nur zu gut, welch entscheidende Rolle der Vorsitzende spielt. Sobald seine Aufmerksamkeit nachläßt, zerfällt das Ganze zu einer Reihe von Einzelgesprächen, und darin geht es oft um alles andere als um das Thema, das eigentlich behandelt werden soll (und in vielen Fällen wird über gemeinsame Bekannte getratscht).

Die Schwierigkeiten der Gesprächskontrolle waren der Hauptgrund, warum man bei der Bildung von Gremien eine wichtige informelle Regel einführte. Wenn man zu schnellen Ergebnissen und Entscheidungen kommen will, sollte ein Gremium nach einem allgemein anerkannten Prinzip aus nicht mehr als sechs Personen bestehen. Will man aber in einem Brainstorming neue Ideen sammeln, braucht das Gremium mehr als sechs Mitglieder. Die beiden Funktionen erscheinen völlig unvereinbar.

Je größer das Gremium, desto länger dauert es, bis man zu Ergebnissen gelangt. Zu viele Personen wollen etwas sagen – es gibt zu viele Wenn und Aber –, und es können sich zahlenmäßig starke Fraktionen mit unterschiedlichen Ansichten bilden. Auf der anderen Seite ist in einem kleinen Gremium das Meinungsspektrum so schmal, daß keine neuen Ideen aufkommen; man gelangt aber schneller zu einer Entscheidung, weil jeder die Chance hatte, das Wort zu ergreifen, so daß nichts mehr hinzuzufügen ist. Und wenn zwei grundsätzlich unterschiedliche Ansichten auftauchen, reicht die Personenzahl nicht aus, um beide Seiten mit nennenswerten Parteien zu unterstützen; deshalb wird ein einzelner, der eine abweichende Meinung äußert, leichter isoliert. Ein solcher Abweichler wird ohne moralische Unterstützung eher die Mehrheitsmeinung akzeptieren.

Indirekt könnte hier auch eine Erklärung für das seltsam autoritäre Verhalten der Viktorianer liegen. Durch die Erfolge der ersten Gesundheitsmaßnahmen und die schnelle Entwicklung der medizinischen Wissenschaft überlebten in der Mittel- und Oberschicht jener Epoche mehr Säuglinge als je zuvor. Die Familien wuchsen von den zwei bis vier überlebenden Nachkommen, die für die traditionelle bäuerliche Gesellschaft typisch waren, auf vier bis acht in den gutsituierten Schichten des 19. Jahrhunderts. Bei etwa sechs Kindern und dem Elternpaar am Eßtisch – und dazu noch die wunderliche unverheiratete Tante – muß ein ohrenbetäubender Lärm geherrscht haben. Deshalb wundert es mich nicht, daß man allgemein das Prinzip »Kinder bei Tisch sind stumm wie die Fisch« befolgte und daß Kinder nur reden durften, wenn sie gefragt wurden. Es war sicher die einzige Möglichkeit, wenn es nicht zugehen sollte wie in einem Irrenhaus. Heute dagegen, mit durchschnittlich 2,4 Kindern und zwei Erwachsenen, können wir beim Essen gesittete Gespräche führen und den Kindern mehr Freiheiten lassen. Daraus kann man den naheliegenden Schluß ziehen, daß die autoritär-patriarchalische Art der Viktorianer eine zwangsläufige Ausweitung häuslicher Regeln auf das Erwachsenenleben im weiteren Sinne war.

Ein letztes Beispiel dafür, wie unser geistiger Apparat offenbar unsere Aktivitäten einschränkt, hängt mit unseren Versuchen zusammen, virtuelle Konferenzsysteme zu schaffen. Die Technik, mit der mehrere Personen über das Telefon in einem Konferenzgespräch zusammengeschaltet werden, gibt es schon seit einiger Zeit. Ein Ergebnis sind die beliebten »Telefontreffs«. Infolgedessen bemüht man sich heute sehr um den technischen Apparat für virtuelle Konferenzen, bei denen die Beteiligten an verschiedenen Orten auf der Welt über Videoverbindungen an demselben Dokument arbeiten oder in einem multinationalen Unternehmen strategische Fragen besprechen. Das ist natürlich eine viel billigere (und weniger ermüdende) Lösung für die Managementprobleme von Großfirmen, als wenn man die Betreffenden wegen einer zweistündigen Sitzung um den halben Erdball fliegen läßt.

Leider sieht es aber so aus, als ob auch hier die gleichen Beschränkungen wirksam wären: Mehr als vier Personen können sich in einem solchen System nur schwer erfolgreich austauschen. Die Technik verkraftet eine fast unbegrenzte Zahl von Teilnehmern, der Mensch aber nicht. Bei mehr als vier Beteiligten bleibt immer einer außen vor, und seine Diskussionsbeiträge werden zunehmend an den Rand gedrängt.

Es ist, als ob unser geistiger Apparat zum Umgang mit einer Gesprächsgruppe auf eine maximale Personenzahl eingestellt wäre, die wir in ein zusammenhängendes Ganzes einbeziehen können. Auch wenn die Elektronik den Anschein erweckt, als säße ein Dutzend Menschen zusammen, verfügen wir einfach nicht über die kognitiven Möglichkeiten, um mehr als drei von ihnen gleichzeitig im Kopf zu behalten.

Daraus ergeben sich wichtige Folgerungen, beispielsweise für die Erziehung. Die meisten Staaten neigen zu immer größeren Schulklassen, um die Kosten für die Ausbildung zu verringern. Aber das hat seinen Preis. In großen Klassen findet die Wissensvermittlung in Form eines Vortrags statt, denn bei jeder anderen Unterrichtsmethode stört das Stimmengewirr zu stark. In Universitäten soll die Lehre vielfach dazu dienen, Diskussionen in Gang zu setzen, damit die Studenten lernen, eine Meinung argumentativ zu vertreten, das Thema im Laufe der Diskussion zu durchdenken und die Gründe für und gegen alternative Hypothesen oder Handlungsweisen abzuwägen – aber das ist nur in kleinen Gruppen möglich (für diese Art des Unterrichts gelten sechs Personen plus ein Dozent in der Regel als Maximum). Wird die

Gruppe deutlich größer, beherrschen oft wenige Personen das Gespräch; die anderen driften in die sprichwörtlichen Winkel ihres Geistes ab und profitieren kaum von der Veranstaltung, oder sie eröffnen eigene Konkurrenzgespräche.

Davon beeinflußt wird aber nicht nur der Inhalt der Lehre, sondern auch die Lehrmethode. In großen Klassen kann es nur noch darum gehen, vorgefertigte Informationen in die offenen Mäuler zu stopfen. Etwas anderes ist kaum möglich. Die direkte persönliche Teilnahme, das Hin und Her des Argumentierens – also gerade das, was den Geist aktiv anregt – geht verloren, denn der Lehrer hat nur eine begrenzte Aufmerksamkeitsspanne. Das natürliche Fragebedürfnis des Kindes wird zum Schweigen verurteilt. Und damit sinkt die Qualität der Bildung – ausgebildet wird nicht mehr der Geist, der selbständig denken kann, sondern der Techniker, der in einer bestimmten Situation die richtige Antwort gibt (ohne aber wirklich zu wissen, warum sie richtig ist). Erziehung verkommt zum Auswendiglernen von Verhaltensregeln.

Die Fremdheit unserer Städte

Ich wüßte gern einmal, wer von uns ehrlichen Herzens behaupten kann, noch nie in seinem Leben zum Anhänger dieser oder jener Fernsehserie geworden zu sein. So schlecht sie oft sind, nur die wenigsten können sich ihnen entziehen. Auch wenn wir von unserem ohnehin vorhandenen Interesse für das Tun und Treiben anderer einmal absehen, stellt sich die spannende Frage, warum gerade diese besondere Form der Unterhaltung so beliebt ist.

Zu den eher seltsamen Merkmalen des modernen Stadtlebens gehört die Tatsache, daß wir in erheblichem Maße in die winzige Welt unserer Wohnungen eingeschlossen sind. Getrennt von Angehörigen und mit begrenzten Möglichkeiten zum Aufbau eines Freundeskreises, ist der moderne Stadtmensch zunehmend gezwungen, auf die vorgefertigten Phantasiefamilien der Seifenopern zurückzugreifen, wenn er Sozialleben und Gemeinschaftsgefühl erfahren möchte. Auffällig ist, daß das Publikum derartiger Sendungen zum größten Teil aus Frauen besteht, die durch ihre Kinder an das Haus gebunden sind. Wer dagegen ein aktives, geselliges Leben führt, interessiert sich kaum für solche Programme.

Das Thema wurde bisher nicht eingehend untersucht, aber es würde mich nicht wundern, wenn sich herausstellte, daß die Personen der Fernsehserien die Funktion echter Personen im Beziehungsgeflecht übernehmen, wenn der Umfang dieses Geflechts aufgrund der sozialen und wirtschaftlichen Situation deutlich unter der natürlichen Grenze von 150 Personen liegt. Sogar Nachrichtensprecher und andere bekannte Persönlichkeiten können diese Rolle spielen: Sie werden zu einem Teil unseres Sozialgeflechts, halbwirkliche Freunde, die uns bekannt vorkommen – nicht nur weil wir sie so oft sehen, sondern auch weil sie uns beim Verlesen der Nachrichten als Einzelperson ansprechen. Tatsächlich versuchen viele bekannte Nachrichtenmoderatoren absichtlich so zu sprechen, als ob sie sich über den Eßtisch hinweg an den einzelnen Zuhörer wenden.

In den traditionellen bäuerlichen Gemeinden überall auf der Welt kennt jeder den anderen wie seine Westentasche. Das kann auch gar nicht anders sein, weil die Häuser dicht zusammengedrängt sind und papierdünne Wände haben. Aber das ist nicht alles – die Menschen wollen es auch so: Die Gemeinde ist eine echte Gemeinschaft, eine Kooperative im Wortsinn, deren Mitglieder tagtäglich vor den gleichen Überlebensfragen stehen. Außerdem werden sie durch verwandtschaftliche Bande zusammengehalten, zumindest auf seiten eines Geschlechts und häufig auch auf beiden.

In den modernen industriellen Ballungsräumen fehlt dieses Gemeinschaftsgefühl häufig, weil sie neu aus dem Boden gestampft wurden. Man baut Häuser, und die Menschen sickern von überall her ein, um die Wohnungen zu füllen. Sie haben keine sozialen Bindungen, keine gemeinsame Vergangenheit, die sie zusammenhält. Ihr Netzwerk aus Freunden und Verwandten erstreckt sich unter Umständen weit über die Grenze des Wohngebietes hinaus. Verstärkt wird dieses Problem noch durch die hohe Mobilität der Menschen, die auf der Suche nach Arbeit große Entfernungen überwinden müssen.

Eine bedeutsame Konsequenz ist, daß die Sozialgefüge bruchstückhaft werden. In traditionellen Gesellschaften, seien es Bauern oder Jäger und Sammler, ist die Gemeinschaft eine dicht vernetzte Einheit. Alle haben den gleichen größeren Kreis von Bekannten, und jeder kennt jeden. Der engere Freundes- oder Verwandtenkreis (das ungefähre Dutzend Menschen, mit denen man am häufigsten verkehrt) ist zwar bei zwei Personen nicht unbedingt der gleiche, aber die größeren Gruppen von etwa 150 Freunden, Verwandten und Bekannten überschneiden sich fast völlig. In der postindustriellen Gesellschaft ist das praktisch nie der Fall. Im Beruf habe ich vielleicht die gleichen Bekannten wie mein Kollege, aber für unsere Ehefrauen gilt das nicht. Eine andere Untergruppe von Bekannten hat der Kollege mit seiner Frau gemeinsam, weil sie zu derselben Religionsgemeinschaft gehören, aber das sind nicht meine Bekannten. Statt eines einzigen großen Sozialgeflechts haben wir Untergruppen, die sich nur zum Teil überschneiden. Das Geflecht eines jeden einzelnen von uns umfaßt immer noch etwa 150 Personen, aber davon haben wir vielleicht nur 15 bis 20 mit einem anderen gemeinsam.

Unsere Verbindungen, die ein gemeinsames Interesse schafft, sind schwächer geworden. Wenn ich mit einem anderen kooperiere, profitiere ich nur von meinem unmittelbaren Eigennutz und von dem Nutzen, den der andere mir als Gegenleistung bringt. In traditionellen Gesellschaften pflanzt sich der Nutzen in einer Folge sich überlappender Wellen durch die gesamte Gemeinschaft fort, denn den Nutzen, den mir ein anderer bringt, gebe ich an dessen Tante weiter, die dafür ihrerseits ihrem Cousin etwas Gutes tut – bis er schließlich wieder zu mir gelangt. Meine jetzige Großzügigkeit wird mir nicht nur einmal zurückgezahlt, sondern kehrt im Karussell des Soziallebens vielfach zu mir zurück. Trotz der unvermeidlichen, geringfügigen Frustrationen, die das Leben in kleinen Gruppen mit sich bringt, wird der Nutzen der sozialen Verpflichtung und Gegenseitigkeit permanent verstärkt.

Damit will ich nicht sagen, daß Großstädte etwas Schlechtes sind oder daß man auf der Suche nach Arbeit nicht umziehen soll. Die Menschen sind seit undenklichen Zeiten auf der Wanderschaft. Großstädte sind spätestens seit der Gründung des Mittleren Reiches in Ägypten und der Blütezeit des Mayareiches wirtschaftliche und soziale Magnete. Während des ganzen 18. Jahrhunderts zogen London und die anderen europäischen Hauptstädte die arbeitssuchenden Menschen von weither an. Auf den Fleiß dieser Zuwanderer bauten sie ihre Größe und Macht auf. Aber nicht immer hatten sie Ruhm und Reichtum zu bieten. Die meisten dieser Städte wuchsen, obwohl die Sterberaten höher lagen als die Geburtenraten: Die Zahl der Zuwanderer war einfach größer als die der Todesfälle.

Die wichtigsten Ursachen für die hohe Sterblichkeit in den Elendsvierteln der Großstädte waren mangelnde Hygiene und niedrige Löhne. Aber verstärkt wurde dieser Effekt mit Sicherheit durch einen weiteren Faktor, den die Demographen übersehen haben: durch den Mangel an Verwandtschaftsbeziehungen und anderen unterstützenden Strukturen in den Gemeinden der Zuwanderer. Fehlende Verwandtschaftsbeziehungen haben überraschend schlechte Auswirkungen auf die Gesundheit. Besonders augenfällig zeigte sich das 1626 bei den Siedlern des Captain Smith in Virginia und bei dem berühmten Wagentreck der Donner Party, der sich 1846 zu einer Durchquerung des amerikanischen Westens aufmachte.

In beiden Fällen war die Sterblichkeit bei denen am höchsten, die in der Gruppe keine Verwandten hatten. Obwohl es sich anfangs häufig um kräftige junge Männer handelte, wurden viele von denen, die allein mit der Donner Party unterwegs waren, mit den Entbehrungen der Reise nicht fertig. Sie starben früher und in deutlich größerer Zahl. Die gleiche Wirkung bemerkte man in den fünfziger Jahren in einer Studie über Slumbewohner im Nordosten Englands: In den Familien mit dem kleinsten Verwandtenkreis war sowohl der Krankenstand als auch die Sterblichkeit der Kinder am höchsten, und sie waren auch ganz allgemein anfällig für Depressionen und ähnliche Störungen. Ein Geflecht enger Sozialbeziehungen scheint für unser Überleben von grundlegender Bedeutung zu sein. Zu ähnlichen Befunden führte in jüngster Zeit eine Studie über die Landbevölkerung von Dominica.

Derselbe Verlust natürlicher Unterstützungssysteme scheint auch die Ursache für den bemerkenswerten Aufstieg der religiösen und pseudoreligiösen Sekten zu sein, die in den letzten Jahrzehnten eine so große Anziehungskraft auf junge Leute ausgeübt haben. Von Charles Manson über David Koresh bis zum Reverend Chris Brain, von der Mun-Sekte bis zu den Hare-Krishna-Jüngern ist offenbar das Gefühl der Zugehörigkeit, der Gemeinschaft oder Familie von überragender Bedeutung. Manche eher aggressiven Gruppierungen machen sich sogar gerade aus diesem Grund gezielt an einsame Jugendliche heran.

In allen diesen Fällen weckt eine verführerische Sprache die Hoffnung auf ein Gemeinschaftsleben, das Nähe und Sicherheit verspricht. Die Sprache zielt auf die Gefühle ab und schlägt Nutzen daraus, daß Worte tiefe Emotionen wecken können und die Opiateuphorie hervorrufen, wenn sie richtig eingesetzt werden. Dafür gibt es in der Geschichte viele Beispiele: Der religiöse Fundamentalismus, der ganze Staaten hinwegfegt, der Aufstieg des Faschismus, Hexenjagden, Pogrome und Kreuzzüge legen beredtes Zeugnis für diesen Vorgang ab. Das alles hat seine Ursache darin, daß wir unsere Individualität dem Willen der Allgemeinheit (oder auch einer charismatischen Einzelperson) unterwerfen, wenn wir von einer übermäßig emotionalen Sprechweise angeheizt werden. Der psychologische Mechanismus, der in der Evolution zur Vereinfachung der Gemeinschaftsbindung entstanden ist, geht in die Irre, weil es diese Interessengemeinschaften nicht mehr gibt. Wir laufen Gefahr, von Fremden ausgenutzt zu werden. In einer kleinen Gemeinschaft gewährleisten altbewährte Vertrauens-, Verpflichtungs- und Verwandtschaftsbeziehungen, daß ein einzelner, der energisch seinen Willen vertritt, die Interessen der anderen nicht verletzt. In den zerrissenen modernen Gesellschaften haben wir diese Garantie nicht mehr, aber der Mechanismus zum Aufbau von Vertrauen zu denjenigen, die behaupten, sie gehörten zu uns, ist nach wie vor vorhanden. Nassauer hatten es noch sie so leicht.

Die Auswirkungen können wir in vielen Bereichen unseres Soziallebens beobachten. Der Boom der Bekanntschaftsanzeigen und Partneragenturen in den letzten zwanzig Jahren ist ein deutlicher Hinweis, daß den Menschen nicht mehr das Sozialgeflecht zur Verfügung steht, das ihnen normalerweise den Zugang zu zukünftigen Partnern verschafft. Die Dorfkupplerin ist mit dem Dorf verschwunden. Nachdem immer mehr Menschen aus beruflichen Gründen in einer neuen Stadt ins soziale Vakuum geworfen werden, fehlen in immer mehr Fällen die zwischenmenschlichen Kontakte, ohne die wir keine Freunde und Partner gewinnen können. Wohin geht man, wenn man Leute kennenlernen will, ohne das Risiko unerwünschter Aufdringlichkeit einzugehen? Bekanntschaftsanzeigen und Partnervermittlungen werden immer stärker zu einem ganz normalen Teil unseres Gesellschaftslebens. Auch ein anderes Phänomen überrascht mich in diesem Zusammenhang immer wieder: Freundschaften zwischen Erwachsenen haben in der modernen Stadtgesellschaft ihren Ursprung vielfach nicht in den sozialen Kontakten der Beteiligten selbst, sondern in den Kontakten, die ihre Kinder in Schulen und Vereinen herstellen. Vielleicht ist es nicht übertrieben, wenn man annimmt, daß höhere Zuschüsse für Kindergärten für die Eltern wichtiger sind als für die Kinder.

Damit ist nicht gesagt, daß mit einem dieser Phänomene irgend etwas grundsätzlich nicht in Ordnung wäre; sie zeigen nur, in welchem Umfang unser psychischer Ballast bestimmte soziale Folgen vorherbestimmt. Dennoch könnte der Mangel an zwischenmenschlichen Kontakten und Gemeinschaftsgefühl sich als das drängendste Sozialproblem des neuen Jahrtausends erweisen.

Oft sagt man, auf dem Golfplatz würden mehr Geschäfte gemacht als am Schreibtisch im Büro. Dafür gibt es einen stichhaltigen Grund. Ein Geschäftsabschluß ist eine persönliche Interaktion zwischen Menschen. Die Beteiligten müssen einander einschätzen, beurteilen, mit welcher Wahrscheinlichkeit der andere meint, was er sagt, ob er sich an seine Zusagen hält. Solche Informationen gewinnt man nicht am Telefon oder quer über den Schreibtisch bei einem kurzen Treffen. Das Golfspiel als solches ist unwichtig: Es hat nur den Zweck, Gelegenheit zu einer Bindung zu schaffen. Ein Musterbeispiel dafür, wie eine solche Geschäftsgemeinschaft funktioniert, sind in vielerlei Hinsicht die Diamantenhändler von New York und Amsterdam. Hier gilt das Prinzip »ein Mann, ein Wort«, denn jeder in der Gemeinschaft kennt ihn, seine Vergangenheit, seine Ehrlichkeit und Zuverlässigkeit. Die Welt der Edelsteinhändler ist eine kleine, abgeschlossene Welt der vertrauten Gesichter und des persönlichen Vorstellens. Verträge und Dokumente sind nicht notwendig. Alles basiert auf Vertrauen. Das kann aber nur funktionieren, weil die Gemeinschaft klein ist. Würden zu viele Personen dem Klub beitreten, bräche das ganze System zusammen.

Das andere Extrem ist das unüberschaubare Supernetzwerk der internationalen Finanzmärkte. Personen auf der ganzen Welt, die einander völlig fremd sind, stehen durch die moderne Technik miteinander in Verbindung. Wieviel von dem derzeitigen Chaos auf den Finanz- und Versicherungsmärkten ist eine Folge ihrer Größe? Unehrliche Händler kommen davon, weil sie auf einem großen, anonymen Markt tätig sind, in dem es weder Verpflichtungen noch Vertrauen gibt, während zumindest einige ihrer Kollegen annehmen, daß sie in kleineren Gemeinschaften tätig sind und Geschäfte auf persönliches Vertrauen gründen können. Auf dem modernen, dezentralen Markt kann kein Händler alle Personen kennen, mit denen er in Kontakt kommt. Und da Vertrauen zwischen Fremden bestenfalls etwas Zerbrechliches ist, verschiebt sich das Verhalten zwangsläufig in Richtung einer neuen, weniger angenehmen Norm. Die Befürworter der Datenautobahn hatten immer die Hoffnung, der Zugang zu praktisch unendlich großen Datennetzen auf der ganzen Welt werde wunderbare Chancen für den massenhaften Austausch von Ideen eröffnen: das globale Netzwerk an der vordersten Front der Kommunikationstechnik. Nun ja, daß allgemein mehr Informationen fließen, stimmt: Ich kann Dinge empfangen, die ein anderer, den ich nie gesehen habe (und vermutlich nie sehen werde) im Internet zur Verfügung gestellt hat. Aber damit eröffnet sich nicht zwangsläufig ein weltweites Netzwerk von Mitarbeitern und Kollegen.

Zunächst einmal sorgt die Unpersönlichkeit der Datenautobahn anscheinend dafür, daß die Menschen in ihrem Umgang mit anderen weniger rücksichtsvoll sind als bei der Kommunikation von Angesicht zu Angesicht. Wenn sie sich ärgern, werden sie leichter ausfällig, und sie machen häufiger nebenbei anzügliche Bemerkungen. Hier spielt sich etwas Ähnliches ab wie bei dem Verkehrsrowdytum, das uns zunehmend vertraut wird. In ihrer metallenen Festung verschanzt, geben sich die Menschen ihrem Zorn viel schneller hin als bei einem Wortwechsel auf dem Bürgersteig; abgeschnitten vom unmittelbaren Kontakt, bei dem man unterschwellige Signale schnell und genau aufnimmt, verlieren sie die Kontrolle, die uns der soziale Umgang im Interesse von Kooperation und Bindung normalerweise auferlegt. Und wenn man durch die scheinbare Anonymität der Computerverbindung noch weiter getrennt ist, sind wir noch weniger eingeschränkt. Die unausweichliche Folge sind »Netzrowdys«. In dem sicheren Wissen, daß unser Gegenüber uns nicht zu nahe kommen kann, lassen wir selbstbewußt einen Streit eskalieren, den wir im Auto nicht riskieren würden, von einer Begegnung von Angesicht zu Angesicht ganz zu schweigen.

Auch daß die elektronische Post das Sozialgeflecht der Menschen wachsen läßt, ist unwahrscheinlich. Sie ist vielleicht schneller als die Snailmail (wie Computerfreaks die herkömmliche Briefpost nennen), aber auf die Fähigkeit der Menschen, Informationen über andere (im Gegensatz zu reinen Zahlen) zu verarbeiten, dürfte sie sich kaum auswirken. Der einzige echte Nutzen der Datenautobahn wird letztlich in der Geschwindigkeit liegen, mit der Ideen sich verbreiten. Immer wenn der unmittelbare Kontakt von Mensch zu Mensch eine notwendige Voraussetzung ist (wie beim Abschließen von Vereinbarungen), kommen die altbekannten, vertrauten kognitiven Geisteseinstellungen ins Spiel. Das Mißtrauen gegenüber dem Unbekannten und die Angst vor Betrügereien durch nicht vertrauenswürdige Fremde werden weiterhin unsere Entscheidungen bestimmen. Infolgedessen werden Verhandlungen in großen, unstrukturierten Bevölkerungsgruppen mit der Zwangsjacke des Gesetzbuches und nicht durch Intuition geführt. Und wo es wirklich wichtig ist, werden wir weiterhin auf das uralte Mittel des persönlichen Kontaktes zurückgreifen. Der altmodische Bekanntenkreis war vielleicht nie so bedeutsam wie heute.

Wie die Soziologen schon seit langem erkannt haben, kann eine Firma mit bis zu zweihundert Mitarbeitern aufgrund des freien Informationsaustauschs zwischen den Beteiligten funktionieren. Geht ihre Zahl darüber hinaus, braucht man hierarchische Strukturen oder direktes Management, damit es nicht durch mangelnde Kommunikation zum Chaos kommt. Aber solche Strukturen haben ihren Preis: Informationen können nur auf bestimmten Wegen fließen, weil nur bestimmte Personen regelmäßig untereinander in Kontakt stehen; außerdem fehlt den einzelnen wegen des mangelnden persönlichen Kontakts das Gefühl der persönlichen Verpflichtung, das kleine Gruppen so gut funktionieren läßt. Man tut anderen nur dann einen Gefallen, wenn die Gegenleistung klar definiert ist, und nicht wegen eines allgemeinen persönlichen Engagements. Große Organisationen sind einfach weniger flexibel.

Dieses Problem ließe sich natürlich lösen, indem man große Organisationen in kleinere Einheiten aufgliedert, die dann jeweils als zusammengehörige Gruppe agieren. Wenn man solchen Gruppen gestattet, Bündnisse auf Gegenseitigkeit zu schließen, kann man größere Organisationen aufbauen. Mit Gruppen von beispielsweise 150 Personen allein läßt sich aber nicht das ganze Spektrum der Organisationsprobleme beseitigen. Zusätzlich ist etwas anderes notwendig: Die Beteiligten müssen die Möglichkeit haben, direkte persönliche Beziehungen aufzubauen. Damit die Informationen ungehindert fließen, müssen sie ungezwungen miteinander verkehren können. Eine zu formelle Struktur dieser Beziehungen behindert zwangsläufig die Funktionsfähigkeit des Systems.

Wie wichtig das ist, machte mir vor einigen Jahren eine Fernsehproduzentin deutlich. Die Produktionsfirma, bei der sie arbeitete, stellte für einen bestimmten Sender alle Schulfernsehsendungen her. Ob Zufall oder Planung, jedenfalls hatte die Firma fast genau 150 Mitarbeiter. Die Organisation funktionierte viele Jahre lang reibungslos, aber dann zog das Unternehmen in ein neues, speziell für diese Zwecke eingerichtetes Gebäude. Von jetzt an ging ohne ersichtlichen Grund alles mögliche schief. Die Arbeit schien auf einmal schwieriger und vor allem weniger befriedigend zu sein.

Es dauerte eine ganze Weile, bis sie dahinterkamen, wo das Problem lag. Wie sich herausstellte, waren die Architekten bei der Planung des Gebäudes der Ansicht gewesen, ein allgemeiner Aufenthaltsraum, wo alle in der Mittagspause ihre Butterbrote aßen, sei unnötiger Luxus, und ließen ihn deshalb weg. Es erschien logisch: Wenn die Mitarbeiter ihr Essen am Schreibtisch einnahmen, würden sie schneller weiterarbeiten und weniger herumtrödeln. Aber damit zerstörten die Planer unabsichtlich das enge Sozialgefüge, das die ganze Organisation funktionieren ließ. Offenbar hatten die Mitarbeiter, die sich formlos mit ihren Butterbroten im Aufenthaltsraum trafen, ganz nebenbei nützliche Informationsfetzen ausgetauscht. Irgend jemand hatte ein Problem, das er nicht lösen konnte, und erörterte es beim Mittagessen mit einem Kollegen aus einer anderen Abteilung. Der Freund wußte, wen man um Rat fragen konnte. Oder jemand, der eine Unterhaltung mitbekam, konnte einen Vorschlag machen, oder er stolperte am folgenden Tag zufällig über jemanden, der die Antwort wußte. Oder eine nebenbei gemachte Bemerkung wurde zur Idee für eine neue Sendung.

Diese zufälligen Begegnungen an der Kaffeemaschine, die zwanglose Plauderei am Fotokopiergerät, machten den Unterschied zwischen einer erfolgreichen und einer weniger erfolgreichen Organisation aus. Das alte System hatte formlose Kontakte begünstigt und damit um jeden Mitarbeiter herum ein Beziehungsgeflecht entstehen lassen; diese Beziehungen funktionierten wie ein Parallel-Supercomputer: Mehrere Gehirne konnten unabhängig voneinander an derselben Fragestellung arbeiten.

Sprache zieht sich durch die gesamte menschliche Kultur und ist für die Gesellschaft als Ganzes ebenso die Grundlage wie für unsere Wissenschaft und Kunst. Ihre Wurzeln reichen in die entfernte Vergangenheit zurück, und diese Frühgeschichte ist ein Teil unserer geistigen Ausstattung. Mit Sprache sind wir zu bemerkenswerten Leistungen imstande. Aber ganz zuunterst liegt ein nicht unbegrenzt flexibler Geist, dessen kognitive Ausstattung so gestaltet ist, daß er mit den kleinen Gesellschaftsformen umgehen kann, die unsere Evolutionsgeschichte mit Ausnahme der allerletzten Phase charakterisieren.

Das muß kein Anlaß zur Verzweiflung sein. Wir müssen es einfach hinnehmen und unsere soziale Praxis darauf einstellen, anstatt dagegen zu kämpfen. Es bedeutet auch nicht, daß das menschliche Verhalten sich nicht verändern könnte – das ist zwar eine verbreitete, aber auch naive Deutung der Evolutionsbotschaft. Wie alle Primaten und viele andere Säugetiere sind auch die Menschen durch ein wandelbares Verhalten gekennzeichnet, und sie können sich in den von dem Apparat vorgegebenen Grenzen anpassen. Die Zukunft unserer Spezies wird sich danach richten, ob wir erkennen, wo diese Grenzen liegen und wie wir sie überwinden können, wenn nötig, durch die Wiederherstellung des sozialen Umfeldes, in dem wir am besten zu arbeiten vermögen. Wenn wir das erreichen, wird die moderne Welt weniger entfremdend und weniger zerstörerisch sein.

Literatur

Das folgende Literaturverzeichnis enthält die wichtigsten Fachartikel, in denen die hier erörterten Forschungsergebnisse veröffentlicht wurden; es soll aber keine vollständige Quellenliste für alle zitierten Untersuchungen sein. Für die Nichtfachleute unter den Lesern nenne ich außerdem eine Auswahl von Büchern und Artikeln, in denen weitere Informationen zu bestimmten Einzelthemen zu finden sind.

Sprechende Köpfe

Milroy, R.: *Language and Social Networks*. Oxford: Blackwell, 1987
Lyons, J.: *Chomsky*, London: Fontana, 1970
Pinker, S.: *Der Sprachinstinkt. Wie der Geist die Sprache bildet*. München: Kindler, 1996
Tudgill, P.: *Sociolinguistics: An Introduction to Language and Society*. Harmondsworth: Penguin, 1983

Im Strudel des sozialen Lebens

Bowler, P. J.: *The Idea of Evolution*. Los Angeles: University of California Press, 1986
Byrne, R.: *The Thinking Ape*. Oxford: Oxford University Press, 1995
Byrne, R./ Whiten, A.: »The thinking primate's guide to deception.« *New Scientist 116* (Nr. 1589) (1987): 54–57
Byrne, R./ Whiten, A. (Hrsg.): *Machiavellian Intelligence*. Oxford: Oxford University Press, 1988
Cavalieri, P./ Singer, P. (Hrsg.): *Menschenrechte für die groflen Menschenaffen*. München: Goldmann, 1994

Cheney, D. L./ Seyfarth, R. M.: *Wie Affen die Welt sehen*. München: Hanser, 1994

Cheney, D. L./ Seyfarth, R. M./ Silk, J. B.: »The role of grunts in reconciling opponents and facilitating interactions among adult female baboons.« *Animal Behaviour 50* (1995): 249–257

Dawkins, R.: *Das egoistische Gen*. Heidelberg: Spektrum Akademischer Verlag, 1994

Dawkins, R.: »Gaps in the mind.« In: P. Cavalieri/ P. Singer (Hrsg.): *The Great Ape Project*, 80–87. London: Fourth Estate, 1993

Dennett, D.: *Darwins gefährliches Erbe. Die Evolution und der Sinn des Lebens*. Hamburg: Hoffmann und Campe, 1997

Dunbar, R. I. M.: *Reproductive Decisions: An Economic Analysis of Gelada Baboon Social Strategies*. Princeton: Princeton University Press, 1984

Dunbar, R. I. M.: *Primate Social Systems*. London: Chapman & Hall, 1988

Fleagle, J. G.: *Primate Adaptation and Evolution*. New York: Academic Press, 1988

Goodall, J.: *Wilde Schimpansen. Verhaltensforschung am Gombe-Strom*. Reinbek: Rowohlt, 1991

Gribbin, J./ Gribbin, M.: *Wie wenig uns vom Affen trennt*. Frankfurt am Main: Insel, 1995

Harcourt, A./ de Waal, F. (Hrsg): *Coalitions and Alliances in Humans and Other Animals*. Oxford: Oxford University Press, 1993

Hinde, R. A. (Hrsg.): *Primate Social Relationships*. Oxford: Blackwells Scientific Publications, 1983

Jones, S./ Martin, R. D./ Pilbeam, D. (Hrsg.): *The Cambridge Encyclopedia of Human Evolution*. Cambridge: Cambridge University Press, 1992

Martin, R. D.: *Primate Origins and Evolution*. London: Chapman & Hall, 1990

Pearson, R.: *Climate and Evolution*. London: Academic Press, 1978

Richard, A. F.: *Primates in Nature*. San Francisco: W. H. Freeman, 1985

Smuts, B. B.: *Sex and Friendship in Baboons*. New York: Aldine 1985

Smuts, B. B./ Cheney, D. L./ Seyfarth, R. M./ Wrangham, R. W./ Struhsaker, T. T. (Hrsg.): *Primate Societies*. Chicago: Chicago University Press, 1987

de Waal, F./ van Roosmalen, J.: »Reconciliation and consolation among chimpanzees.« *Behavioural Ecology and Sociobiology 5* (1979): 55–66

Ernst sein ist alles

Abbott, D. H.: »Behavioural and physiological suppression of fertility in subordinate marmoset monkeys.« *American Journal of Primatology 6* (1985): 169–186

Abbott, D. H./ Keverne, E. B./ Moore, G. F./ Yodyinguad, U.: »Social suppression of reproduction in subordinate talapoin monkeys, *Miopithecus talapoin*.« In: J. Else und P. C. Lee (Hrsg.): *Primate Ontogeny*. Cambridge: Cambridge University Press, 1986

Barton, R.: »Grooming site preferences in primates and their functional implications.« *International Journal of Primatology 6*: 519–531

Bowman, L. A./ Dilley, S. R./ Keverne, E. B.: »Suppression of oestrogen-induced LH surges by social subordination in talapoin monkeys.« *Nature 275* (1978): 56–58

Cheney, D. L./ Seyfarth, S. M.: *Wie Affen die Welt sehen*. München: Hanser, 1994

Dunbar, R. I. M.: »Stress is a good contraceptive.« *New Scientist 105* (17. Januar 1985): 16–18

Dunbar, R. I. M.: *Primate Social Systems*. London: Chapman & Hall, 1988

Dunbar, R. I. M.: »Functional significance of social grooming in primates.« *Folia primatologica 57*: 121–131

Enquist, M./ Leimar, O.: »The evolution of cooperation in mobile organisms.« *Animal Behaviour 45*: 747–757

Goosen, C.: »On the function of allogrooming in Old World monkeys.« In: A. B. Chiarelli und R. S. Corruccini (Hrsg.): *Primate Behaviour and Sociobiology*, 110–120. Berlin: Springer, 1981

Hockett, C. F.: »Logical considerations in the study of animal communication.« In: W. E. Lanyon und W. N. Tavolga (Hrsg.): *Animal Sounds and Communication*, 392–430. Washington: American Institute of Biological Sciences, 1960

Howlett, T./ Tomlin, S./ Ngahfoong, L./ Rees, L./ Bullen, B./ Skrinar, G./ MacArthur, J.: »Release of (β-endorphin and met-enkephalin during exercise in normal women: response to training.« *British Medical Journal 288* (1984). 1950–1952

Keverne, E. B./ Martensz, N./ Tuite, B.: »Beta-endorphin concentration in cerebrospinal fluid on monkeys are influenced by grooming relationships.« *Psychoneuroendocrinology 14* (1989): 155–161

Mason, H: »Everything you wanted to know about sperm banks.« *Observer* (20. August 1984), 35

Silk, J.: »Altruism among female *Macaca radiata*: explanations and analysis of patterns of grooming and coalition formation.« *Behaviour 79* (1982): 162–188

Sparks, J.: »Allogrooming in primates: a review.« In: D. Morris (Hrsg.): *Primate Ethology*, 148–175. London: Weidenfeld & Nicholson, 1967

Smuts, B. B./ Cheney, D. L./ Seyfarth, R. M./ Wrangham, R. W./ Struhsaker, T. T. (Hrsg.): *Primate Societies*. Chicago: Chicago University Press, 1987

Wasser, S. K./ Barash, D. P.: »Reproductive suppression among female mammals: implications for biomedicine and sexual selection theory.« *Quarterly Reviews of Biology 58* (1983): 513–538

Buys, C. J./ Larsen, K. L.: »Human sympathy groups.« *Pschology Reports 45* (1979): 547–553

Byrne, R.: *The Thinking Ape*. Oxford: Oxford University Press, 1995

Byrne, R./ Whiten, A. (Hrsg.): *Machiavellian Intelligence*. Oxford: Oxford University Press, 1988

Coleman, J. S.: *Grundlagen der Sozialtheorie. Band 3: Die Mathematik der sozialen Handlung*. München: Oldenbourg, 1995

Dunbar, R. I. M.: »Neocortex size as a constraint on group size in primates.« *Journal of Human Evolution 20* (1992): 469–493

Dunbar, R. I. M.: »Why gossip is good for you.« *New Scientist 136* (1992): 28–31

Dunbar, R. I. M.: »Coevolution of neocortical size, group size and language in humans.« *Behavioural and Brain Sciences 16* (1993): 681–735

Dunbar, R. I. M./ Spoors, M.: »Social networks, support cliques and kinship.« *Human Nature 6* (1995): 273–290

Friedman, J./ Rowlands, M. J. (Hrsg.): *The Evolution of Social Systems*. London: Duckworth, 1977

Hayes, K./ Hayes, C.: »Imitation in a home-raised chimpanzee.« *Journal of Comparative Psychology 45* (1952): 450–459

Jerison, H. J.: *Evolution of the Brain and Intelligence*. New York: Academic Press, 1973

Johnson, G. A.: »Organizational structure and scalar stress.« In: Renfrew, C./ Rowlands, M./ Abbott-Seagram, B. (Hrsg.): *Theory and Explanation in Archaeology*. London: Academic Press 1982

Kellogg, W. N./ Kellogg, L. A.: *The Ape and the Child: A Study of Environmental Influence upon Early Behaviour*. New York: Whittlesey House, 1933

Killworth, P. D./ Bernard, H. R./ McCarty, C.: »Measuring patterns of acquaintanceship.« *Current Anthropology 25* (1984): 391–397

Kudo, H./ Bloom, S./ Dunbar, R. I. M.: »Neocortex size as a constraint on social network size in primates.« *Behaviour* (eingereicht)

Lewin, R.: »The great brain race.« *New Scientist* (5. Dezember 1992), 2–8

Naroll, R.: »A preliminary index of social development.« *American Anthropologist 58* (1956): 687–715

Premack, D./ Premack, A. J.: *The Mind of an Ape*. New York: Norton, 1983

Savage-Rumbaugh, S./ Lewin, R.: *Kanzi – der sprechende Schimpanse. Was den tierischen vom menschlichen Verstand unterscheidet*. München: Droemer Knaur, 1995

Der Geist in der Maschine

Astington, J. W.: *The Child's Discovery of the Mind*. London: Fontana, 1994

Barkow, J. H./ Cosmides, L./ Tooby, J. (Hrsg.): *The Adapted Mind*. Oxford: Oxford University Press, 1993

Baron-Cohen, S.: »The theory of mind impairment in autism.« In: Whiten, A. (Hrsg.): *Natural Theories of Mind*, 233–252. Oxford: Oxford University Press, 1991

Byrne, R.: *The Thinking Ape*. Oxford: Oxford University Press, 1995

Cheney, D. L./ Seyfarth, S. M.: *Wie Affen die Welt sehen*. München: Hanser, 1994

Dennett, D.: »Intentional systems in cognitive ethology: the ›Panglossian paradigm‹ defended.« *Behavioural and Brain Sciences 6* (1983): 343–390

Donald, M.: *Origins of the Modern Mind*. Cambridge (Mass.): Harvard University Press, 1991

Dunbar, R. I. M.: *The Trouble with Science*. London: Faber, 1995

Gallup, G. G.: »Chimpanzees: self-recognition.« *Science 167* (1970): 417–421

Gallup, G. G.: »Do minds exist in species other than our own?« *Neuroscience and Biobehavioural Reviews 9* (1985): 631–641

Happé, F.: *Autism: An Introduction to Psychological Theory*. London: University College London Press, 1994

Kinderman, P./ Dunbar, R./ Bentall, R.: »Theory-of-mind deficits, causal attributions and paranoia: an analogue study.« *British Journal of Psychology* (eingereicht)

Leslie, A. M.: »Pretence and representation in infancy: the origins of theory of mind.« *Psychological Review 94* (1987): 84–106

Parker, S./ Mitchell, R. W./ Boccia, M. L. (Hrsg.): *Self-awareness in Animals and Humans*. Cambridge: Cambridge University Press, 1994

Povinelli, D. J.: »Failure to find self-recognition in Asian elephants (*Elephas maximus*) in contrast to their use of mirror cues to discover hidden food.« *Journal of Comparative Psychology 103* (1989): 122–131

Povinelli, D. J./ Nelson, K. E./ Boysen, S. T.: »Inferences about guessing and knowing by chimpanzees (*Pan troglodytes*).« *Journal of Comparative Psychology 104* (1990): 203–210

Povinelli, D. J./ Nelson, K. E./ Boysen, S. T.: »Comprehension of social role reversal by chimpanzees: evidence of empathy?« *Animal Behaviour 43* (1992): 633–640

Premack, D./ Woodruff, G.: »Does the chimpanzee have a theory of mind?« *Behavioural and Brain Sciences 4* (1978): 515–526

RACTER: *The Policeman's Beard ist Half Constucted*. New York: Warner Books, 1985

Weiskrantz, L. (Hrsg.): *Animal Intelligence*. Oxford: Oxford University Press, 1985

Wolpert, L.: *The Unnatural Nature of Science*. London: Faber & Faber, 1994

de Waal, F.: *Chimpanzee Politics*. London: Allen & Unwin, 1982

Whiten, A. (Hrsg.): *Natural Theories of Mind*. Oxford: Blackwell, 1991

Whiten, A./ Byrne, R.: »Tactical deception in primates.« *Behavioural and Brain Sciences 11* (1988): 233–244

Aufwärts durch den Nebel der Zeiten

Aiello, L./ Dunbar, R. I. M.: »Neocortex size, group size and the evolution of language.« *Current Anthropology 34* (1993): 184–193

Aiello, L./ Wheeler, P: »The expensive tissue hypothesis.« *Current Anthropology 36* (1995): 199–211

Alexander, R. D./ Hoogland, J. L./ Howard, R. D./ Noonan, K. M./ Sherman, P. W.: »Sexual dimorphisms and breeding systems in pinnipeds, ungulates, primates and humans.« In: N. Chagnon/ W. Irons (Hrsg.): *Evolutionary Biology and Human Social Behaviour*, 402–435. North Scituate (Mass.): Duxbury 1979

Arensburg, B/ Tillier, A. M./ Vandermeersch, B./ Duday, H./ Schepartz, L. A./ Rak, Y.: »A middle palaeolithic human hyoid bone.« *Nature 338* (1989): 758–759

Bischoping, K.: »Gender differences in conversation topics, 1922–1990.« *Sex Roles 28* (1993): 1–17

Clarke, R. J./ Tobias, P. V.: »Sterkfontein member 2 foot bones of the oldest South African hominid.« *Science 269* (1995): 521–524

Cohen, J. E.: *Casual Groups of Monkeys and Men*: Cambridge (Mass.): Harvard University Press, 1971

Dunbar, R. I. M.: *Primate Social Systems*. London: Chapman & Hall, 1988

Dunbar, R. I. M.: »Coevolution of neocortical size, group size and language in humans.« *Behavioural and Brain Sciences 16* (1993): 681–735

Dunbar, R. I. M./ Duncan, N. D. C./ Nettle, D.: »Size and structure of freely forming conversational groups.« *Human Nature 6* (1995): 67–78

Dunbar, R. I. M./ Spoors, M.: »Social networks, support cliques and kinship.« *Human Nature 6* (1995): 273–290

Janis, C.: »The evolutionary strategy of the Equidae and the origins of rumen and ceacal digestion.« *Evolution 30* (1976): 757–774

Jones, S./ Martin, R. D./ Pilbeam, D. (Hrsg.): *The Cambridge Encyclopedia of Human Evolution*. Cambridge: Cambridge University Press, 1992

Legget, R. F./ Northwood, T. D.: »Noise surveys at cocktail parties.« *Journal of the Acoustical Society of America 32* (1960): 16–18

Liebermann, D.: »The origins of some aspects of language and cognition.« In: P. Mellars/ C. Stringer (Hrsg.): *The Human Revolution*, 391–414. Edinburgh: Edinburgh University Press, 1989

Mellars, P./ Stringer, C. (Hrsg.): *The Human Revolution*. Edinburgh: Edinburgh University Press, 1989

Nettle, D.: »A behavioural correlate of phonological structure.« *Language and Speech 37* (1994): 425–429

Pinker, S.: *Der Sprachinstinkt*. München: Kindler, 1996

Sigg, H./ Stolba, A.: »Home range and daily march in a hamadryas baboon troop.« *Folia Primatologica 36* (1981): 40–75

van Soest, P. J.: *The Nutritional Ecology of the Ruminant*. Ithaca: Cornell University Press, 1982

Stringer, C./ McKie, R.: *Afrika – Wiege der Menschheit. Die Entstehung, Entwicklung und Ausbreitung des Homo sapiens*. München: Limes, 1996

Stringer, C./ Gamble, C.: *In Search of the Neanderthals*. London: Thames and Hudson, 1993

Wheeler, P. E.: »Stand tall to stay cool.« *New Scientist* (Dezember 1988), 62–65

Wheeler, P. E.: »The influence of bepedalism on the energy and water budgets of early hominids.« *Journal of Human Evolution 21* (1991): 107–136

Erste Worte

Asch, S. E.: »Studies of independence and conformity. A minority of one against a unanimous majority.« *Psychological Monographs 70* (Nr. 9) (1956)

Bever, G./ Chiarello, R. J.: »Cerebral dominance in musicians and non-musicians.« *Science 185* (1974): 137–139

Bott, E.: *Familiy and Social Network*. London: Tavistock Publications, 1971

Bradshaw, J./ Rogers, L.: *The Evolution of Lateral Asymmetries, Language, Tool Use and Intellect*. New York: Academic Press, 1993

Calvin, W. H.: *Das Wunder des Denkens. Wie aus Neuronen Bewußtsein entsteht*. München: Hanser, 1993

Calvin, W. H.: *Die Symphonie des Denkens. Wie Bewußtsein entsteht*. München: dtv, 1995

Calvin, W. H./ Ojemann, G. A.: *Einsicht ins Gehirn. Wie Denken und Sprache entsteht*. München: Hanser, 1995

Casperd, J./ Dunbar, R. I. M.: »Asymmetries in the visual processing of emotional cues during agnostic interactions by gelada baboons.« *Behavioural Processes* (im Druck).

Cheney, D. L./ Seyfarth, R. M.: »How vervet monkeys perceive their grunts: field playback experiments.« *Animal Behaviour 30* (1982): 739–751

Corballis, M. S.: *The Lopsided Ape*. Oxford: Oxford University Press, 1992

Davies, N. B./ Halliday, T. R.: »Optimal mate selection in the toad Bufo bufo.« *Nature 269* (1977): 56–58

Denman, J./ Manning, J. T.: »Lateral cradling preferences and left-eye-mediated perceptions of emotions.« *Ethology and Sociobiology* (eingereicht)

Dubar, R. I. M.: *Primate Social Systems*. London: Chapman & Hall, 1988

Dunbar, R. I. M./ Spoors, M.: »Social networks, support cliques and kinship.« *Human Nature 6* (1995): 273–290

Foley, R. A.: »The evolution of hominid social behaviour.« In: V. Standen/ R. Foley (Hrsg.): *Comparative Socioecology*, 473–494. Oxford: Blackwell, 1989

Foley, R. A./ Lee, P. C.: »Finite social space, evolutionary pathways and reconstructing hominid behaviour.« *Science 243* (1989): 901–906

Hauser, M.: »Right hemisphere dominance for the production of facial expression in monkeys.« *Science 261* (1993): 475–477

Hauser, M./ Fowler, C.: »Declination in fundamental frequency is not unique to human speech.« *Journal of the Acoustical Society of America 91* (1991): 363–369

Jaynes, J.: *Der Ursprung des Bewußtseins*. Reinbek: Rowohlt, 1993

Kinzey, W. (Hrsg.): *The Evolution of Human Behaviour: Primate Models*. Albany: State University of New York Press, 1987

Knight, C.: *Blood Relations: Menstruation and the Origins of Culture*. New Haven (Conn.): Yale University Press, 1990

Manning, J. T./ Chamberlain, A. T./ Heaton, R.: »Left-sided cradling: similarities and differences between apes and humans.« *Journal of Human Evolution 26* (1994): 77–83

Richman, B.: »Some vocal distinctive features used by gelada monkeys.« *Journal of the Acoustical Society of America 60* (1976): 718–724

Rodseth, L./ Wrangham, R. W./ Harrigan, A./ Smuts, B. B.: »The human community as a primate society.« *Current Anthropology 32* (1991): 221–255

Schumacher, A.: »On the significance of stature in human society.« *Journal of Human Evolution 11* (1982): 697–701

de Waal, F.: *Chimpanzee Politics*. London: Allen & Unwin, 1982

de Waal, F.: »Sex differences in the formation of coalitions among chimpanzees.« *Ethology and Sociobiology 5* (1984): 239–255

Wallach, M. A./ Kogan, N./ Bem, D. J.: »Group influence on individual risk-taking.« *Journal of Abnormal and Social Psychology 65* (1962): 75–86

Wallach, M. A./ Kogan, N./ Bem, D. J.: »Diffusion of responsibility and level of risk-taking in groups.« *Journal of Abnormal and Social Psychology 68* (1964): 263–274

Das Vermächtnis von Babel

Cavalli-Sforza, L. L./ Piazza, A./ Menozzi, P./ Mountain, J. L.: »Reconstruction of human evolution: bringing together genetic, archaeological and linguistic data.« *Proceedings of the National Academy of Sciences, USA* 85 (1988): 6002–6006

Daly, M./ Wilson, M.: *Homicide*. New York: Aldine, 1988

Dawkins, R.: *Das egoistische Gen*. Heidelberg: Spektrum Akademischer Verlag, 1994

Dunbar, R. I. M./ Clark, A./ Hurst, N. L.: »Conflict and cooperation among the Vikings: contingent behavioural decisions.« *Ethology and Sociobiology 16* (1995): 233–246

Green, S.: »Dialects in Japanese monkeys: vocal learning and cultural transmission of local-specific vocal behaviour?« *Zeitschrift für Tierpsychologie 38* (1975): 304–314

Hughes, A. L.: *Evolution and Human Kinship*. Oxford: Oxford University Press, 1988

Johnson, G. R./ Ratwick, S. H./ Swyer, T. J.: »The evocative significance of kin terms in patriotic speech.« In: Reynolds, V./ Falger, V./ Vine, I. (Hrsg.): *The Sociobiology of Ethnocentrism*, 157–174. London: Chapman & Hall, 1987

Knight, C.: *Blood Relations: Menstruation and the Origins of Culture*. New Haven (Conn.): Yale University Press, 1990

Mitanie, J./ Hasegawa, T./ Gros-Louis, J./ Marler, P./ Byrne, R.: »Dialects in wild chimpanzees?« *American Journal of Primatology 23* (1992): 233–243

Nettle, D./ Dunbar, R. I. M.: »Social markers and the evolution of reciprocal exchange.« *Current Anthropology* (eingereicht)

Panter-Brick, C.: »Motherhood and subsistence work: the Tamang of rural Nepal.« *Human Ecology 17* (1989): 205–228

Pinker, S.: *Der Sprachinstinkt*. München: Kindler, 1996

Renfrew, C.: »World linguistic diversity.« *Scientific American 270* (1994): 104–111

Ridley, M.: *Eros und Evolution*. München: Droemer Knaur, 1995

Shaw, R. P./ Wong, Y.: *Genetic Seeds of Warfare: Evolution and Patriotism*. Boston: Unwin Hyman, 1989

Stoneking, M./ Cann, R.: »African origin of human mitochondrial DNS.« In: Mellars, P./ Stringer, C. (Hrsg.): *The Human Revolution*, 17–30. Edinburgh: Edinburgh University Press, 1989

Die kleinen Rituale des Lebens

Bachmann, C./ Kummer, H.: »Male assessment of female choice in hamadryas baboons.« *Behavioural Ecology and Sociobiology 6* (1980): 315–321

Betzig, L./ Borgerhoff Mulder, M./ Turke, P.: *Human Reproductive Behaviour*. Cambridge: Cambridge University Press, 1988

Bischoping, K.: »Gender differences in conversation topics, 1922–1990.« *Sex Roles 28* (1993): 1–18

Buss, D.: *Die Evolution des Begehrens. Geheimnisse der Partnerwahl.* München: Goldmann, 1997

Coates, J.: *Women, Men and Language.* New York: Longman, 1993

Coser, R. L.: »Laughter among colleagues.« *Psychiatry 23* (1960): 81–95

Cosmides, L./ Tooby, J.: »Cognitive adaptations for social exchange.« In: Barkow, J. H./ Cosmides, L./ Tooby, J. (Hrsg.): *The Adapted Mind,* 162–228. Oxford: Oxford University Press, 1993

Daly, M./ Wilson, M.: »Evolutionary psychology and familiy homicide.« *Science 242* (1988): 519–524

Dunbar, R. I. M. »The coevolution of neocortical size, group size and the evolution of language in humans.« *Behavioural and Brain Sciences 16* (1993): 681–735

Dunbar, R. I. M./ Duncan, N. D. C./ Marriott, A.: »Human conversational behaviour: a functional approach.« *Ethology and Sociobiology* (eingereicht)

Eakins, B. W./ Eakins, R. G.: *Sex Differences in Human Communication.* Boston: Houghton Mifflin, 1978

Emler, N.: »A social psychology of reputations.« *European Journal of Social Psychology 1* (1990): 171–193

Emler, N.: »The truth about gossip.« *Social Psychology Newsletter 27* (1992): 23–37

Goodman, R. F./ Ben-Ze'ev, A. (Hrsg.): *Good Gossip.* Oxford: University of Kansas Press, 1994

Grammer, K.: »Human courtship behaviour: biological basis and cognitive processing.« In: A. Rasa/ C. Vogel/ E. Voland (Hrsg.): *The Sociobiology of Sexual and Reproductive Behaviour,* 147–169. London: Chapman & Hall, 1989

Hawkes, K.: »Showing off. Tests of another hypothesis about men's foraging goals.« *Ethology and Sociobiology 11* (1991): 29–54

Huxley, E.: *Out in the Midday Sun.* Harmondsworth: Penguin, 1987

Kipers, P. S.: »Gender and topic.« *Language and Society 16* (1987): 543–557

Miller, G.: »Sexual selection in human evolution: review and prospects.« In: C. Crawford/ D. Krebs (Hrsg.): *Evolution and Human Behaviour: Ideas, Issues and Applications.* New York: Lawrence Erlbaum, 1996

Moore, M. M.: »Non-verbal courtship patterns in women: context and consequences.« *Ethology and Sociobiology 6* (1985): 237–247

Petrie, M.: »Improved growth and survival of offspring of peacocks with more elaborate trains.« *Nature 371* (1994), 598–599

Petrie, M./ Halliday, T.: »Experimental and natural changes in the peacock's (*Pave cristatus*) train can affect mating success.« *Behavioural Ecology and Sociobiology 35* (1994): 213–217

Provine, R. R.: »Laughter punctuates speech: linguistic, social and gender contexts of laughter.« *Ethology 95* (1993): 291–298

Ridley, M.: *Eros und Evolution*. München: Droemer Knaur, 1995

Smuts, B. B.: *Sex and Friendship in Baboons*. New York: Aldine, 1985

Voland, E./ Engel, C.: »Female choice in humans: a conditional mate choice strategy of the Krummhorn women (Germany 1720–1874).« *Ethology 84* (1990): 144–154

Waynforth, D./ Dunbar, R. I. M.: »Conditional mate choice strategies in humans: evidence from lonely-hearts advertisments.« *Behaviour 132* (1995): 755–779

Zahavi, A.: »Mate selection – a selection for an handicap.« *Journal of Theoretical Biology 53* (1975): 205–214

Die Narben der Evolution

Bott, E.: *Family and Social Network*. London: Tavistock Publications, 1971

Cohen, J.: *Casual Groups of Monkeys and Men*. Cambridge (Mass.): Harvard University Press, 1971

Coleman, J. S.: *Introduction to Mathematical Sociology*. London: Collier-Macmillan, 1964

Coleman, J. S.: *Die Mathematik der sozialen Handlung*. München: Oldenbourg, 1994

Dunbar, R. I. M./ Duncan, N. D. C./ Nettle, D.: »Size and structure of freeley forming conversational groups.« *Human Nature 6* (1995): 67–78

Flinn, M./ England, B. G.: »Childhood stress and family environment.« *Current Anthropology 36* (1995): 854–866

Grayson, D. K.: »Differential mortality and the Donner party disaster.« *Evolutionary Anthropology 2* (1994): 151–159

Legget, R. F./ Northwood, R. D.: »Noise surveys at cocktail parties.« *Journal of the Acoustical Society of America 32* (1960): 16–18

McCormick, N. B./ McCormick, J. W.: »Computer friends and foes: content of undergraduates' electronic mail.« *Computers and Human Behaviour 8* (1992): 379–405

Milardo, R. M. (Hrsg.): *Families and Social Networks*. Newbury Park (Ca.): Sage, 1988

Morgan, E.: *The Scars of Evolution*. London: Souvenir Press, 1990

Young, M./ Willmott, P.: *Family and Kinship in East London*. London: Routledge and Kegan Paul, 1957

Personenregister

Kursiv gesetzte Ziffern verweisen auf die Abbildungen.

Abbott, David 59
Aiello, Leslie 147, 160, 164. 242
All Blacks [neuseeländische
  Rugby-Nationalmannschaft]
  182
Andersson, Malte 240
Aristoteles 13, 44
Austen, Jane 234, 236

Bachmann, Christian 228
Barton, Rob 87
Bentall, Richard 111
Bever, Thomas 177
Bloom, Sam 90
Brain, Chris 257
Bush, George 184
Buss, David 237
Byrne, Dick 81, 120, 122 ff.

Cann, Rachel 204 ff.
Caspard, Julia 175
Cavalli-Sforza, Luigi 206
Chamberlain, Bill 106
Charles [engl. Prinz] 227
Chaucer, Geoffrey 194
Cheney, Dorothy 34, 40, 65, 67, 91,
  131, 149, 179
Chiarello, Robert 177

Clark, Amanda 210
Cosmides, Lida 219 f.

Daly, Martin 210
Darling, Helen 227
Darton, Bob 52
Darwin, Charles 42–46, 48, 50
  [Anm.], 109 ff., 239 f.
Datta, Sarouf 39
Dawkins, Richard 20 f., 50 [Anm.]
Denman, Jim 176
Dennett, Daniel 111
Descartes, René 108–111, 119
Diana [Lady] 227
Dickens, Charles 208
Dschingis Khan 204
Dukakis, Michael 183
Dunbar, Robin 175, 209 f., 242

Einstein, Albert 13, 75
Eliot, T. S. 16
Emler, Nicholas 158, 221
Engel, Claudia 236
Enquist, Magnus 62 f., 207, 219, 221

Fieldman, George 190, 209
Fisher, Ronald 241
Fleagle, John 96

Flood, Josephine 217 [Anm.]
Fossey, Dian 21
Frisch, Karl von 70

Gallup, Gordon 119 f.
Galton, Francis 48
Gardner, Alan 71 f.
Gardner, Trixie 71 f.
Goodall, Jane 28, 125
Grimm, Jakob 197, 206
Grimm, Wilhelm 197, 206
Grogan, Ewart 230 f.
Gustav Adolf [schwed. König] 99

Hamilton, Bill 207
Happé, Francesca 117
Hauser, Mark 176
Hawkes, Kristin 229, 241
Herodot 195 f.
Hill, Kim 237
Hitler, Adolf 185
Hockett, Charles 69
Homer 177
Hurst, Nicola 210

Jaynes, Julian 177
Jerison, Harry 77
Jones, William 196

Kant, Immanuel 226
Kaplan, Hilly 237
Keverne, Barry 58
Kimura, Motoo 47
Kinderman, Peter 111
Knight, Chris 186 f., 189, 191
Koresh, David 257
Kudo, Hiroko 90
Kummer, Hans 37, 121, 228

Lamarck, Jean Baptiste 44 ff., 48
Leakey, Mary 141, 143
Leakey, Richard 143
Leimar, Otto 62 f., 207, 219, 221

Leslie, Allan 116, 125
Liebermann, Philip 150 f.
Lowe, Catherine 176

Manning, John 176
Manson, Charles 257
Mariott, Anna 222
Marx, Karl 135
McCann, Colleen 59
McFarland, David 209
Menzel, Emil 126
Miller, Geoff 231, 241 f.
Morgan, Elaine 246
Mozart, Wolfgang Amadeus 118
Mulder Borgerhoff, Monique 237

Nettle, Dan 157, 214, 216
Nishida, Toshisada 39

O'Conell, Sanjida 129 f.

Panter-Brick, Catherine 211
Pawlowski, Boguslaw 123
Petrie, Marion 240
Piaget, Jean 114 f.
Plooij, Frans 125
Plotkin, Henry 190, 208
Povinelli, Danny 128
Premack, David 72, 127 f., 136 f.
Provine, Bob 232

Renfrew, Colin 201, 203
Richards, Jean-Marie 190, 209
Richman, Bruce 179
Rumbaugh, Duane 73
Rushdie, Salman 183

Savage-Rumbaugh, Sue 73, 122, 130
Scheworoschkin, Vitaly 199
Schumacher, A. 184
Seyfarth, Robert 34, 40, 65, 67, 91, 131, 149, 179

277

Shakespeare, William 16, 194
Sigg, Hans 154
Silk, Joan 40
Simpson, O. J. 16
Smith [Captain] 256
Smuts, Barbara 228
Spencer, Herbert 48
Spoors, Matt 190
Stephan, Heinz 88
Stolbe, Alex 154

Thatcher, Margaret 185

Voland, Eckart 236 f., 239

Waal, Frans de 37, 40, 121, 126, 192
Wayneforth, David 235
Wheeler, Peter 139 f., 160, 164
Whiten, Andrew 36, 81, 120, 122
Wilkinson, Gerry 87
Wilson, John 204 f.
Wilson, Margaret 210
Wolpert, Lewis 133
Woodruff, Guy 128

Young, Brigham 96

Zahavi, Amotz 241

Orts- und Sachregister

Kursiv gesetzte Ziffern verweisen auf die Abbildungen.

!Kung San 154, 168 [Anm.]

Aborigines 94, 152, 217 [Anm.]
Abstammungslinie 26 f.
Adler 57, 67
Adoption 60 f.
Afar-Wüste 140
Afrika 11, 20, 22 f., 26, 32, 34, 36,
    79, 93, 102, 123, 138, 142 f., *146*,
    150 f., 164, 186, 190, 198 f., 202 f.,
    205, 217 [Anm.], 230
Afrikanische Eva 205
Agrarvölker 95
Ägypten 256
Akustisches Kraulen 149, 242 f.
Akustisches Verbergen 121
Alarmruf 179 f.
Alaska 203
Alkohol 220, 227
Allianz 36, 191 f.
Alte Welt 23 f., *148*, 162, 202
Altruismus 208, 210, 249
Altweltaffen 23, 35, 52, 56, 65, 119,
    127, 179 f.
Amazonas 64
Amboseli-Nationalpark 34, 131
Amerika 205
Anatomie 44, 50 [Anm.], 150 f.,
    168, 170, 172, 180

Angst 110
Anovulatorischer Menstruationszy-
    klus 58 f.
Ansehen 159, 237 ff.
Anspannung [psychische] 54
Anthropologie 93, 105, 136, 229,
    245
Antilope 29, 46, 77, 141, 162, 187,
    224, 229
Antilopentanz 187
Äquator 23, 216
Arabien 203
Arafurasee 202
Arbeit 54, 84, 134, 158, 208, 255 f.
Archäologie 95, 143 f., 217 [Anm.]
Arm 171
Armut 238
Asien 11, 21 ff., 26, 79, 138, *146*,
    153, 198, 202, 204 f.
Asperger-Syndrom 116 ff.
Atem[frequenz] 170 f.
Äthiopien 140
Atome 159
Aufrechter Gang 140 ff., 171, 246
Augenlinse 193 [Anm.]
Außenohr 56
Austin [Schimpanse] 73, 122, 126
Australien 93 f., 152, 202 f., 205,
    214, 217 [Anm.]

Australopithecinen *146*, 164, 167
Autismus 115 ff., 125, 130
Axone [Nervenfortsätze] 159

Babylon 195 f.
Bakterien 162, 217 [Anm.]
Balzfüttern 63
Balzritual 55, 64, 224 f.
Balzverhalten 248
Basenpaare 204
Becken 141
Beere 198
Begräbnis 144
Behaviorismus 109
Beringstraße 202 f.
Betrug 246, 249
Beuteltiere 77
Bewußtsein 9, 108 f., 113, 124, 132,
    177
Bibel 43, 195 f., 212, 215
Bienenfresser 63
Biologie 2, 17 f., 43–46, 49 f. [Anm.],
    88, 108 f., 133, 154, 209, 240, 245,
    249
Blickkontakt 173 f., 226 f.
Blinddarm 246
Blut 161
Blutrache 210
Bonobo 21, 73 f.
Borneo 217 [Anm.]
Botswana 40
Brüllaffen 123 f., 162 f.
Brustkorb 170 f., 176
Büffel 155, 189
Buschmänner 186, 199

Chaos 259, 261
Chantek [Orang-Utan] 72
China 66 f., 153, 203 f.
Chinesisch 200
Christentum 95
Clans 94
Clique 186

Cogito ergo sum 111, 119
Computer 83, 106, 110, 214, 260,
    263
Cromagnonmensch *146*, 150 ff.

Darm 160–163
Darwinismus 17, 42 f., 47 ff., 50
    [Anm.], 207
Delphin 12, 120, 175
Depression 58, 257
Desinteresse 132
Determinismus 48
Deutschland 215
Dialekt 94, 200 f., 206 f., 213–216,
    237, 239
Dinosaurier 22, 45 f., 50 [Anm.], 77
DNS 47, 50 [Anm.], 204 f., 212, 217
    [Anm.]
Donau 197
Dschelada 32, 35, 37, 39 f., 59 f., 68,
    74, 91, 121, *148*, 149 f., 153, 164,
    175, 179 f., 191
Dschihad 182

Echse 22
Egozentrismus 115
Ehe 94, 208, 234 ff.
Eichhörnchen 22, 57, 65
Eierstock 58
Eigennutz 255
Einsamkeit 31
Eisprung 58
Eisvogel 63
Eiszeit 150, 203, 217 [Anm.]
Eizelle 58, 174, 192 [Anm.]
Elefant 77, 120, 165, 229
Elektrische Flutwelle 159
Embryologie 50 [Anm.], 133
Endokrinologie 245
Endorphine 52 ff., 58
Energie 47, 57, 79 f., 159–163, 165,
    223, 229, 240, 242
Englisch 200 f., 214

Ente 55
Entfremdung 263
Entwicklungstheorie 114
Erdachse 45
Erhaltung von Menge und Masse 115
Ernährung 162, 164
Erster Weltkrieg 100
Erziehung 252 f., 258
Eskimo 203, 229
Etemenanki 195
Ethik 158, 224
Ethnische Kriege 182
Eugenik 47
Euphorie 55, 185 f., 257
Eurasien 164, 198
Europa 22, 26, 146, 150, 152, 198, 203, 205
Evolution 17, 22 f., 26, 28, 30, 42–48, 50 [Anm.], 53, 55 f., 74, 144, 147, 153, 159, 169, 171, 180, 186, 189, 191, 201, 207, 213, 221 ff., 240–247, 257, 263
Evolutionsbiologie 47, 207
Evolutionsdruck 86
Explosionslaute 170

Familie 30 ff., 36 f., 59 f., 64, 68 f., 93 f., 190, 204 ff., 208–213, 225, 237 f., 251, 257
Faschismus 257
Fathwa 183
Feinmotorische Steuerung 170, 172, 174
Feldmaus 64
Fell 140
Fetus 165
Fisch 77
Fishers Sexy-Söhne-Hypothese 241 f.
Fledermaus 22, 87
Fleisch 163 f., 189
Fleischfresser 163 f.

Flughund 22
Fortpflanzung 28, 33, 41, 44, 48, 58–61, 65, 121, 123 f., 166 ff., 185, 189, 207, 211, 214, 224 f., 234, 238, 240 f.
Fossilien 26, 142 f., 145, 146, 150, 164, 169, 175, 205
Freizeit 158
Freßritual 55
Freundschaft 55, 89 f., 101 ff., 118, 173, 192, 216, 219, 221, 253 ff., 258
Friesland 236
Früchte 80 ff., 84, 161
Früchtefresser 163
Frustration 211, 255
Fußball 187

G-Faktor (generelle Intelligenz) 76
Galago 23, 35, 52, 79, 122
Geburt 12, 32, 165 f., 225
Gefühle 69, 109 f., 118, 132, 176–179, 181, 188, 191 f., 225, 257
Gegenleistung 63, 211
Gehen 171
Gehirn 12, 17 f., 23, 42, 47, 53–56, 58, 76–85, 78, 85, 87 ff., 92, 102, 114, 123 f., 142, 144 f., 147, 151, 159 ff., 163–166, 170, 172, 174, 176 ff., 186, 192 [Anm.], 223, 231 f., 242 ff., 263
Gehirngröße 99, 165 f., 223, 244, 246
Gehörmechanismus 56
Gehorsam 100
Geist 9, 42, 83, 107, 108–115, 119, 122 f., 125, 128, 130–137, 246, 253, 261
Gemeinschaftseigentum 95
Gen 47 f., 50 [Anm.], 116, 124, 204–208
Gendrift 47

Generationen 21 f.
Genetik 206
Geologie 27, 45
Geometrie 76
Gepard 29
Geräuschpegel 157 f., 248
Gesang 106, 170, 178, 181–186, 191
Geschlechtsdimorphismus 167 f.,
    225
Geselligkeit 19, 30
Gesellschaft 10, 13 f., 16, 19, 31, 51,
    93, 102, 154 ff., 184, 190, 203,
    208, 213, 234–239, 250, 254 f.,
    258, 263
Gesetz 95, 261
Gesicht 170, 174 ff., 193 [Anm.]
Geste 169 f., 172 f., 178, 180
Gestentheorie 170, 174
Gesundheit 134, 256
Gibbon 120, 167, 171, 181
Glück 132, 185, 232
GNRH (Gonadotropin-Releasing-
    hormon) 58
Gombe-Nationalpark 125
Gorilla 21, 28, 92, 119, 138
Grammatik 11, 16, 69, 73, 106 f.,
    137, 169
Griechisch 196, 200
Grimassen 176
Grönland 203
Großbritannien 20 f., 66 f., 101,
    158 f., 185, 190, 235, 238, 256
Größe [eines Menschen] 183 f.
Großhirnrinde 83
Großstadt 256
Gruppenbindung 218
Gruppendruck 95, 211
Gruppengröße 82–89, 91 f., 95 f.,
    98 ff., 143–147, 146, 148, 149,
    151–158, 166, 188 f., 221, 243,
    245, 247 ff., 256
Gutmütigkeit 104

Haare 140, 142
Hai 46, 175
Halbaffen 84, 120, 122
Hamilton-Regel 207, 209, 213
Hare-Krishna-Jünger 257
Harem 32–35, 39 f., 121, 167, 191,
    228
Haut 53, 140
Hayes [Familie] 71, 124
Herdentrieb 182
Herz 160, 176
Hierarchie 93, 96, 110, 123, 125,
    176, 205, 233
Hilfe 90, 216
Hinduismus 196, 213
Hirnstamm 83
Hirsch 77, 183
Hoffnung 110
Hominiden 140, 161, 163 f., 167,
    176
Homo erectus 146, 147, 149, 153
Homo habilis 146
Homo sapiens 93, 144 f., 146, 147,
    164, 167
Honigbiene 70, 211
Honigwabe 70
Hormone 17, 58, 61, 188
Hüftgelenke 141
Huftiere 77
Hund [wilder] 27, 29, 76 f., 79, 88,
    198
Hutterer 95
Hyäne 27
Hygiene 256
Hymnen 182
Hypergamie 239
Hypophyse (Hirnanhangdrüse) 58

Ichbewußtsein 120
Idealtypus 46
Igel 77, 79
Imponiergehabe 33
Indianer 152, 203

Indien 196 ff., 203
Individuum 46, 50 [Anm.], 62, 76,
  86, 100, 119, 133, 146, 155, 157,
  207 f., 214, 219, 246, 257
Indogermanisch 197, 201, 203
Indonesien 95
Information 16, 67 f., 81, 91, 103 f.,
  114, 117, 122, 173 f., 180 f., 187 f.,
  191 f., 216, 221, 261
Initiationsriten 94
Innenohr 56
Insekten 207
Insektenfresser 22, 77, 79, 161
Instinkt 69 f.
Intelligenz 75 ff., 79, 84 f., 87, 89,
  118, 123 f., 184
Intelligenzquotient [IQ] 76
Intensionalität 110 f., 119, 122,
  124 ff., 133, 136, 137 [Anm.],
  176, 218
Intentionen 137 [Anm.]
Interesse 62
Internet 259 ff.
Intuition 183, 261
Inuit s. Eskimo
Israel 151 f., 196

Jagd 104, 164, 172, 189, 191,
  229–232
Jäger und Sammler 93 ff., 102, 149,
  152–155, 168, 190, 199, 202, 216,
  229, 243, 255
Japan 201, 204
Jugoslawien 182
Junge von Turkana [sog.] 143
Jura 196

Kalahari 154
Kampf 36, 40 f., 59, 62, 90, 153, 175
Kanada 20, 95, 203
Känguruhs 77
Kanzi [Bonobo] 73 f., 130
Kap der Guten Hoffnung 230

Kapanora [Stamm] 149
Kapitalismus 259
Katastrophe 26, 45 f., 50 [Anm.],
  164
Katholizismus 212
Katze 29, 77, 79
Kausalkette 111 f.
Kehlkopf 150 f.
Kellogg [Familie] 71
Kelten 203
Kenia 34, 143, 164, 228, 237, 241
Kiefer 56
Kinder [menschliche] 11 ff., 16, 74,
  112–115, 129, 131, 165–168, 173,
  176, 209 ff., 225, 229, 231, 237 ff.,
  251, 253 f., 257 f.
Kipsigis 237
Kirche 182
Klatsch 223
Kleinaffen 12, 23–26, 32, 75, 79, 85,
  120, 128 f., 131, 138 f., 144, 148,
  161, 166, 170 ff., 176, 191, 223
Kleine-Welt-Experimente 97 f.
Klicklaute 168 [Anm.]
Klima 23 f., 26, 45 f.
Klon 46, 48
»Kluger-Hans-Phänomen« 72, 74
  [Anm.]
Kniegelenke 141
Koalition[sverhalten] 35, 63, 89 ff.
Kognition 131, 246, 261, 263
Kognitive Fähigkeiten 180
Koko [Gorilla] 72
Kommunikation 66 f., 69 ff., 73,
  100, 107, 169, 179, 188, 260 f.
Konferenzsysteme [virtuelle] 251 f.
Konkurrenz 57, 185, 225, 253
Konsonanten 179
Kontaktruf 191, 201
Kooperation 225, 249, 254, 260
Kopulation s. Fortpflanzung
Körper 54, 77, 135, 140, 149, 159,
  171 f., 175 f., 183, 242, 246 f.

Körpergewicht 12, 78, 79, 160, 171
Körpergröße 12, 27 f., 46, 82, 85,
  142, 153, 163, 167
Körperkontakt [s.a. Liebkosung] 13,
  40, 60, 158, 188
Körpersprache 107
Kraft 172
Krähe 201
Krallenaffen 59
Krankheit 58, 116
Kreuzzüge 182, 257
Krieg 181 f., 185, 203
Kröte 183
Kuh 162
Kühleffekt 140
Kultur 158
Kulturelle Revolution 150
Kunst 144, 263

Lachen 232 f., 242 f.
Laetoli 141 f.
Landwirtschaft 197, 199, 202, 216,
  225
Langeweile 54
Languren 23, 162
Lappentaucher 63
Latein 194, 196, 200
Laufen 171
Laut 66–69, 149, 170, 181, 184, 242
Lautverschiebungen 196 f.
Leben 42 f., 83, 134 ff., 142, 165,
  189, 218, 232, 246
Leber 160 f.
Lemuren 35, 52, 79, 122
Leopard 27, 29, 69 ff., 131
Lernen 69
Liebe 227
Liebkosung (Kraulen, Streicheln)
  9 f., 13, 19 f., 33 ff., 37, 39 f., 51 f.,
  54 ff., 62 ff., 68, 90 f., 102 ff., 126,
  143–149, 148, 151, 155 ff., 163,
  173, 188, 191, 242 f., 245 f.
Linguistik 16 f., 69, 72, 104, 196 ff.

Lippe 170
Literatur 132 f., 177 f.
Liturgie 183
Logik 76, 123, 134, 188, 220
Loris 23
Löwe 27, 29, 32, 88, 229 f.
Loyalität 62
Lucy [Skelett] 140 f., 143
Luft 170, 232
Luftwiderstand 139
Lüge [s.a. taktische Täuschung] 113
Lustgefühl 9
Luteinisierende Hormone [LH] 68

Machiavellistische Theorie 82, 86 f.,
  89, 92, 123 f., 218
Macht 226
Madagaskar 35, 79, 203, 217 [Anm.]
Magen 162
Makake 23, 25 f., 35, 40, 55 f., 122,
  180, 201
Maori 181
Marduk [Gott] 195
Marmosetten 59, 61, 64
Massai 181, 185, 230
Massenaussterben s. Katastrophe
Mathematik 63, 75, 118
Maulwurf 79
Maus 165
Mayareich 256
Medizin 108, 238, 251
Meerkatze 26, 28, 34 f., 66 f., 91,
  131, 179 f.
Mensch 11 f., 18, 20 f., 25 f., 44, 47,
  54, 60, 66, 71 f., 74, 74 [Anm.],
  79, 83, 92–97, 101 ff., 108 f., 112,
  114 ff., 118, 128 f., 131, 134 ff.,
  140 ff., 145, 146, 149, 151 f., 156,
  158, 165–168, 172, 175–184, 186,
  191, 195, 198 f., 201 f., 206, 208 f.,
  212 f., 218 f., 222, 226, 231, 245 f.,
  255 f., 258, 260 f., 263
Menschenaffen (Primaten) 9–13,

17–27, 32, 49, 52, 55, 59, 62,
64–68, 75, 77–94, 78, 85, 99,
102 f., 119 f., 122, 128 ff., 135 f.,
138–145, 148, 149, 152 f., 155,
160–166, 170–173, 176, 179 ff.,
188 f., 191, 223, 245, 263
Menstruationszyklus 58 f., 187
Metaphorik 117
Metaphysik 187
Migranten 154
Militär 98 ff.
Mitochondrien 204 f., 217 [Anm.]
Mittelalter 230
Mittelamerika 204
Mittelohr 56
Molekularbiologie 50 [Anm.], 92
Molekulare Uhr 205
Molekulargenetik 26
Mongolei 198, 203 f.
Monogamie 167 f.
Moral 251
Mord 210
Mormonen 96
Morphin 52 f.
Motivation 56
Mount Kenya 20 f.
Mun-Sekte 257
Mund 71, 170, 232
Musik 76, 118, 177 f., 183, 188
Mutation 47, 89, 147, 205 f.
Mythos 94, 194 ff.

Naher Osten 198, 203
Nahrung 80, 84, 161, 163 f., 167,
225, 243
Naloxon 55
Napoleon-Syndrom 184
Nase 71
Nassauer 62 f., 104, 186, 207, 214 f.,
219, 221 ff., 258
Nationalsozialismus 48
Natriumionen 159
Neandertaler 146, 150 ff.

Neocortex 83 f., 85, 86–89, 91 f.,
101, 123, 143, 145, 146, 148, 245
Neodarwinismus 241
Nepal 211
Nervenaktivität 161
Nervenimpuls 160
Nervensystem 9, 52 ff., 57, 83
Nervenzellen 159 f., 172, 177, 192
[Anm.]
Netzhaut 175, 193 [Anm.]
Neue Welt 162, 202
Neurobiologie 17 f., 245
Neurologie 180
Neurotransmitter 160
Neuseeland 181, 203
Neuweltaffen 56, 127
Nichtsprache 169
Niederlande 126, 216
Niere 160 f.
Nomaden 152 f.
Nonverbalität 226
Nordamerika 23, 202 f.
Nordirland 182
Nuklearwinter 50 [Anm.]
Nutzen-Kosten-Kalkulation 49

Okawago-Sümpfe 40
Ökologie 50 [Anm.], 82, 87, 93, 138,
153, 243
Ökologische Nischen 23
Opiate 52–55, 58 f., 135, 186, 188,
232, 242 f., 246, 257
Orang-Utan 21, 119
Organisation 261 ff.
Organismus 46, 58, 246
Östrogen 58

Paarbindung 167 f.
Paarung s. Fortpflanzung
Paläolithikum 143, 187
Paläontologie 105, 143
Partnerwahl 229, 234
Paul [Pavian] 121

Pavian 10 f., 23, 25 f., 29, 32, 35 ff.,
    40, 55 f., 58 f., 82, 85, 102, 121 ff.,
    139, 141, 152, 154, 163, 191, 228
Pazifik 23, 203, 217 [Anm.]
Pendel 171
Pfau 224, 240
Pferd 197, 203
Pflanzen 24 f., 36, 45, 80 f., 139,
    163 f., 202
Philippinen 95
Philosophie 70, 107 f.
Physik 49 [Anm.], 120
Physiologie 50 [Anm.], 62, 140,
    246
Pleistozän 187, 191 f.
Pogrome 257
Politik 158, 201, 250
Polizei 96
Polygamie 168
Population 27, 33, 50 [Anm.], 59,
    146, 148, 206 f., 210, 241
Primaten s. Menschenaffen
Primaten-Ur-Eva 20, 22, 28, 205
Printmedien 14 f., 60
Progesteron 58
Promiskuität 167 f.
Protosprache 180
Psychologie 16, 69, 72, 75 ff., 79, 83,
    109 f., 113 ff., 131, 136, 177, 182,
    219, 232, 245, 257
Pubertät 58, 185
Pulsschlag 52
Pygmäen 190

Quantentheorie 43

Rachenhöhle 180
RACTER [Computerprogramm] 106
Rassenfehden 182
Reflexivität 135
Reichtum 235, 237 ff., 256
Reißzähne 167 f.
Relativitätstheorie 75

Religion 133–137, 158, 182, 187,
    200, 224, 250
Religiöser Fundamentalismus 257
Reptilien 56, 78, 164
Resonanzraum 71, 183
Reviergröße 82, 84
Rhesusaffen 39, 128
Rind 77, 197
Risiko 28
Riskante Verschiebung 182
Rituale 134, 150, 181, 186 ff.
Ruanda 182

Säbelzahntiger 27
Sachsen 203
Sahara 199
Sally-and-Ann-Test 113, 129 f.
Samen 24 f., 61, 163
Samenzellen 192 [Anm.]
Sanskrit 196
Sarah [Schimpansenweibchen] 72 f.,
    127 f., 136 f.
Sauerstoff 49 [Anm.]
Säugetiere 22, 77–81, 83, 86 ff., 141,
    160, 162, 164–167, 171, 229, 234,
    263
Savanne 27, 65 f., 102, 139 f., 142 f.,
    152, 154, 186, 191, 202
Schaf 77, 197
Schallwellen 65
Schimpanse 20 f., 28, 30, 35, 37, 40,
    47, 55 f., 70–74, 79, 82, 85, 92,
    102, 119, 122–131, 133, 137, 141,
    145, 150, 152, 154 ff., 163, 168,
    172, 192, 243
Schlaganfall 178
Schlange 229
Schlankaffen 79
Schmerzen 53, 175
Schöpfungsmythos 43
Schreiben 73
Schulterblätter 171
Schwan 72

Schwangerschaft 12, 54, 60, 164 f.
Schwein 197
Schweiß 140
Seele 108, 214
Seetaucher 55
Sekten 257
Selektion [natürliche] 44 f., 47 f.,
  79, 185, 240 f., 243
Selektion [sexuelle] 239 f.
Selektionsdruck 22, 47, 55, 185, 242
Sex 173, 185, 231, 234
Sherman [Schimpanse] 73, 122
Sibirien 204
Signale 106, 183
Silben 179
Skorpionsfliege 63
Sonne 24, 45, 68, 70, 138 ff.
Sozialdarwinismus 47 f.
Sozialverhalten 9–13, 16, 18 ff.,
  30 f., 36 f., 40, 42, 62, 81, 84 ff.,
  93, 96, 101, 115 ff., 122 ff., 131,
  144, 149 ff., 158 f., 163, 166, 176,
  181, 187, 189 f., 192, 198, 216,
  220 ff., 225, 244 ff., 253–260, 263
Soziolinguistik 17, 136
Soziologie 95 f., 261
Spiegeltest 119 f.
Spiel 173, 182
Spitzmaus 77, 79
Spontaneität 187
Sport 158
Sprache 12 f., 16 ff., 66–74, 93,
  103–107, 116 f., 133, 136 f., 143 f.,
  147, 150 f., 155–158, 161, 168
  [Anm.], 169 f., 172 ff., 177–181,
  186–189, 191–204, 206, 211, 216,
  218, 221 ff., 226, 234, 243,
  245–250, 257, 263
Stimmband 71, 170
Stimmbruch 185
Stimme 71, 180, 183, 185, 248
Stimmspektrograph 65
Streß 52, 57 f., 60 f.

Stummelaffe [Roter] 23, 28, 30, 35,
  56, 123, 162 f.
Südamerika 11, 23, 35, 93, 95, 123,
  204, 237
Sundaschelf 202
Sympathiegruppe 101, 192

Tachistoskop 176
Taktische Täuschung 120–126
Tamarins 59, 64 f.
Tannine 24 f.
Tansania 125, 141
Tanz [der Hominiden] 181 ff., 185 ff.
Tanz [der Honigbienen] 70
Tanzrituale 181
Tasmanien 217 [Anm.]
Taubstummensprache [ASL] 72
Tauchritual 55
Technologie 252, 259
Temperatur 162
Thermodynamik 226
Tiere 107–110, 119 f., 122, 134 ff.,
  139, 183, 185, 207, 213, 233, 240
Tod 27 f., 88, 93, 101, 237, 256 f.
Tratsch 15, 105, 149, 158 f., 219, 223,
  250, 263
Trauer 132
Trilobiten 175
Trommelfell 56
Tümmler 12
Turkana-See 143
Turkvölker 198
Turmbau von Babel 195 f., 216

Unterwerfung 173, 243
Urknall 147
Ursprache 199 f.
USA 16, 43, 59, 61, 72, 98 f., 102, 113,
  126, 183 f., 201, 203, 235, 238, 256

Vampir 87
Vegetation 46, 202
Verdauung 162 f.

Verhaltensforschung 81, 131
Verschwörungstheorie 135
Versöhnungs-Verhalten 40
Vertrauen 257
Verwandtschaft s. Familie
Verwandtenselektion 207
Victoriasee 21
Vicky [Schimpansenweibchen] 124 f.
Viktorianer 251
Viren 217 [Anm.]
Virunga-Vulkan 21
Vögel 77, 80, 164, 181, 192 [Anm.], 224
Vokale 179, 219
Vokaler Austausch 149
Vor-Primaten 22
Voraussicht 38 f.
Voyeurismus 15

Wahnsinn 134
Wal 77
Wanderung[sbewegungen] 202–206, 256
Wärme 140, 162, 186
Waschbär 77
Washoe [Schimpansenweibchen] 71 f.
Wason-Auswahlaufgabe 219
Werfen 172, 177

Werkzeuge 136, 143, 150
Wespe 57
Wiederkäuen 162 f.
Wikinger 210 f.
Wille 114, 182
Windgeschwindigkeit 139
Wissen 226
Wolf 88
Wortschatz 11

X-Chromosom 190, 192 [Anm.]

Y-Chromosom 190, 192 [Anm.]
Yerkisch 73

Zahavi-Handikap-Prinzip 241
Zeichensprache 71
Zellbiologie 50 [Anm.]
Zellkern 217 [Anm.]
Zellulose 162
Ziggurat [Stufenpyramide] 195
Zufall 47, 86, 106, 127, 174, 192 [Anm.], 201, 238, 262
Zuneigung 192
Zunge 170
Zungenbein 151
Zuverlässigkeit 103
Zweiter Weltkrieg 99, 183, 215
Zwergschimpanse s. Bonobo
Zwischenhirn 83